AF502390

LOUISE LABÉ

SA VIE ET SON ŒUVRE

*Thèse présentée à la Faculté des Lettres de l'Université de Paris,
en vue du doctorat de l'Université*

par

DOROTHY O'CONNOR

IMPRIMERIE F. PAILLART
ABBEVILLE
1926

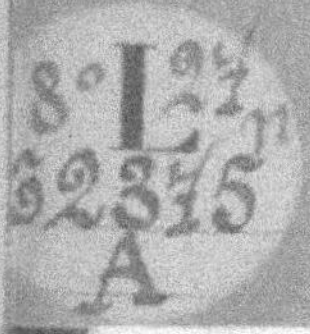
8° L24/17
62315
A

AVANT-PROPOS

Si j'ai entrepris cette étude sur la vie et les œuvres de Louise Labé, c'est que ce champ ne m'a pas semblé tellement moissonné que je ne pusse y trouver à glaner. Malgré les excellents travaux de quelques-uns parmi mes prédécesseurs, il me semblait que le dernier mot n'avait pas été dit sur la Belle Cordière. J'ai cru donc nécessaire d'étudier encore une fois une sensibilité féminine à l'époque de la Renaissance, mais en me plaçant à un point de vue différent de celui de mes devanciers. J'ai désiré avant tout présenter l'histoire de mon héroïne d'une façon vraiment scientifique. Dès maintenant je veux dire que j'attache beaucoup moins d'importance qu'on ne l'a fait jusqu'ici à la question, tant de fois débattue, des mœurs de Louise Labé. Nous vivons à une époque qui a su séparer la cause de la poésie de celle du poète.

Non seulement j'ai contrôlé les affirmations de ceux qui dans leurs écrits ont parlé de Louise Labé ; j'ai pu ajouter à leurs récits plusieurs détails ignorés jusqu'ici. Quant aux œuvres de la belle Lyonnaise, j'ai désiré surtout les étudier en rapport avec le siècle qui les vit naître, et non plus en les isolant comme autant de spécimens d'un esprit féminin. En les replaçant dans le cadre qui leur est propre, j'ai essayé de montrer la Belle Cordière sous un jour favorable : comme étant l'écrivain qui représente le mieux certaine phase de la Renaissance française.

Qu'on me permette d'exprimer ici ma plus vive reconnaissance à M. Chamard et à M. Cohen de la Faculté des Lettres de Paris, qui ont dirigé mes études avec tant de bonté, de science et de patience. Je tiens aussi à offrir mes remercîments les plus sincères à M. Tarquet, qui, à Westfield College (Université de Londres), m'a aidée *de ses précieux conseils et de sa connaissance profonde du seizième siècle. Il me serait pénible d'oublier ici tous ceux qui, de près ou de loin, sont venus à mon secours dans mes recherches : Miss Lodge (Principal of Westfield College) ; Mlle Godet ; Mlle Puel ; M. White ; M. Ellis ; Prof. T. B. Rudmose-Brown ; M. Vimorel, archiviste de Lyon. Et je me sens heureuse d'avoir pu connaître la sympathique bienveillance et profiter de l'érudition du regretté Prof. W. P. Ker.*

CHAPITRE PREMIER

L'IMPORTANCE DE LA VILLE DE LYON DANS LA PREMIÈRE MOITIÉ DU SEIZIÈME SIÈCLE.

De tous les poëtes dont les noms sont inscrits dans les annales littéraires de la ville de Lyon, au seizième siècle, nul ne mérite plus que Louise Labé l'estime et l'admiration de ses compatriotes. Elle fut Lyonnaise. Elle le fut pour ainsi dire exclusivement, car elle appartenait à une famille très nombreuse d'artisans lyonnais, elle habitait au centre de la ville, qu'elle ne quitta, à ce que nous sachions, que pour visiter ses terres à Parcieu en Dombes. D'autres poëtes vont, viennent, font le voyage d'Italie : elle s'entretient avec eux, elle les suit de l'esprit, à leur retour elle se fait conter leurs aventures, mais elle-même ne voyage pas. Ainsi elle reflète d'une façon tout à fait particulière la vie littéraire à Lyon dans la première moitié du siècle.

Mais s'il est impossible de connaître le Lyon de cette époque sans avoir fait la connaissance de Louise, il est également impossible de comprendre Louise sans connaître Lyon. C'est pourquoi nous allons tâcher de la remettre un peu dans son cadre en essayant de nous rendre compte du rôle que joua la ville de son vivant.

La ville de Lyon occupa toujours une position extrêmement importante dans les Gaules [1], mais elle connut une longue suite de désastres [2], et ce ne fut qu'au seizième siècle qu'elle

1. Sur Lyon romain voir les nombreux documents et traités indiqués par Charléty : *Bibliographie critique de l'histoire de Lyon depuis les origines jusqu'à 1789*, dans les *Annales de l'Université de Lyon*, Nouvelle série, II, fasc. 9, Lyon, 1902, in-8°, œuvre qui contient aussi d'utiles renseignements sur Lyon sous les Burgondes et les Mérovingiens, les Carolingiens, les rois de Bourgogne et les Empereurs.

2. Saccagements par les Goths et les Bourguignons, incendies, peste, inondations et baisses du Rhône, concurrence des villes voisines, luttes

prit vraiment aux yeux de la France une proéminence considérable.

Au commencement du quinzième siècle elle était tombée dans un tel état d'impuissance que Charles VII, régent alors pour son père, voyait dans sa faiblesse une menace contre le bien-être de tout le royaume. Dans un édit de 1420 (n. s.)[1], il rappela l'importance de sa position géographique[2], et fit des efforts pour remédier à ses malheurs.

Lyon était en effet à cette époque l'entrepôt naturel du commerce de la France avec l'étranger[3], mais malgré sa grande étendue, « comme la ville de Paris ou environ », sa population avait beaucoup diminué[4]. Afin d'accroître cette population, de rétablir la prospérité de la ville, et, en augmentant le trésor municipal, de pourvoir aux fortifications, Charles VII créa, par son édit, deux foires franches[5], modelées sur celles de Brie et de Champagne[6].

entre les rois et l'église, etc. Voir Rubys : *Les Privilèges, Franchises et Immunitez octroyez par les Roys tres chrestiens aux Consuls, Eschevins, manans et habitans de la ville de Lyon et à leur postérité*, Lyon, 1574, in-fol.

Menestrier : *Histoire Consulaire de Lyon*, Lyon, 1696, in-fol.

Guigue : *Fragments d'une chronique lyonnaise aux XIIIe et XIVe siècles*, dans *Rev. Lyonnaise*, 1882, t. III, p. 293.

Olivier de la Haye : *Poème sur la grande peste de 1348*, Lyon, 1888, in-12.

1. *Privilèges des foires de Lyon octroyez par les Roys tres chrestiens aux Marchands Francoys et Etrangers y negocians sous lesdits Privileges ou residens en ladite ville*, Lyon, 1649, in-4°, p. 19.

2. « Icelle cité et ville est une des clefs de ce Royaume, assize ez limites et marches d'iceluy, et en pays de frontière marchissans ez pays de Savoye, du Dauphiné, d'Italie, Alemagne et autres... » *Ib.* p. 20.

La ville se trouvait de plus au confluent de deux grandes rivières navigables, la Saône et le Rhône, ce qui la mettait en relations directes avec la Méditerranée d'un côté, le bassin de la Seine de l'autre.

3. Huvelin : *Essai historique sur le droit des marchés et des foires*, Paris, 1897, in-8°, p. 286 ; Godart : *La juridiction consulaire à Lyon*, Lyon, 1905, in-4°, pp. 30, 34-36.

4. A cause de « mortalitez, pestilence, cherté de vivres, guerres, passages de gens d'armes ». *Privilèges* etc. p. 22.

5. La ville avait eu des foires auparavant, et depuis longtemps, mais qui ne jouissaient d'aucun privilège spécial, ni de la protection officielle des rois. Voir Rubys : op. cit. p. 25 ; Vaesen : *La juridiction commerciale à Lyon sous l'ancien régime*, Lyon, 1879, in-8°, p. 1, n. 1.

6. Sur les foires de Brie et de Champagne voir :

Les ordonnances et privilèges des foires de Lyon, Brie et Champagne, Lyon, 1537, in-8°.

L'histoire du développement de ces foires constitue une des pages les plus intéressantes des annales lyonnaises. Agents incomparables de rapprochement, en même temps qu'instruments de prospérité, les foires, en ouvrant dès le commencement du quinzième siècle la porte de la France vers l'Italie, en offrant aux Italiens des motifs de venir en France, ont préparé le chemin de la Renaissance franco-italienne[1].

Cependant l'effet de l'établissement des foires ne se fit pas sentir immédiatement : en 1444 (n. s.) Charles VII en octroya une troisième[2]. Ces trois foires devaient avoir lieu à Pâques,

Les lois, ordonnances et privilèges des foires de Lyon, Brie et Champaigne, Rouen, chez Martin le Mesgissier, 1563.

F. Desmaretz : *Mémoire chronologique des foires de Champagne et de Brie* (1696), reproduit au ch. VII des *Ephémérides* de Grosley (1757), t. I, p. 317.

Berti : *Le commercio dei Fiorentini, in Francia nei secoli XIII° XIV° singolamente il loro concorso all fiere di Sciampagna*, dans *Giornale storico degli Archivi Toscani*, 1857.

Bouquelot : *Études sur les foires de Champagne, sur la nature et les règles du commerce qui s'y faisait aux XII°, XIII° et XIV° siècles*, Paris, 1865-1866, in-8°.

Pigeonneau : *Histoire du commerce de la France*, Paris, 1885, in-8°, t. I.

Ehrenberg : *Das Zeitalter der Fugger*, Iéna, 1896, in-8°.

Huvelin : *op. cit.*, pp. 244 et s., 250, 258 et s., 296 et s.

Paoli : *Siena alle fiere di Sciampagna*, Siena, 1898, in-8°.

1. On lit dans un acte consulaire du 11 novembre 1542 : « qu'avant l'établissement des foires Lyon était une petite et pauvre ville, mais que depuis cet établissement et le passage ouvert en Italie, grand nombre d'artisans et gens de tout métier s'y rendent pour tenir boutique, et y besoigner, que depuis l'édit de Louis XII la ville s'est accrue, non seulement de la moitié, mais des quatre cinquièmes. » Péricaud : *Notes et documents pour servir à l'histoire de Lyon*, Lyon, 1833-1846, 2 vol. in-8°, t. I, p. 66.

André Navagero, ambassadeur vénitien, qui passa à Lyon en 1528, écrivit : « La plupart des habitants sont des étrangers, surtout des Italiens, à cause des foires qu'on y tient, du commerce et des échanges qu'on y fait. » Cp. Huvelin : op. cit. p. 597 ; Godart : op. cit. pp. 59 et s.

2. « Tant pour ce qu'elles ne duraient que six jours, qui estoit trop peu de temps, comme pour occasion de guerres et divisions qui depuis ledit temps jusques à present ont eu cours en ce Royaume et pour autres affaires et empeschemens survenus en ladite ville et pays d'environ, ou autrement, n'ont pu avoir leurs cours pleinement, ne sortir leur effect et n'ont bonnement este entretenues, ains sont demeurées interruptes et de nulle valeur, profit, ne effect. » *Privilèges* etc. pp. 26-34.

aux mois de juillet et de décembre et durer non plus six mais
vingt jours. Durant ce temps-là, marchands et marchandises de
la France et de l'étranger étaient exempts de tout impôt
excepté celui de « la chair et le huitiesme de vin » ; les
monnaies étrangères avaient cours et les étrangers étaient mis
sous la protection du sénéchal et de ses lieutenants. L'entéri-
nement de ces lettres patentes eut lieu l'année suivante, et pendant longtemps on n'entend plus parler des foires.

Il convient ici de faire remarquer l'impulsion donnée par les
foires à l'industrie de la soie [1]. Cette industrie, dont les premières tentatives datent probablement de la fin du quatorzième
siècle [2], prit à cette époque et sous la protection de Charles VII
et de Louis XI un nouvel élan. Par un édit de 1450 celui-là
accorde à Lyon le monopole du commerce des soieries pour
tout le royaume. En 1466 celui-ci lui assure par des lettres
patentes un monopole de fait pour la fabrication [3]. En même
temps les fabricants de soie à Lyon furent exemptés pendant
douze ans de tout impôt. Que l'on doive à des Italiens ou à des
Français [4] l'introduction des soieries à Lyon, peu importe ici.
Ce qui est incontestable, c'est que les foires, en faisant affluer
à Lyon les soieries italiennes, ont suggéré au roi l'idée de fonder
une manufacture indépendante.

---

1. Sur l'histoire de l'industrie de la soie à Lyon consulter comme œuvre
capitale : Godart : *L'ouvrier en soie*, Ire partie : « La réglementation du
travail, » Lyon et Paris, 1899, in-8°, avec bibliographie.

2. « Qu'on se souvienne du long séjour de la Papauté à Avignon : elle y
apporta son luxe, et à sa suite tout un peuple d'artisans s'est installé dans
la ville papale. Les tisseurs de soie sont du nombre, et les papes introduisent
dans le Comtat venaissin la culture du mûrier et l'élevage du ver à soie.
Lorsqu'en 1377 Grégoire X eut rapporté à Rome le siège de la Papauté, un
certain nombre d'ouvriers restèrent, créant une manufacture qui devint
assez florissante. Mais beaucoup émigrèrent, cherchant du travail : ils en
trouvent à Vienne, où tout un peuple de chanoines se presse dans la
cathédrale Saint-Maurice ; à Lyon, la ville des martyrs, centre religieux
important, où, à côté des cérémonies du culte, se multiplient les réceptions
somptueuses de rois et de princes. » *Ib.* *p. 3 et s.*

3. *Ib. p. 4.*

4. La tradition qui attribue à des Italiens l'introduction des soieries à
Lyon est contestée par Natalis Rondot : *Les artistes et maîtres de métiers
étrangers à Lyon.* Lyon, 1883, in-8°.

Plus tard, à la requête du duc de Savoie, son cousin, Louis XI transféra les foires à Genève [1], mais par des lettres patentes de mars et d'octobre 1463 (n. s.), entérinées en 1464 et encore confirmées par le roi le 14 novembre 1468, il les réinstalla à Lyon au nombre de quatre, de quinze jours chacune, et en augmenta les franchises [2]. Il fit plus. Il leur donna pour la première fois un tribunal distinct de celui des foires de Brie et de Champagne, qui jusqu'ici semble avoir réglé aussi les foires de Lyon [3]. Dans le but d'augmenter le nombre de marchands étrangers venant dans la ville, cet édit leur accorda, par les articles 5, 6, 9 et 11, des privilèges encore plus avantageux que celui de 1484.

Toutefois le sort des foires de Lyon était loin d'être assuré. En 1485 (n. s.) Charles VIII en transféra deux à Bourges et deux à Troyes, et ne les rendit à Lyon qu'en 1487, après une fervente requête que lui adressèrent en 1485 les habitants de la ville. Ce mémoire assure que « si l'on ôtait les foires de Lyon, on feroit dommage au royaume de deux millions d'or et plus par an » ; il ajoute que la foire de Lyon est la seule de toute la France où puissent se faire les « grandes délivrances ». Il nous donne en outre des détails intéressants sur les denrées qui s'y vendaient [4].

Il eut le résultat désiré. Par des lettres patentes de mai 1488 (n. s.), vérifiées en 1498, Charles VIII rendit à la ville les foires

1. Sur la lutte de Genève et de Lyon au sujet des foires voir : Borel : *Les foires de Genève au XV° siècle*, Genève, 1892, in-4°, p. 10 et s. ; Ehrenberg : op. cit. t. I, p. 283 et s. ; t. 2, p. 69 et s.

2. *Privilèges* pp. 36-54 : *Les lois, ordonnances* etc. pp. 26, 27. 32.

3. Cette organisation ou « Conservation », dirigée par le Sénéchal de Lyon, avait pour but de « conserver » les privilèges, de régler les disputes, de poursuivre les débiteurs et de décider les dates et les lieux des foires. Voir : J. Vaesen : *La juridiction commerciale à Lyon sous l'ancien régime*, Lyon, 1879, in-8°. p. 5 ; Huvelin : op. cit. p. 403 et s. ; Godart : *La juridiction consulaire à Lyon* ; *L'ouvrier en soie*, ch. II.

4. Toiles, cuirs, pelleteries venant du Bourbonnais, Forez, Lyonnais, Rouergue, Vivarez, Dauphiné, Beaujolais, Roannais, Charolais, Bresse ; du safran du Roannais, Forez, Lyonnais, Vivarez, Gévaudan, Quercy, Albigeois ; de l'argent blanc de l'Allemagne, des bonnets et des épingles de Paris, etc. On les échangeaient contre marchandises étrangères, comme drap de soie et épicerie. Péricaud : op. cit. pp. 3 et s ; Godart : *La juridiction consulaire à Lyon*, pp. 44 et s ; 57.

de Pâques et de la Toussaint. En 1495 (n. s.) il confirma les quatre foires [1].

Louis XII fit de même en 1499 [2], et on aurait cru leur tradition dès lors inébranlable, si, en 1512, par l'intervention du pape Jules II, elles n'avaient dû subir encore une épreuve [3]. Sous François Ier cependant, la fortune des foires prit un nouvel élan. Energiquement protégées par ce roi et par Henri II, elles atteignirent leur apogée dans la première moitié du seizième siècle, éclipsant toutes les autres foires françaises, et jouant le rôle qu'avaient joué au treizième siècle celles de Brie et de Champagne [4]. Elles devinrent une des sources principales de la richesse et du prestige de la ville. Du commerce qu'apportaient les marchands suisses, savoyards, portugais, espagnols, allemands, italiens, levantins, résulta en même temps « une

1. *Privilèges*, pp. 54-61.

2. Ib. pp. 82-87.

3. Au mois de juillet de cette année Jules II « par vengeance contre la ville où le concile de Pise devait se continuer (c.-à-d. contre la ville de Lyon), entreprit de casser, annuler et révoquer les foires franches de Lyon et de les transférer à Genève, en défendant à toutes personnes, sous peine d'excommunication, de ne plus aller commercer ou trafiquer aux foires de Lyon ». *Diplôme pour l'interdiction de Lyon*, dans la troisième session du concile de Latran. Voir Péricaud : op. cit. p. 35.

4. Voici une liste des lettres patentes et des édits par lesquels François Ier et Henri II assurèrent aux foires lyonnaises un avenir tranquille :

a) Confirmation des privilèges, février 1515, vérifiée 1525. *Privilèges* etc. pp. 87-94.

b) Edit sur la compétence du Conservateur, février 1535 ; ib. pp. 94-99.

c) Edit pour conserver leurs franchises aux marchands étrangers fréquentant les foires, en exemptant la ville de Lyon des récentes ordonnances au sujet des étrangers faites par la Chambre des Comptes de Provence : ib. pp. 100-105.

d) En 1540 François réorganisa la douane de Lyon. Les Lyonnais s'étaient plaints du tort que faisait à leurs foires l'expédition directe des soieries espagnoles et italiennes aux merciers des grandes villes ou aux foires de Troyes, de Paris et de Rouen. Le roi ordonna que les draps d'or et d'argent et les soieries de provenance étrangère fussent expédiés en première instance à Lyon, pour y acquitter un droit de 5 %, plus tard porté à 10 %. Pigeonneau : op. cit. t. II, p. 68.

e) Confirmation des privilèges par Henri II, octobre 1548 ; *Privilèges*, pp. 105-110.

f) Augmentation des privilèges et exemption du « droit d'aubaine », novembre 1551 ; Ib. pp. 111-117.

amélioration sensible dans la culture des terres, dans la valeur des propriétés et, par conséquent, dans le revenu des droits prélevés au profit de la couronne[1]. »

Il n'était pas inutile de parler de l'histoire des foires et de leur importance au seizième siècle, car il faut nous garder de l'erreur de ceux qui, aimant à marquer avec précision les différentes étapes de la Renaissance française, ont l'habitude de fixer à 1494, année des premières expéditions italiennes de Charles VIII, les débuts de l'italianisme en France.

À vrai dire, il est aussi ridicule de supposer que l'influence italienne inonda tout d'un coup la France, que de s'imaginer que la tradition française en fut à jamais supprimée[2]. Et, en effet, nous voyons des Italiens installés à Lyon dès le quatorzième siècle[3]. Une pèlerine d'alors, décrivant ses voyages, nous dit que la ville à cette époque était surtout « animée par des étrangers riches[4] ». Le premier peintre dont on connaisse le nom à Lyon est un Italien[5], et la ville est assez bien connue du monde poétique pour que Pétrarque y vienne passer quelques semaines[6].

Au siècle suivant et toujours bien avant les guerres de 1494[7], le nombre de banquiers, d'artistes, d'imprimeurs, de graveurs,

1. *Archives historiques et statistiques du Rhône*, Lyon, 1835, etc. in-8°, t. VII, p. 148. Cp. Ehrenberg : *Das Zeitalter der Fugger*, t. II, pp. 81 et s. ; 72 et s. Huvelin : op. cit. p. 288 ; Pigeonneau : op. cit. t. II, p. 79.

2. H. Chamard : *Les origines de la poésie française de la Renaissance*, Paris, 1920, in-8°, chap. I et II : « La survivance du Moyen-Age ».

3. On trouve mention de plusieurs de ces Italiens dans l'*Inventaire sommaire des archives communales antérieures à 1790 : ville de Lyon*, rédigé par F. Rolle, Paris, 1875, in-4°, t. I. Voir aussi : Giovanni Tracconaglia : *Una pagina de l'histoire de l'italianisme à Lyon a travers le Canzonniere de Louise Labé*, Lodi, 1917, in-8°, p. 10.

4. *Archives historiques et statistiques du Rhône*, t. VII, p. 151.

5. Rondot : *Les peintres de Lyon du XIVe au XVIIIe siècle*, Paris, 1888, in-8°, pp. 4-12, 72.

6. Du 9 août 1331 jusqu'à la fin du mois. Il paraît y avoir composé le sonnet : « *Mille piaggi in un sol giorno e mille rivi* ». *Archives historiques et statistiques du Rhône*, t. XII, pp. 167-173 ; Péricaud : op. cit. p. 63.

7. En 1470 la colonie des Florentins était déjà assez considérable à Lyon ; ils avaient leur Consulat et leur église. Pagnini della Ventura : *Della decima e di varie altre gravezze imposte dal Comune di Firenze*, 1765 etc. in-4°, t. II, p. 50.

de marchands et de diplomates italiens à Lyon est très grand [1].
Parmi les banquiers il suffit de nous rappeler les Médicis [2] ;
Simon, Tommaso Ier, Filippo et Lorenzo Guadagni [3] ; les
Capponi [4] ; les Buondelmonte [5] ; les Cambi [6] ; les Pazzi [7] ; les
Strozzi [8] ; les Martelli [9] ; les Rucellai [10] ; qui tous avaient dressé
avant 1470 de puissants comptoirs à Lyon. En 1490, Laurent de
Médicis prêta cent écus d'or au chapitre de l'église de Lyon [11].
Avant son départ pour l'Italie en 1494, Charles VIII emprunta
de trois marchands de Milan résidant à Lyon cinquante mille
ducats [12].

Or, ces étrangers ne pouvaient manquer d'apporter dans leur
pays d'adoption les pensées et les mœurs de chez eux. Ainsi,
dans tous les métiers et à chaque degré de la vie sociale, littéraire et artistique, eut lieu cette lente infiltration d'idées par
laquelle se prépare toute révolution. Pour que la Renaissance
italienne passât complètement en France, il ne manquait qu'un
va-et-vient plus fréquent et plus direct. L'expédition militaire
de 1494, en ouvrant cette longue série de guerres d'Italie qui ne
s'est terminée qu'en 1559, a fait dérouler devant les yeux
d'une foule de Français qui ne l'auraient pas connu autre-

1. Pour la liste la plus complète voir Tracconaglia : op. cit. pp. 13 et s.
Les « Nommées » (recensements pour établir les taxes) de 1493 fournissent
encore une trentaine de noms italiens qui, avec ceux relevés par M. Tracconaglia, feraient monter le total à environ 102.

2. La fameuse banque des Médicis est fondée vers le milieu du xve siècle.
Vers 1555 Cosimo en est le chef. Charpin-Feugerolles : *Les Florentins à
Lyon*, Lyon, 1893, in-4°, p. 10.

3. Sur cette illustre et opulente famille voir G. Yver : *De Guadagniis
emercatoribus Lugduni XVI saeculo commorantibus*. Thèse, Paris, 1902, in-8° ;
E. Picot : *Les Italiens en France au XVIe siècle*, (extrait du *Bull. italien*,
1901-2). Paris, 1902, in-8°, pp. 79 et s.

4. E. Picot : op. cit. pp. 106 et s.

5. Ib p. 108.

6. Id.

7. Ib. p. 110.

8. Ib. p. 97.

9. Ib. p. 112.

10 Ib. p. 130.

11. Péricaud : *op. cit.*, p. 5.

12. Ph. de Commines : *Mémoires*, t. VII, ch. v (t. II, p. 133 de l'édition
Mandrot. Paris, 1901, in-8°).

ment, le spectacle de la merveilleuse civilisation italienne[1].

Ce spectacle exerça sur les « barbares du nord »[2] une attrac-
tion irrésistible et instantanée[3]. Charles VIII ramena de
Naples des sculpteurs et des peintres italiens, il en rapporta
en même temps des statues, des tableaux, des tapisseries, des
livres[4].

1. Sur l'expédition de Charles VIII en Italie, voir la bibliographie fournie par Lavisse et Rambaud : *Histoire générale, du IVe siècle à nos jours*,
Paris, 1893-1901, in-8°, t. IV, pp. 80-82. Charles VIII prit possession du
royaume de Naples à peu près sans coup férir et retourna à Lyon le
7 nov. 1495, après la bataille de Fornoue. A Florence ses hommes se
mirent à piller les trésors : sculptures, vases, camées, médailles, que Laurent et ses ancêtres avaient amassés. Les Italiens, ayant perdu l'habitude
des armes, ne pouvaient rien faire pour arrêter le torrent. Au contraire,
plusieurs d'entre eux se rangèrent ouvertement du côté des Français :
Giovanni Caracciofi, Alfonso Ier d'Este et Gianjacopo Trivulzio étaient du
nombre. (E. Picot : *Les Italiens en France au XVIe siècle*, pp. 16, 20, 22).
Antonello di San Severino avait déjà cherché un refuge à la cour de
Charles VIII, et fut du nombre de ceux qui le poussaient à entreprendre
l'expédition. (*Ib.*, p. 11).
2. Il y avait autant de divergence d'opinion sur les droits des envahisseurs qu'il y avait de désaccord parmi les nombreuses factions de l'Italie.
Cependant tous les Italiens s'accordèrent à désigner les Français comme
des barbares, des guerriers féroces et cruels, qui témoignaient d'une
étrange révérence pour leur roi. Une longue liste de références à ce sujet
nous est fournie par E. Herbst : *Der Zug Karls VIII nach Italien im Urteil der
italienischen Zeitgenossen*, Berlin, Leipzig, 1911, in-8° (*Abhandlungen zur
mittleren und neueren Geschichte*), pp. 46 et s.
3. Commines (t. VII, ch. XI, éd. Mandrot, t. II, p. 163), décrit avec un
étonnement naïf les « beaux pots d'agathe et tant de beaux camaieux bien
taillés que merveille » livrés à Florence aux envahisseurs. Charles VIII,
dans une lettre à Pierre de Bourbon, datée du 28 mars 1495, parle avec
beaucoup d'enthousiasme des palais, des jardins et des trésors artistiques
de l'Italie. (*Archives de l'art français*, t. I, p. 274).
4. Un document du 23 décembre 1495 mentionne un paiement de 1593
livres tournois pour « la menaige, voiture et conduite depuis Napples
jusqu'en la ville de Lyon de plusieurs tapisseries, librairie, painctures,
pierres de marbre et de porfire et autres meubles que ledit Seigneur donna
charge admener ; lesdites chozes pèzent en tout 87.000 livres ou environ,
comme aussi pour les charrier et conduire depuis ladite ville de Lyon jusqu'au chastel d'Amboise, ainsy que ledit Seigneur luy a ordonné et commandé faire pour la décoration et ustencille dudit chastel, et semblable-
ment pour la nourriture de XXII hommes de mestier de XXXIIII jours à la
raison de XV sols par jour, lesquels par somme icelluy Sr. a fait venir
dudit Naples pour ouvrier de leur mestier à son devis et plaisir. » *Ib.*, t. II,
pp. 303 et s. Cp. t. I, pp. 94-128 du même ouvrage : « Etat des gages des
ouvriers italiens employés par Charles VIII », publié d'après un ms. de la
Bibl. Nat., communiqué et annoté par A. de Montaiglon.

On a écrit que ses expéditions militaires eurent sur la ville une influence aussi favorable que celle des croisades [1]. Les habitants de Lyon purent en tirer, en effet, autant d'amusement que de profit pécuniaire [2]. Mais rien ne nous autorise à croire que l'italianisme à Lyon ait pris sous Charles VIII un nouvel essor, ni que la colonie italienne se soit à cette époque beaucoup augmentée [3].

Les premières guerres italiennes ne semblent avoir exercé sur la vie à Lyon aucune influence révolutionnaire. A l'entrée de Charles VIII dans la ville en 1495 « par plus de cent lieux y avoit au travers des rues, pendans en l'air, escussons fais à la mode de Ytalie » [4]. Voilà un fait significatif : Lyon n'avait pas besoin d'attendre que Charles VIII lui enseignât « la mode de Ytalie ». Au contraire, elle la connaissait déjà bien mieux que lui.

Natalis Rondot nous assure que pendant toute la première moitié du seizième siècle la ville ne comptait qu'un petit

---

1. E. Picot : *op. cit.*, p. 1.

2. « Audit Lyon se commencèrent à faire de merveilleuses chères, car pour le temps ceuls de la ville, dames et autres, se mettoient sur le bon bout ; car il leur estoit tout de nouveau de voir grande seigneurie ». Péricaud, *op. cit.*, p. 7.

3. Malgré toutes nos recherches parmi les « Nommées » et les « Comptabilités » de la ville et parmi les noms relevés par Picot (*Bull. italien* 1901, 1902, 1903, 1904), par Tracconaglia (*op. cit.*), par Rondot (*passim*) et par Baudrier (*Bibliographie lyonnaise*, t. I, liste générale), nous n'avons pu trouver qu'une vingtaine de familles italiennes qui se soient fixées à Lyon entre 1493 et 1515, c'est-à-dire une moyenne d'environ une famille nouvelle par an. Or, en 1493, il y avait déjà au moins une centaine d'Italiens domiciliés à Lyon. Voici les noms de ceux qui sont venus entre 1493 et 1515 : Silvestre Abate, Roberto degli Albizzi, Giovanni Altoviti, les Balbani, Zanobi Bartoli, Benoît Bonovn, les Buonaccorsi, Domenico di Capo, Pantaleone Conti, les Dei, Giambattista Cattani da Diaceto, Antoine de Florence, Antonio il Gondi, Niccolo de Guido, Jean Guigo, Zanobi Manelli, Vincent de Portunaris, Jacques Sacon, les Salviati, Vincenzo Sandonino, Jean de Savoie, Jacob de Soigo.

4. Commines : *Mémoires*, l. VIII, ch. xxv (t. II, p. 377 de l'édition Mandrot). Il convient ici de rappeler qu'un Italien, Nicolas de Florence, fut un des auteurs de la médaille offerte à Anne de Bretagne et à Charles VIII lors de leur première entrée à Lyon en 1494. Rondot : *La médaille d'Anne de Bretagne et ses auteurs*, Paris, 1885, in-8° ; Soultrait : *Lettre à M. Cartier sur la médaille offerte par la ville de Lyon à la reine Anne de Bretagne*, dans *Rev. franç. num.*, 1855.

nombre d'artistes ou de maîtres de métier italiens [1]. Comme en 1470 [2], les banquiers italiens étaient plus nombreux. Même parmi les banquiers cependant, nous n'en voyons que sept qui s'y soient fixés à l'époque de Charles VIII et de Louis XII [3]. La ville était déjà un centre commercial, un rendez-vous cosmopolite, où les Pays-Bas [4], l'Allemagne [5], et les autres pays avaient autant de représentants, ou davantage, que l'Italie. Elle resta telle jusqu'au moment où, sous François Iᵉʳ, les choses prirent une orientation nouvelle [6].

Bien avant son avènement au trône il existait entre Lyon et l'Italie un agent de rapprochement beaucoup plus puissant que les expéditions militaires, un lien qui, sous François Iᵉʳ et sous son successeur, finit par réunir étroitement les deux pays. C'est de l'imprimerie que nous voulons parler.

La ville de Lyon, si elle ne fut pas la première de France à connaître l'imprimerie, semble en tout cas avoir été la seconde.

1. *Les potiers de terre italiens à Lyon au XVI⁰ siècle*, Paris, 1892, in-8°, p. 29. Cp. E. Muntz : *La Renaissance en Italie et en France à l'époque de Charles VIII*, Paris, 1885, in-4°. L'auteur y parle de la tradition artistique en France à cette époque et de la lenteur avec laquelle elle répond à l'influence italienne. Ce fut surtout le cas pour l'architecture. (Voir pp. 459-472 ; pp. 520 et s.) ; Pigeonneau : op. cit., t. II, p. 59).

2. Voir p. 9.

3. Ce sont : Roberto degli Albizzi (Picot : op. cit., p. 77) ; Zanobi Bartoli (ib. p. 87) ; les Buonaccorsi (ib. p. 114) ; les Dei (ib. p. 98) ; Zanobi Manelli (ib. p. 96) ; Battista et Alamanni Salviati (ib. p. 85 et s.).

4. Parmi les maîtres de métiers étrangers à Lyon alors, et même dans la première moitié du xvi⁰ siècle, les Flamands étaient beaucoup plus nombreux que les Italiens. Rondot : *Les potiers de terre italiens à Lyon au XVI⁰ siècle*, p. 29. Il y avait aussi bien des imprimeurs flamands.

5. Il est à remarquer qu'il y avait à Lyon entre 1473 et 1500 une trentaine d'imprimeurs allemands, tandis que l'on n'y trouve que huit imprimeurs italiens, savoir : Benoît Bonnyn ; Boniface Jean de Bergame ; Jean Inigo ; Vincent de Portunaris ; Jacques Sacon ; Jean de Savoie ; Jacob de Suigo ; Barthélemy Trotti. Voir : Rondot : *Les graveurs sur bois et les imprimeurs à Lyon au xv⁰ siècle*, Paris, Lyon, 1896, in-8°.

6. Ce n'est pas à dire que la ville ne connût, avant 1515, d'autres Italiens que des banquiers et des commerçants. Nous avons déjà signalé les noms de quelques artistes italiens établis à Lyon (pp. 7, 10, n. 4). N'oublions pas non plus que les diplomates italiens, César Borgia, Machiavel, Cosme Pazzi, avaient trouvé, eux aussi, le chemin de Lyon. César Borgia fut nommé gouverneur de Lyon et y arriva le 18 oct. 1498 ; Machiavel fut à Lyon le 26 juillet 1500, janvier février 1504, le 7 juillet 1510 ; Cosme Pazzi en 1503. (Péricaud : op. cit., pp. 12, 14, 21, 33).

Le Président Baudrier, en 1883[1], les classe dans l'ordre suivant : Paris 1469 ; Lyon 1473 ; Toulouse 1476 ; Angers 1477 ; Chablis 1478 ; Poitiers 1479. La date 1473 assignée à Lyon est celle de la publication chez Guillaume le Roy d'un curieux livre, le *Compendium* de Lothaire, qui, pendant plusieurs années, passa pour le premier qui fût sorti des presses lyonnaises[2]. Malgré le manque de preuves absolues cependant, Baudrier était d'opinion que l'imprimerie avait débuté à Lyon avant cette date[3]. Vingtrinier en fait remonter l'introduction à 1466 environ[4].

Le premier qui ait imprimé à Lyon fut sans doute Guillaume Le Roy, natif de Liège[5]. On ne sait pas la date de son arrivée à Lyon, où Barthélémy Buyer, riche marchand lyonnais, le protégea de son influence et lui fournit les fonds nécessaires à son entreprise[6].

1. *De l'orthographe du nom de Guillaume Rouville*, Lyon, 1883, in-8°.

2. Bréghot du Lut avait déjà exprimé cette opinion en 1825 : *Archives historiques et statistiques du Rhône*, t. II, pp. 6, 8, 242. C'est en 1476 que l'on place la publication, probablement à Lyon, du premier livre français orné de gravures. Voir Rondot : *Les graveurs sur bois et les imprimeurs à Lyon au XVᵉ siècle*, p. 26.

3. Op. cit., p. 18 ; Cp. *Une visite à la bibliothèque de l'Université de Bâle*, Lyon, 1880, p. 5.

4. *Histoire de l'imprimerie à Lyon de l'origine jusqu'à nos jours*, Lyon, 1894, in-8°, pp. 36-44. L'imprimerie serait venue en France directement de Mayence après le sac de cette ville en 1462. Cet auteur, cependant, trop enclin à donner à ses conjectures l'apparence de la certitude, n'appuie pas ses assertions d'une manière convaincante. Par exemple, à propos des *Statuta ecclesiæ Lugd.* publiés sans date ni lieu d'impression, il écrit : « Ces statuts promulgués par le Cardinal de Bourbon en 1466, ont-ils attendu dix ans pour être imprimés ? Il y a eu des gens assez naïfs pour le dire ». Parmi ces « gens naïfs » se trouve Claudin : *Origines de l'imprimerie à Albi*, Paris, 1880, in-8°, qui assigne aux *Statuts* la date de 1485 et les attribue à Guillaume Le Roy. Ce livre, qui ne fait voir aucune des imperfections des premiers essais de Le Roy, ne saurait être de 1466. Il est possible qu'il appartienne à une seconde édition. Rondot : *Les graveurs....* p. 67.

5. Rondot : *Les graveurs ...* p. 62 et s. Ce fut probablement en Flandre que Le Roy fit son apprentissage d'imprimeur, car ses caractères gothiques et lourds sont modelés sur ceux que l'on employait alors dans les Pays-Bas.

6. Rondot : op. cit., pp. 134-138, nie que Barthélémy Buyer ait jamais imprimé pour son propre compte. Il aurait seulement collaboré à l'œuvre de Le Roy, tout en l'aidant pécuniairement de la façon la plus généreuse.

D'autres du même métier le suivirent. C'étaient d'abord des Allemands, ensuite des Flamands, des Italiens, qui s'installèrent à Lyon. Les Lyonnais ne tardèrent pas non plus à se lancer dans la voie que Le Roy avait indiquée. Le nombre d'imprimeurs et de libraires à Lyon augmenta avec une rapidité étonnante, au point que, en 1500, il y en avait au moins cent cinquante-six [1].

[1]. La seule monographie récente que nous connaissions sur les débuts de l'imprimerie à Lyon est l'article de M. A. F. Johnson dans *The Library*, 1er déc. 1922, série IV, t. III, n° 3 : « Books printed at Lyons in the sixteenth century. » Puisqu'il n'existe pas de monographie récente sur l'imprimerie à Lyon avant 1500, nous avons rassemblé les noms des imprimeurs et des libraires lyonnais du xv° siècle, qui ont été relevés soit par Boudot (op. cit.), soit par Péricaud : *Bibliographie lyonnaise du XV° siècle*, Lyon, 1851, in-8°, soit par Baudrier : *Bibliographie lyonnaise*, Lyon, 1895, etc., in-8°, t. I : « Liste générale des imprimeurs et libraires de Lyon aux xv° et xvi° siècles ».

Voici notre liste :

Alemannus (Johan), ou Neumeister.
Alméras (André).
Arnault (Jean).
Arnollet (Ollivier).
Avant (Anthoine).

Bachelier (Jean).
Bade (Josse), correcteur.
Baland (Estienne).
Balsarin (Guillaume).
Barthelot (Pierre).
Berget (Pierre).
Bertholon (Guillaume).
Bertin (Geoffroy).
Bezine (Hervé).
Boillon (Martin).
Bonnet (Faujéhan).
Bonté (Pierre), « escripvain de forme ».
Bouteiller (Pierre).
Breton (Olivier).
Breton (Yvonnet).
Brucellement (Guillaume).
Buyer (Barthélemy).
Buyer (Jacques).
Buyol (Pierre).

Cambray, voir Moylin.
Carcagni (Pierre).
Carconi (Janonus).
Chappuis (Jean).
Chaussart (Barnabé).
Clain (Jean), alias Schwab.
Clamps (Jehan).
Clere (Pierre).

Dalivet (François).
Dalmès (François).
Darmès (Barthélemy).
D'Ast (Balthazar).
David (Edmond), alias Hemo.
Davost (Claude), alias de Troye.
Daygne (Claude).
De Basle (Michel).
De Bénédictis (Nicolas).
De Bergame (Jean Boniface).
De Boninis (Boninus).
De Bourg (Louis).
De Campis ou Deschamps (Junot).
De Cluny (Aimé).
De Flandres (Jean).
De France (Jacques).
De la Font (Pierre).

Ce n'était pourtant pas, au début, un emploi lucratif. Au quinzième siècle les imprimeurs lyonnais étaient en général

De la Fontaine (Jean).
De la Place (Jean).
De la Porte (Aymon).
Des Preaults (Michelet).
De Sallins, voir Mazornant.
De Savoie (Jean).
De Troye, voir Davost.
De Vieilleville (Jean).
De Villiers (Gilbert).
De Villeneuve (Jacques).
De Vingle (Jean).
Didier.
Dorier (Jacques).
Dupas (Jean).
Dupré (Jean).
Duteil (Damas).
Du Vergier (Denis).

Evellet ou Enellet, dit Rabault, (Pierre).

Faber (Jean).
Favre (Claude).
Fradin (François).

Gascon (Pierre).
Genevet, dit Dymantier (Jean).
Geynard ou Pinet (Etienne).
Gibolet (Claude).
Glockengiesser (Sixtus).
Gobert (Hans).
Greelin (Gaspar).
Grillet (Nicolas).
Groshofer (Lazare David).
Guido ou Guigo (Jean).

Haed (Conrad).
Havart (Martin).
Hemo, voir David.
Herenberch (Jacques).
Himel (Pierre).
Hochberg (Hans).
Hosseau (Michel).
Hugues.
Huguetan (Jacques).
Huguetan (Jean).

Huschin (Claude).
Husz (Martin).
Husz (Mathias).
Huyon (Guillaume).

La Grue (Etienne).
Lambillou (Antoine).
Lathomi (Perrinus).
Lauvergnat (Pierre).
Le Hongre (Pierre).
Le Roy (Guillaume).
Lespagneul (Louis).
Leymont (Penin).
Liset (Jean).
Lodet (Jean).
Luel ou Loet (Pierre).

Machera (Jean).
Maillet (Jacques).
Mareschal (Jean).
Mareschal (Pierre).
Martin (Jean).
Martin (Pierre).
Materne (Jean).
Mazornant, dit de Sallins (Jean).
Meynier (Claude).
Montaigne (Benoît).
Mouton (Denis).
Moylin (Benoît), alias Cambray.
Murise (Jean).
Myt (Jacques).

N. (Pierre).
Neumeister, voir Alemanus.
Nicolas.
Nourry (Claude).

Ortuin (Gaspard).
Oze (Gérard).

Farrel (Pierre).
Perrin (Guillaume).
Pichot (Richard).
Pincerne (Pierre).
Pistoris (Nicolas Philippe).
Pivard (Jean).
Pomeschot (Jehan).

très pauvres : le Consulat était assez souvent obligé de leur
remettre tout ou partie de la taille[1]. Cet état de misère des
imprimeurs lyonnais venait sans doute en partie de la concurrence italienne. Pour chaque livre imprimé à Paris au commencement du seizième siècle, on a dit que les presses vénitiennes
en donnaient environ trois et demi[2]. Ces chiffres, même s'ils
ne sont pas absolument exacts, donnent une idée de la dispro-

Poyelon (Mathelin),
Prost (Jean),
Putien ou Putier (Benoist),

Reinhart (Marc),
Reimond,
Roberjot, dit Cardillon (Pierre),
Rohault, voir Evellet,

Sacon ou Sagon (Jacques),
Saigne (Pierre),
Sarazin (Martin),
Schabeler (Jean),
Schenck (Pierre),
Schultis (Engelhard),
Schwab, voir Clain,

Seignoret (Guillaume),
Suigo (Jacobinus),
Syber (Jean),
Sync (Mathieu),
Syroben (Jean),
Syrondet (Anjou),

Thiebaut,
Thuringues,
Topie (Michelet),
Trechsel (Jean),
Trot ou Trotti (Barthélemy),

Valoris (Jean),
Viterges (Gaspar),

Wennsier (Michel),

1. Rondot : *Les graveurs...*, p. 98-101.
En 1515, Barthélemy Trot ou Trotti est « amodéré par grant pitié, car
quasi il mendye. » (*Inventaire sommaire des Archives communales : Lyon*,
t. I, p. 34). Au-dessus du nom de Thiébaut, maître-relieur, taxé à 7 sous,
6 deniers, on lit : *Mortuus est et nichil habuit*. (Baudrier : op. cit., t. I,
p. 423). En 1498, le receveur-général, en inscrivant sur les rôles Jean Neumeister, mit en marge la mention « pauvre ». (*Archives de l'Hôtel de Ville
de Lyon*, Registre cc. 225, fol. 147 recto).
2. « Tandis qu'à Paris le nombre de livres imprimés à l'ouverture du
XVIe siècle n'est que de 751, il est de 4.987 en Italie, savoir 2.835 à Venise,
925 à Rome, 629 à Milan, 300 à Florence, 298 à Bologne, sans parler de
50 autres villes qui possédèrent des presses vers la même époque. »
Rathéry : *Influence de l'Italie sur les lettres françaises du XVIe siècle*, Paris,
1853, in-8°, p. 47, d'après Hallam : *Introduction to the literature of
Europe in the fifteenth, sixteenth, and seventeenth centuries*, London, 1837,
in-8°, t. I, p. 336. H. Hauvette : *Les plus anciennes traductions françaises de
Boccace*, extr. du *Bull. Italien*, 1907-1909, p. 1, n. 1, rappelle que les
volumes publiés en Italie circulaient nombreux en France. Auguste Bernard : *De l'origine et des débuts de l'imprimerie en Europe*, Paris, 1853,
in-8°, t. II, p. 149, fait remarquer qu'au commencement de l'année 1472,
Sweinheim et Pannartz, les premiers imprimeurs d'Italie, avaient déjà
publié près de douze mille volumes, tandis qu'à Venise (p. 197) il y avait
deux cents imprimeurs avant 1500.

portion qui existait, en matière d'imprimerie, entre les deux pays[1].

On pourrait se demander pourquoi, malgré ces inconvénients, le nombre d'imprimeurs à Lyon s'est augmenté avec la rapidité que nous venons de constater. Il ne faut pas oublier que ces imprimeurs jouissaient de beaucoup de liberté et de maint privilège. Loin de la surveillance rigoureuse exercée par la Sorbonne sur leurs confrères de Paris, ils pouvaient suivre leur métier à peu près sans crainte de censure, tout en profitant des franchises que les rois de France leur accordèrent[2]. Puis, quand il s'agissait de disposer de leurs livres, ils avaient, au seuil même, les foires[3].

L'art de l'imprimerie était, nous l'avons dit, un lien entre Lyon et l'Italie. D'un côté il y avait les imprimeurs lyonnais qui allèrent en Italie, soit pour y faire leur apprentissage[4],

1. H. Chamard : *Les origines de la poésie française de la Renaissance*, p. 311.

2. « Quatorze imprimeurs ont produit à Lyon des impressions qui ont été conservées, et aucun imprimeur ne figure sur les chartreaux jusqu'en 1487 ou 1484. La non-inscription des imprimeurs sur les rôles, soit pour la taille, soit pour le service militaire, n'a qu'une explication. Les imprimeurs auront été exemptés pour un temps par le roi des impôts et des charges militaires. » Rondot : *Les graveurs...*, p. 72. Louis XI et François Ier surtout, prirent un intérêt très vif à l'imprimerie (ib. p. 73). En 1458 Louis XI envoya Jenson pour prendre des informations sur la nouvelle invention de Gutenberg. En 1474 il accorda des lettres de naturalité aux trois premiers imprimeurs parisiens. En 1475 il ordonna la restitution à Conrad Hannequin et à Pierre Schœffer, imprimeurs de Mayence, de livres confisqués sous le droit d'aubaine. Rondot est d'opinion (p. 76) que les privilèges accordés par lui aux marchands de soie avaient trait en même temps à l'imprimerie, c'est-à-dire qu'à partir de 1466 ils furent exemptés pendant douze ans de tout impôt. En 1541 François Ier octroya par lettres patentes un *Règlement de l'imprimerie pour la ville de Lyon*. Ib. pp. 80-86 ; Justin Godart : « Ouvriers du temps passé » dans *Rev. du Lyonnais*, 1899. 5e sér., n. 162, pp. 300-304.

3. A. Claudin : *Origines de l'imprimerie à Albi en Languedoc*, Paris, 1880, in-8°, p. 62, parle de Lyon comme du « grand *emporium* typographique de la France » En outre, les marchands et les libraires lyonnais étaient en rapports constants et avec l'Espagne, par la voie de Toulouse, et avec Bâle.

4. E. g. : au xve siècle : Étienne Coral, Jean J. Favre, Perrin le Masson, Jacques Maillet, Marin Sarazin, Jean de Vieilleville. (Rondot : *Les graveurs...*, pp. 145, 147, 181, 188 ; E. Picot : *Les Français italianisants au*

soit pour s'y établir en maîtres[1]. En revanche, plusieurs imprimeurs italiens vinrent se fixer à Lyon[2].

Quant au prestige dont jouissait, à Lyon et ailleurs, la typographie italienne à cette époque, nous en avons une preuve dans les contrefaçons françaises de livres italiens. Quelques-unes de ces contrefaçons, publiées à Lyon, nous intéressent particulièrement.

En 1501, Alde Manuce de Venise livra au public un Virgile in-8° imprimé en caractères nouveaux et qu'il avait inventés[3]. Au lieu des caractères gothiques, comme on en voyait en Allemagne et en France, au lieu des romains préférés en Italie[4], il employait pour la première fois les lettres dites lors *aldines* ou *italiques*[5]. A une époque où la plupart des livres étaient encore en manuscrit, ce petit italique d'Alde, fin, joli, facile à lire, était sûr de réussir. Il devait en effet faire révolution dans l'imprimerie.

Protégé à la fois par le Sénat de Venise et par les Papes, Alde était à l'abri des contrefacteurs en Italie[6]. Une fois les Alpes fran-

XVI° siècle, 2 vol., Paris, 1906, in-8°, t. I, p. 161, n. 1 ; ou xvi° siècle : Guillaume Roville ou Rouville, Vincent Vaugris ou Valgrisio (Picot : Ib., pp. 161 et s., 181. A la page 161 on trouve en note une longue liste d'imprimeurs des autres parties de la France qui sont allés en Italie à cette époque. Estienne Dolet passa trois ans à Padoue, un an à Venise : 1527-1530 ; 1530-1531).

1. Etienne Coral s'établit à Parme en 1473. Il y resta jusqu'en 1477 au moins. Picot : loc. cit.

2. Voir p. 19, n. 5.

3. Voir : Ant. Aug. Renouard : *Annales de l'imprimerie des Alde*, Paris, 1803, in-8° ; A. Baschet : Alde Manuzio ; *Lettres et documents*, Venise, 1867, in-8° ; Péricaud : op. cit., p. 27 et s. ; Vingtrinier : op. cit., p. 58 et s.

4. Les caractères ronds étaient généralement employés en Italie à cette époque ; par contre, ce caractère ne se voyait que rarement en France avant 1500. Neumeister cependant en a fait usage à Albi, Ulrich Gering à Paris. (Claudin : op. cit., p. 84, n. 3). Du mélange de caractères semi-gothiques et de ronds ou romains, l'Allemand Heilman avait formé l'écriture bâtarde. (Humbert : « L'imprimerie à Lyon aux xv° et xvi° siècles » dans *Rev. du Lyonnais*, déc. 1891, t. XII, p. 559).

5. Selon Brunet : *Manuel du libraire et de l'amateur de livres*, Paris, 1860-65, 5° éd., t. IV, col. 543, le premier livre imprimé en italiques par les Alde serait non pas un Virgile, mais *Le cose volgari di Messer Francesco Petrarcha, Impresso in Vinegia nelle case d'Aldo Romano nel anno MDI del mese di Luglio*, pet. in-8°.

6. Renouard : op. cit., p. 15.

chies cependant, ses privilèges n'avaient plus de force. A Lyon dès 1502 on contrefaisait ses éditions in-8° latines et italiennes, à mesure qu'elles étaient publiées [1]. Parmi les noms des contre-facteurs qui nous sont parvenus sont ceux de Barthélemy Trotti [2] et de Guillaume Hugon, mais, leurs livres ne portant naturellement ni lieu ni date, ni aucune espèce de marque, beaucoup de ces imitateurs ont sans doute échappé aux histo-riographes [3].

En vain Alde s'éleva contre eux [4]. S'il leur reprochait leurs incorrections, en leur indiquant les fautes qu'ils avaient faites, vite ils donnaient une édition où ces fautes étaient cor-rigées.

A part une traduction de la *Ruine des nobles hommes et femmes* de Boccace [5] et une édition italienne de l'*Ars Moriendi* [6], les con-trefaçons aldines sont les premiers livres italiens imprimés à Lyon dont les noms nous ont été conservés. Leurs successeurs ont gardé les caractères italiques, qui, après 1532 [7], sont deve-nus de mode pour tous les livres de poésie, français ou italiens [8].

1. Ils donnèrent successivement Virgile, Horace, Dante, Pétrarque, Juvénal et Perse, Martial, Ovide, etc. Ib. p. 17.

2. Né à Borgo-Franco près de Pavie. Libraire à Lyon, où il est connu de 1499 à 1532, il s'associa avec Hugon ou Huyon, pour publier des contre-façons aldines. Rondot : *Les graveurs*..., p. 219; Vingtrinier : op. cit., p. 113; cp. p. 23 n. 1, supra.

3. Par précaution contre le risque des poursuites, les contrefacteurs copiaient tout, jusqu'aux préfaces de l'original. Renouard : op. cit., p. 17.

4. Dans un avis du 16 mars 1503, Alde se plaint de la fraude de ses imitateurs, en même temps que de l'incorrection vraiment révoltante de leurs éditions. Ib. p. 17.

5. Imprimé en 1483 par Mathieu Husz et Jean Schabeler, in-fol. goth. fig. (Brunet : *Manuel du libraire*, I, 283).

6. Rondot : *Les graveurs*..., p. 181. D'après Péricaud : *Bibliographie lyonnaise du XV° siècle*, Lyon, 1851-9, in-8°, p. 10, n. 3, l'existence de l'*Arte del ben morir* serait douteuse. Cf. Brunet : *Manuel* I, 502.

7. Pour les *Triumphes* de Pétrarque, publiés en 1531 on employa les lettres rondes. (Brunet : op. cit. IV, 562).

8. E. Picot : *Les Français italianisants au XVI° siècle*, t. I, p. 167, n. 8, nous dit : « Quand Luigi Alamanni avait voulu faire imprimer ses œuvres sur le sol français (en 1532), les imprimeurs lyonnais n'avaient peut-être plus les lettres italiques qui avaient été employées pour les contrefaçons aldines ; le poète s'était fait donner par le roi le 30 novembre 1531 la

En 1555 et 1556 Jean de Tournes les employa pour les deux premières éditions des œuvres de Louise Labé.

En contrefaisant des livres italiens, les imprimeurs lyonnais ont sans doute contribué, tant soit peu, à répandre dans la ville le goût de l'italianisme ; leur exemple ne semble pas pourtant avoir occasionné une augmentation dans le nombre de livres italiens imprimés à Lyon. Au contraire. Même des traductions françaises de livres italiens manquent presque totalement avant 1530. Une édition des *Deux Amants* de Boccace[1], une traduction de la *Grisilidis* de Pétrarque[2], une réimpression de l'édition parisienne du *Pérégrin* de Caviceo[3], voilà les seuls livres d'origine italienne qui, à notre connaissance du moins, soient sortis des presses lyonnaises à cette époque.

Cependant le goût de la littérature italienne s'insinuait peu à peu à Lyon. En 1522 Luigi Alamanni fit à la ville sa première visite[4]. Il y revint à plusieurs reprises[5]. Il s'y occupait à la composition de ses *Opere Toscane*, qu'il devait faire imprimer en 1531 chez Gryphius[6]. Ce fut à la lecture de cette œuvre que Jean de Tournes, alors apprenti chez Gryphius, puisa son amour de la « langue toscane », amour qui devait plus tard porter ses fruits[7]. Il est impossible de croire que les séjours

somme relativement énorme de 1.500 l. t. pour envoyer quérir à Venise des « fers », c'est-à-dire des poinçons ou des matrices, pour imprimer ses vers. » (Cimber et Danjou : *Archives curieuses de la France*, 1ʳᵉ série, III, 85). Jean 1ᵉʳ de Tournes fait allusion aux caractères aldins dans sa lettre à Maurice Scève qui sert de préface à son édition des *Triomphes* de Pétrarque de 1545 : « Or havend' io fato tagliar questi carratteri et altri propri per stampar poeti et altri opere da piacer. »

1. Traduction Jehan Fleury, Paris, 1503, Lyon, 1520. H. Hauvette : *Les plus anciennes traductions françaises de Boccace*, p. 137.

2. *La grande et merveilleuse patience de Grisilidis, fille d'un pauvre homme appelé Janicolle, du pays de Saluces*, Lyon (Claude Nourry), 1545, in-4° goth. Brunet : IV, 570 et s.

3. Traduction Dassy, Paris, 1527, Lyon (Claude Nourry), 1528 et 1533. Ib. I, 1670.

4. H. Hauvette : *Un exilé florentin à la cour de François Iᵉʳ : Luigi Alamanni, sa vie et son œuvre*. Paris, 1903, in-8°, p. 42.

5. En 1523, 1526, 1527, etc.

6. Au commencement du premier volume se trouve la date 1531, à la fin, 1532. E. Picot : *Les Français italianisants*, p. 167, n. 2.

7. Dans la lettre à Maurice Scève déjà citée (p. 26, n. 8), De Tournes parle ainsi : « la qual cosa mi mosse non solamente ad aprezar, ma ancora ad amar e a compiacermi molto in questa lingua toscana. »

d'Alamanni, de cet Italien qui, à cette époque, a fait plus que n'importe lequel de ses compatriotes pour acclimater en France les idées de son pays[1], n'aient pas influé sur la fortune des lettres à Lyon. Et en effet l'année 1531, celle de l'impression des *Opere Toscane*, semble annoncer une ère nouvelle dans l'histoire de l'italianisme à Lyon.

Peut-être la présence à Lyon d'un si grand nombre de Florentins fut elle pour quelque chose dans la préférence qui s'y marqua, au début de la Renaissance française, pour les œuvres de deux Italiens dont les noms se rattachent étroitement à Florence.

Ce n'est pas pourtant de Dante[2], poète national par excellence des Florentins, que nous voulons parler, mais de Pétrarque et de Boccace.

Fort admirés dans toute la France vers le milieu du seizième siècle, ces deux auteurs ont eu une grande influence sur les lettres à Lyon. Les poésies de Pétrarque surtout y eurent une vogue énorme à partir de 1533, année de la découverte, réelle ou prétendue, par le Lyonnais Maurice Scève, du tombeau de Laure de Noves à Avignon. Celui-ci se constitua sur le coup prophète du pétrarquisme. François Ier lui-même, tel fut le bruit suscité par cette trouvaille, descendit dans le caveau de la chapelle des Cordeliers à Avignon et composa une épitaphe[3].

---

1. H. Hauvette : *Un exilé florentin…*, p. 159 ; cp. H. Chamard : *Les origines de la poésie française de la Renaissance*, p. 231 et s. ; P. Laumonier : « Luigi Alamanni, son influence sur la Pléiade française », dans *Rev. Ren.*, 1903, pp. 258-274 ; L. E. Kastner : « La terza rima en France » dans *Zeitschrift für französische Sprache und Literatur*, 1904, t. XXVI, p. 241-253.

2. La reine Marguerite à part, le XVIe siècle en France ne semble guère avoir compris Dante. On raconte de François Ier qu'il défendit à Luigi Alamanni de lire ou de parler de cet auteur. H. Hauvette : *Dante dans la poésie française de la Renaissance* (Annales de l'Université de Grenoble, t. XI, n° 1), 1899, in-8°, p. 15 et s. ; A. Farinelli : *Dante e la Francia dall'età media al secolo di Voltaire*, Milano, 1908, in-8°, 2 vol.

En 1547 De Tournes donna une édition in-16 de la *Divina Commedia* (en italien) ; Roville en donna deux autres en 1550 et 1551.

3. Baur : *Maurice Scève et la Renaissance lyonnaise*, Paris 1906, in-8°, p. 30, n. 1.

Les œuvres de Boccace furent imprimées, réimprimées[1], et imitées[2] plusieurs fois avant 1552 par des habitants de Lyon. Les *Triomphes* de Pétrarque, dont la première édition lyonnaise fut donnée en français en 1531[3], est suivie en 1545, en 1550 et en 1551 par quatre éditions en langue italienne[4]. Ces quatre éditions furent certainement connues de la Belle Cordière ; un exemplaire en occupait sans doute la place d'honneur parmi ses livres favoris.

Il n'est pas nécessaire de nous arrêter longuement sur les autres livres, italiens ou traduits de l'italien, qui sont sortis des presses lyonnaises dans la première moitié du seizième siècle. Après Pétrarque et Boccace ce sont Alberti[5], l'Arioste[6], l'Aré-

1. a) *Le Parangon des nouvelles honnestes et délectables*, Lyon, 1531, tiré de la traduction du *Decameron*, faite en 1485 par Laurent de Premierfait. (Hauvette : *Les plus anciennes traductions françaises de Boccace*, p. 73).

   b) La *Fiammette*, Lyon (Nourry et Juste), 1532.

   c) L'*Urbano*, Lyon (Nourry). M. Hauvette (op. cit., pp. 67-69) est d'opinion que cette traduction anonyme, publiée sans date, appartient à la même année que la *Fiammette* (de 1532). Elle serait l'œuvre d'une femme, probablement de Jeanne Fayre ou de Jeanne Scève.

   d) Une traduction des *Dames de Renom* parut en 1551 chez Roville. (Brunet : I, 991).

2. a) *La Déplourable fin de Flamete* de Maurice Scève (1535) est probablement la traduction d'une suite de la *Fiammete* de Boccace, imaginée par l'Espagnol Jean de Flores et intitulée *Breve tractado de Grimalte y Gradissa*. Hauvette : ib. p. 38.

   b) Les *Comptes Amoureux* de Jeanne Flore (cir. 1540) reproduisent parfaitement l'esprit du *Decameron*. L'*Histoire de Nastagio degli Onesti*, cinquième de ces *Comptes*, est une simple traduction de la nouvelle V 7 de Boccace. Hauvette : ib. pp. 113-114 ; G. Reynier : *Le roman sentimental avant l'Astrée*. Paris, 1908, in-8°, p. 129.

3. Chez Denys de Harsy, pet. in-8°. (Brunet : *Manuel* IV, 562). C'est sans doute à cette édition que fait allusion Jean de Tournes quand il écrit (Lettre à Maurice Scève déjà citée) : « Subito mi venne nella memoria haver vista il Petrarcha stampato assai frustamente in picciol volume. » La première traduction française de Pétrarque avait paru à Paris en 1514. (Brunet : *Manuel* IV, 561).

4. En 1545 chez De Tournes ; en 1550 chez De Tournes et Roville ; en 1551 chez Roville (ib., 550).

5. Traduction de l'*Hécatomphile*, 1534, chez Juste, réimpression 1537. (Brunet : *Manuel* I, 131).

6. *Roland Furieux*, 1543, chez Sulpice Sabon pour Jean Thellusson (ib. 440).

tin[1], Boiardo[2], Dante[3], Plutarque[4], qui préparent le chemin

1. Epris des œuvres de l'Arétin, Jean de Vauzelles en traduisit plusieurs,
en adressant à leur auteur les plus étranges flatteries. E. Picot : *Les
Français italianisants*, t. I, pp. 136 et 147. Voici une liste de ces traductions :
    a) *Trois livres de l'Humanité de Jésuchrist divinement descripte et au vif
        reprezentée par Pierre Aretin Italien.* Lyon (Trechsel), 1539.
    b) *La passion de Jésuchrist vifvement descripte par le Divin engin de Pierre
        Aretin Italien et nouvellement traduicte en François.* Lyon (Trechsel,
        1539.
    c) *Les sept pseaulmes de la pénitence de David par Pierre Arétin*, Lyon
        (Gryphius), 1540.
    d) *La Genèse de Pierre Arétin, Avec la vision de Noé en laquelle il voit les
        mystères du Vieil et Nouveau Testament, divisé en trois livres*, Lyon
        (Gryphius), 1542.
A cette liste s'ajoute encore une traduction de l'Arétin : *La piteuse et
lamentable histoire du vaillant et vertueux Guiscard et de la très belle dame
Gismonde, princesse de Salerne*, Lyon (Jean Flozollet), 1520. Brunet :
Manuel, I, 400.

2. *Roland Amoureux*, traduction Jacques Vincent du Crest, Lyon, 1544,
in-fol. Vingtrinier : op. cit., p. 209.

3. Voir p. 28, n. 2.

4. Traduction française d'une version italienne de l'opuscule de Plutarque sur les femmes : *Petit opuscule de Plutarque des vertus et notables
faicts des femmes*, Lyon (Roville), 1546. E. Picot : *Les Français italianisants*,
t. I, p. 189.

A cette liste de livres d'origine italienne imprimés à Lyon dans la première moitié du XVIe siècle, liste malgré tous nos efforts forcément incom-
plète, doivent s'ajouter :
    a) La traduction italienne faite en 1546 par Paolo del Rosso de l'œuvre
        de Pline : *Historia Naturale degli huomini valorosi et illustri* (Roville).
        E. Picot : loc. cit.
    b) Trois éditions du Nouveau Testament en italien (Roville), 1547, 1549,
        1550 (ib. pp. 190, 192).
    c) *La magnifica et triumphale Entrata del Christianissimo Re di Francia
        Henrico Secondo di questo nome fatta nella nobile antiqua Citta di Lyone
        a luy e a la sua serenissima consorte Chaterina alli 21 di September 1548.
        Colla particulare descrittione della Commedia che fece recitare la
        Natione Fiorentina a richiesta di sua Maesta Christianissima* (Roville),
        1549 (ib. p. 191).
    d) *Diverse Imprese accomodati a diverse moralità, conversi che i loro signi-
        ficati dichiarano. Tratte degli Emblemi dell' Alciato* (Roville), 1549 et
        1551. Ib. pp. 191, 195.
    e) Une traduction italienne faite par J. de Vauzelles de l'œuvre de Hol-
        bein : *Simolachri Historie et Figure di la Morte* (Frellon), 1549. Ib.
        p. 133.
Pour une liste des livres italiens imprimés à cette époque dans les autres
villes de la France, voir : H. Chamard : *Les origines de la poésie française
de la Renaissance*, p. 137 et x.

pour la foule de livres italiens imprimés après 1550 dans la ville [1]. Ce n'est pas seulement les livres de poésie et les contes qui y trouvent un public ; ceux qui décrivent la vie sociale et la vie de cour en Italie sont recherchés et lus avec zèle. Le *Courtisan* de Castiglione, publié en 1538 chez Juste, eut tout de suite dans toute la France un succès étonnant [2]. Auprès de François Iᵉʳ, de Marguerite de Navarre et de toute la noblesse française, il passa pour le code du parfait gentilhomme. A Lyon, dans cette ville où les rois de France firent de fréquents séjours, où habitait Scève, prêtre du néoplatonisme prêché par Castiglione, il dut avoir des lecteurs fidèles.

A partir de 1550 les imprimeurs lyonnais s'entourent de correcteurs italiens et deviennent, De Tournes, Gryphius, Roville surtout, de plus en plus épris des chefs-d'œuvre de la littérature italienne, qu'ils mettent à la portée de tous les gens de lettres [3].

Nous avons déjà eu occasion de faire allusion aux rapports qui existaient entre François Iᵉʳ et la ville de Lyon [4]. Ce roi en fit le centre de ses opérations militaires. Maint tournoi, mainte fête y furent donnés en son honneur. Autant que lui sa cour se plaisait dans la ville qui, peu à peu, devint presque une seconde capitale [5]. Il n'est pas étonnant que sous le règne du

1. Chez Roville seul les noms de plus de quarante livres italiens imprimés après 1550 nous sont parvenus. De Tournes en donna neuf après cette date. E. Picot : *Les Français italianisants*, I, pp. 174-180 ; 193-220.

2. Publié pour la première fois à Venise en 1526, le *Courtisan* fut traduit en français par Jacques Colin d'Auxerre et imprimé à Paris en 1537. Cette traduction fut revue et corrigée par Estienne Dolet et Mellin de Saint Gelais et publiée en 1538 à Lyon. Une autre édition, sans date, fut imprimée par Denis de Harsy à Lyon. Brunet : *Manuel*, I, 1630. Voir aussi Pietro Toldo : *Le courtisan dans la littérature française et ses rapports avec l'œuvre de Castiglione*, dans *Archiv fur das Studium de neueren Sprachen und Literaturen*, Braunschweig, 1900, tomes CIV, CV.

3. Chez De Tournes on trouve les noms des correcteurs-italiens Paolo Pinzio, Massimo Teoflio, Damiano Maraffi, Gabriel Simeoni ; chez Roville : Lucantonio Ridolfi, Gabriel Simeoni, Giacomo Giordano (E. Picot : *Les Français italianisants*, I, pp. 163-166 ; 187 et s.

4. Voir pp. 14, n. 4 ; 24, n. 2.

5. A. Baur : *op. cit.*, p. 46.

« père des lettres », de ce roi amateur de l'art et épris de l'Italie[1], qui s'entourait d'Italiens[2], et parlait leur langue[3], l'italianisme ait pris à Lyon un véritable essor. Et en effet on trouve qu'à partir de 1515 la colonie italienne à Lyon s'augmente beaucoup et que la proportion d'artistes et de poètes italiens y devient plus grande[4].

La sœur de François aussi, Marguerite d'Angoulême, par son influence personnelle autant que par ses écrits, contribua beaucoup à répandre, à Lyon comme ailleurs, les idées de la

1. Voir E. Flamini : « Le lettere italiane alla corte di Francesco I » dans *Studi di Storia letteraria italiana e straniera*, Livorno, 1895, in-8°. Il n'y avait pas de plus sûr moyen d'entrer dans les bonnes grâces du roi que de lui offrir quelque œuvre d'art d'exécution italienne. E. Picot : *Sur une statue de Vénus envoyée à François Ier*, Paris, 1902, in-8°.

2. Poètes, artistes, gentilshommes, hommes de guerre, marins, médecins, valets de chambre, etc.

Luigi Alamanni, Giulio Camillo, Niccolo Martelli, Giovanni Rucellai, Andrea del Sarto, Gabriel Simeoni, Bernardo Tasso, Leonardo da Vinci firent tous à la cour de France des séjours plus ou moins prolongés. H. Chamard : *Les origines de la poésie française de la Renaissance*, p. 229 ; H. Hauvette : *Un exilé florentin à la cour de François Ier*, p. 98 ; E. Picot : « Les Italiens en France au xvie siècle », dans *Bull. italien*, 1903.

3. Benvenuto Cellini nous le dit. *Vita*, éd. 1891, p. 301.

4. En parcourant les « Nommées » et les « Comptabilités » de la ville on est tout d'abord frappé par l'augmentation dans le nombre de noms italiens qui y sont mentionnés après 1515.

Parmi les artistes italiens cités par E. Picot les suivants s'installèrent à Lyon sous le règne de François Ier : Benedetto, élève de Sogliani, Bettino del Bene, Jacopo Fornazari, Antonio Mini de Florence, Nannoccio della Costa San Giorgio, élève d'Andrea del Sarto, Giorgio Reverdi, Salvatore Salvatori, Domenico da Sera, dit Franciosina, Sebastiano Serlio, le sculpteur Zanobi. En 1542, Francesco dell'Ajolla, organiste et compositeur, accueillit à Lyon Luigi Alamanni et Zanobi Buondelmonte. *Bull. italien*, 1903, pp. 219-234 ; 1904, 133-143, 294-315.

Que l'on ne s'imagine pas pourtant que François Ier méprisât les commerçants et les banquiers lyonnais. Au contraire, il eut recours bien souvent à eux. En 1516, il leur emprunte 300.000 écus. En 1522, les Strozzi lui prêtent 31.000 écus, les Gadaigne 22.000, Hans Kleberg (le « Bon Allemand ») 17.087. *Actes de François Ier*, nos 1329, 1594, 17.485.

En 1543, à l'instigation du Cardinal de Tournon, François Ier fonda la Banque de Lyon. « Tout le monde, des Français, des Allemands, des Italiens, accourut pour y mettre de l'argent, de sorte que, lorsqu'il mourut, le roi devait 300.000 écus à la banque ». Ehrenberg : *Das Zeitalter der Fugger*, t. II, p. 84.

Renaissance italienne [1]. Cette princesse, qui parlait et écrivait l'italien, qui était disciple de Pétrarque, de Dante [2], de Boccace [3], de Sannazar, de Bembe, de Ficin [4], et de Castiglione [5], qui était amie de Vittoria Colonna, qui comprenait un Cellini, un Serlio et un Luigi Alamanni, eut avec la ville de Lyon des rapports intimes. Non seulement elle fit dans la ville des séjours assez fréquents et quelquefois prolongés [6], elle combla de faveurs beaucoup de littérateurs, lyonnais ou demeurant à Lyon, et notamment Etienne Dolet [7], Antoine du Moulin [8] et Bonaventure des Périers.

Elle n'eut point, envers ses protégés, de ces revirements de sentiments qui rendaient parfois peu sûr le patronage du roi [9].

1. Abel Lefranc : a) *Le Platonisme et la littérature platonicienne en France à l'époque de la Renaissance (1500-1550)*, R. H. L., 1896. b) *Marguerite de Navarre et le Platonisme de la Renaissance*, Bibliothèque de l'Ecole des Chartes, 1897 et 1898 ; Parturier : *Les sources du mysticisme de Marguerite de Navarre*, dans *Rev. Ren.*, 1904.

2. A. Farinelli : *Dante e Margherita di Navarra*, estratto della *Rivista d'Italia*, Roma, 1902, in-8°.

3. On sait l'influence de Boccace sur l'*Heptaméron* de Marguerite (1558). Voir H. N. Williams : *The Pearl of Princesses*, London, 1916, in-8°, pp. 355-372.

4. Elle surveilla la traduction par Jean de la Haye du *Commentaire de Ficin sur le Banquet de Platon* (1546). A. Lefranc : *Le Platonisme et la littérature platonicienne en France à l'époque de la Renaissance*, p. 31 et s.

5. Pietro Toldo : *Contributo allo studio della novella francese del XV e XVI secoli*. Roma, 1895, in-8°, p. 41 et s., croit voir dans quelques-unes des nouvelles de Marguerite, des traces de l'influence du *Courtisan* de Castiglione. Il n'y a pas de doute qu'elle l'a lu.

6. Voir A. Baur : op. cit., chap. v.

7. Dolet n'oublia jamais l'appui qu'il avait trouvé auprès de Marguerite quand, accusé du meurtre du peintre Compaing, il risquait d'être mis à mort. A. Lefranc : op. cit., p. 29.

8. Il quitta en 1544 son poste de valet de chambre de la reine et vint s'installer à Lyon comme collaborateur de Jean de Tournes, Chenevière et Gartier : « Antoine du Moulin, valet de chambre de la Reine de Navarre », dans R. H. L. F., 1895, t. II, p. 485.

9. En 1521, par exemple, à la suite des difficultés rencontrées par la politique française en Italie, le roi fit brusquement jeter en prison tous les membres importants de la nation florentine résidant à Lyon. Ceux-ci protestèrent vivement et sollicitèrent leur mise en liberté. Un édit de 1535 révoqua toutes les mesures prises contre eux. *Bull. Italien*, 1903, pp. 23, 123. Individuellement le roi témoigna souvent beaucoup de bien-

Les Italiens qui viennent s'installer à Lyon sous le règne de François Ier sont de tous les rangs et de tous les métiers. Des potiers de terre italiens, suivis plus tard par des fabricants de faïences décorées, introduisent dans la ville des manufactures inconnues auparavant[1]. L'industrie de la soie, languissante depuis la mort de Louis XI[2], doit attendre que deux Piémontais, Estienne Turquet et Barthélemy Nariz, la remettent sur pied et en fassent un art vraiment lyonnais[3].

En même temps que des peintres et des sculpteurs italiens s'acquittent à Lyon de travaux d'une grande importance municipale[4], et que de magnifiques palais et de jolies villas à l'imitation de ceux d'Italie s'élèvent sur le mont de Fourvières, le goût italien laisse son empreinte sur les choses les plus ordinaires de la vie quotidienne. La langue, non moins que l'étiquette sociale[5],

veillance envers les Lyonnais et les Italiens habitant à Lyon. Il accorda à Étienne Dolet la permission d'imprimer ses *Commentaires de la langue latine* malgré l'opposition de ses ennemis. Il paraît avoir fréquenté des salons lyonnais. Les poètes lyonnais sont d'accord pour louer sa grandeur et sa magnanimité. Dans le recueil de vers sur la mort du Dauphin édité par Dolet en 1536, tous les littérateurs de Lyon s'empressent d'exprimer leurs condoléances. Baur : op. cit., pp. 46-53.

1. Voir Rondot : a) *Les potiers de terre italiens à Lyon au XVIe siècle*, Lyon, Paris, 1897, in-8° ; b) *Les faïenciers italiens à Lyon au XVIe siècle*, Lyon, 1893, in-8° ; Rolle : « Anciennes faïenceries lyonnaises », dans *Rev. du Lyonnais*, t. XXI, p. 277.

2. « Les ouvriers en soie de 1470 à 1536 sont peu nombreux, artisans isolés aux rares métiers qui battent dans le silence des rues étroites, tisseurs inexperts, et leur industrie n'a aucune influence sur la prospérité de Lyon ». Godart : *L'ouvrier en soie*, p. 14.

3. Vers 1524, ils montent trois métiers, un dévidoir et un chaudron à teinture. En 1536, des lettres patentes les protègent, sans exiger qu'ils se fassent naturaliser. Tommaso Gadaigne leur avance des fonds. Pigeonneau : op. cit., t. II, pp. 60 et s. Godart (p. 17) reproche à cet auteur d'exagérer lorsqu'il affirme qu'en 1554 les ouvriers en soie, français et étrangers, sont au nombre de plus de 1.200. Les chiffres exacts, selon Godart, ne montreraient qu'un total de 224. Cp. Vital de Valous : *Étienne Turquet et les origines de la fabrique lyonnaise*, Lyon, 1868, in-8°, 2e partie, p. 34.

4. Voir Menestrier : *Histoire civile et consulaire de Lyon*, p. 393 ; *Bull. italien*, 1903, pp. 20, 132, 133.

5. En 1542, le curieux livre de Jean Sulpice de Saint-Alban (originaire sans doute de Veroli en Italie), intitulé *Libellus de moribus in mensa servandis*, fut imprimé à Lyon par Étienne Dolet. Les règles de conduite qui s'y trouvent durent avoir une vogue considérable, car une traduction française en parut en 1548 à Lyon, une autre en 1552. Brunet : *Manuel*, t. V, 591.

en ressent l'influence[1]. Ainsi, lorsqu'en 1548 Henri II et
Catherine de Médicis furent accueillis par les Lyonnais avec de
grandes démonstrations d'enthousiasme, la reine dut se sentir
tout à fait chez elle dans une ville qui à cette date méritait
vraiment le nom de « Florence française ».

Cependant il ne faut pas croire que la vogue de l'italianisme
à Lyon y ait entièrement supprimé la tradition purement française. Loin de là. Les annales de l'imprimerie, d'abord, témoignent de la survivance des idées, des légendes, des coutumes
gauloises. « Ce sont les presses lyonnaises, nous dit un écrivain
savant[2], qui les premières, avant les presses parisiennes, tenues
en laisse par la prude Sorbonne, ont vulgarisé et sauvé de
l'oubli les monuments de notre littérature nationale, nos
romans de chevalerie, nos vieux poètes, nos vieilles farces, nos
pièces et ballades populaires »[3]. A toutes ces œuvres vinrent se
joindre le *Pantagruel* de Rabelais, son *Gargantua*[4], et plusieurs
écrits de Clément Marot[5] et de Charles Fontaine[6]. Que ces

1. Voir G. Traccuanaglia : *Contributo allo studio dell' Italianismo in Francia. Henri Estienne e gli Italianismi*, Lodi, 1907, in-8°, chap. V.

2. Claudin : *Origines de l'imprimerie à Albi en Languedoc*, p. 80, n. 1. Il
cite comme exemples les premières éditions du *Roman de la Rose* (vers
1473), de la *Farce de Pathelin* (vers 1480), des *Quinze joies du Mariage* (vers
1480 ou 1490), du *Champion des Dames* (vers 1485), de quelques pièces
d'Alain Chartier et d' « une foule de livres facétieux ».

3. Voir aussi, H. Chamard : op. cit., chap. I et II : « La survivance du
Moyen-Age ».

4. La première édition du *Pantagruel* date probablement de 1532. Elle
fut réimprimée en 1533, 1534, 1542, à Lyon. Le *Gargantua* y parut en 1534,
1535, 1537. Une édition du *Tiers Livre* y fut également imprimée en 1547,
une du *Quart Livre* en 1548.

Sur les rapports de Rabelais avec la littérature romanesque et populaire
de son temps voir Jean Plattard : *L'œuvre de Rabelais*, Paris, 1910, in-8°,
chaps. I et VII.

5. L'*Adolescence Clémentine* parut à Lyon en 1534 et 1535, deux éditions
des *Œuvres* de Marot en 1538, chez Est. Dolet et Gryphius. Ces œuvres
furent réimprimées en 1539, 1544, 1546 (deux fois), 1547, 1548, 1549, 1550.
L'*Enfer* fut publié à Lyon en 1542 et en 1548, les *Trente Psalmes de David*
en 1549.

Sur Marot et la Renaissance, voir H. Chamard : op. cit., pp. 216 et s.,
281.

6. *La victoire et triumphe d'argent contre Cupido Dieu d'amours, naguierres
vaincu dedans Paris, avec la réponse*, Lyon (Juste), 1537, in-goth. La
Réponse seule est de Fontaine. (Brunel : *Manuel*, II, 1326 et s.). Les
Estrennes de Fontaine parurent chez De Tournes en 1546, petit in-8°.

deux derniers soient restés fidèles à la tradition littéraire de leur
propre pays est d'autant plus remarquable qu'ils firent tous
les deux d'assez longs séjours en Italie[1].

Chacun de ces trois auteurs eurent avec la ville de Lyon des
rapports plus ou moins intimes. Rabelais s'y installa le
15 février 1532 comme médecin de l'Hôtel Dieu[2]. Il quitta Lyon
en 1533 pour aller à Rome, mais il fit ensuite de longs séjours
à Lyon et cette ville continua d'occuper une place considérable
dans ses affections[3]. Il y trouva certainement ces « gens libres,
bien nés, bien instruits, conversant en compagnies honnêtes »
si chers à son cœur[4]. Des relations avec la ville et avec ses
habitants il passa quelque chose dans son œuvre[5].

Les séjours de Marot à Lyon, quoique de plus courte durée
que ceux de Rabelais, eurent quand même leur importance.
C'est là qu'en 1536 il abjura l'hérésie religieuse et reçut du
Cardinal de Tournon la permission de rentrer en France[6]. Il y
devint l'ami de Rabelais[7], de Dolet[8], et de Scève[9], et composa

1. Exilé de France, Marot passa un an à Ferrare (1535-6), et quelques
mois à Venise (1536), Chamard : op. cit., p. 225.

Fontaine se rendit auprès de Renée de France, duchesse de Ferrare,
probablement en 1540. R. L. Hawkins : *Maistre Charles Fontaine, Parisien*,
(*Harvard Studies in Romance Languages*, vol. II), Cambridge, America,
1916, in-8°, p. 17, n.

2. *Œuvres*, édit. Marty-Laveaux, Paris, 1868-1903, t. V, *Notice biographique*, p. xviii.

3. Il y revint passer environ un an en 1534. Ib., p. xxvi.

4. *Gargantua*, chap. lvii (Edit. citée, t. I, p. 205).

5. A. Bertrand : « Rabelais à Lyon », dans *Nouvelle Revue*, septembre
1892, pp. 98-117, a rassemblé un grand nombre de pièces relatives au
séjour de Rabelais à Lyon et cherche dans l'œuvre même de Rabelais des
souvenirs de Lyon : allusions à la topographie, aux coutumes, aux personnages, au vocabulaire lyonnais. Ces souvenirs, nous dit-il (p. 98), « témoignent non d'une influence pour ainsi dire à fleur de peau, mais d'une
action profonde et durable ». Il rappelle que Rabelais dédia ses *Almanachs*
au bon peuple de Lyon.

6. *Les œuvres de Clément Marot*, Paris, 1911, in-8°, t. I : « La vie
de Clément Marot » par Georges Guiffrey et Robert Yve-Plessis, pp. 311
et ss.

7. R. Copley Christie : *Etienne Dolet, the Martyr of the Renaissance,
1508-1646*, (édition revue et corrigée), London and New-York, 1899, in 8°,
pp. 370-372.

8. Voir *Œuvres de Clément Marot*, éd. Guiffrey, t. I, p. 316, etc. ; Copley
Christie : op. cit., pp. 375-377.

9. Baur : op. cit., p. 45.

des *étreines* en l'honneur des poétesses lyonnaises [1]. En 1541 il s'y occupait d'une nouvelle édition de ses œuvres et d'une seconde édition de son *Histoire de Leander et de Hero*, qui devait paraître l'année suivante chez Gryphius [2]. Plus tard, en 1544, après sa mort, furent publiés ces *Adieux*, où, dans des vers enthousiastes il célèbre les charmes de la ville [3].

Charles Fontaine, « Parisien », passa à Lyon la moitié de sa vie [4]. Il épousa en premières noces une Lyonnaise [5]. Lui aussi, comme Marot et comme un grand nombre de ses contemporains [6], composa plusieurs poèmes en l'honneur de Lyon [7].

Rabelais, Marot, Fontaine, voilà les noms de trois écrivains dont il faut tenir compte pour se faire une idée du milieu littéraire à Lyon au seizième siècle.

A ces noms s'ajoute celui d'Estienne Dolet. Cet imprimeur célèbre, à qui son triste sort a valu quelquefois le nom de Martyr de la Renaissance [8], ne semble pas avoir produit, pendant

---

1. Le rondeau qu'il adressa *A Dame Jehanne Gaillarde, femme de bon savoir*, est souvent cité.

2. *Œuvres*, éd. Guiffrey, t. I, pp. 486 et s.

3.
> « Adieu Lyon qui ne mords point,
> Lyon plus doux que cent pucelles... »
>
> (*Œuvres*, édit. Guiffrey, t. III, p. 551).

On trouve d'ailleurs chez Marot d'assez fréquentes allusions à la ville de Lyon. Dans l'épigramme intitulé *De la ville de Lyon*, il dit :
> « J'ay trouvé plus d'honnesteté
> Et de noblesse en ce Lyon
> Que n'ay pour avoir fréquenté
> D'autres bestes un million ».

4. A partir de 1540 jusqu'à sa mort, qui eut lieu probablement entre 1564 et 1570. R. L. Hawkins : *Maistre Charles Fontaine, Parisien*, pp. 55, 223.

5. Marguerite Carme, en 1540. Ib., pp. 53, 120.

6. E. g. Joachim du Bellay : sonnet à Maurice Scève, (*Regrets*, s. 137, édit. Chamard, Paris, 1910, in-8°) ; Jean Aimé de Chavigny : *La citadelle lyonnaise* (éditée pour la première fois par Ferdinand Villepelet, Lyon, 1890) ; Pierre Grosnet : *Blason et louenge de la noble ville et cité de Lyon*, écrit avant 1540, (*Archives historiques et statistiques du Rhône*, t. IX, p. 273) ; Jacques Peletier du Mans : ode *A Louise Labé Lionnoise*, dans son *Art Poétique*, Lyon, 1555, in-8°, (voir plus loin, p. 168), etc.

7. Les plus considérables en sont le *Dieu gard à la ville de Lyon* (1554) et l'*Ode de l'antiquité et de l'excellence de la ville de Lyon* (1557).

8. A consulter, outre la monographie de Copley Christie déjà citée : J. Mary : *L'imprimerie au XVIe siècle ; Estienne Dolet et ses luttes avec la*

tout son séjour à Lyon, un seul livre italien ou d'origine italienne [1]. Erudit passionné et homme d'esprit original, mais non pas poète [2], ce fut d'un côté vers le culte des Anciens, de l'autre vers le progrès de la science médicale [3] ou de la liberté de la pensée religieuse [4] que son goût le porta. Comme ces trois auteurs dont nous venons de parler, il ne se souciait que fort peu, paraît-il, des choses d'Italie, de sa langue, de sa poésie, de son art, qu'il connaissait pourtant très bien [5]. S'il montre des égards pour le philosophe italien Ficin, c'est parce que les tra-

Sorbonne, Paris, 1898, in-8° ; L. Duval-Arnould : *Estienne Dolet, un prétendu martyr de l'athéisme au XVIe siècle*, Paris, 1898, in-8 ; O. Galtier : *Estienne Dolet, sa vie, son œuvre, son caractère, ses croyances*, Paris, 1908, in-8 ; R. Sturel : « Notes sur Estienne Dolet d'après des inédits » dans *Rev. du XVIe siècle*, 1913.

1. Du très grand nombre de livres imprimés par Dolet, la plupart sont en latin. Copley Christie : op. cit., *Appendix B*, donne une liste de toutes les œuvres publiées ou éditées par lui. Le seul témoignage que nous possédions de son intérêt pour la littérature italienne est la part qu'il prit à la publication du *Courtisan* de Castiglione, lorsqu'il collabora avec Mellin de Saint-Gelais. Cp., p. 31, n. 2.

2. A propos de ses vers latins Bertrand (op. cit., p. 126), nous dit : « L'émotion y conserve quelque chose d'artificiel et d'étudié qui la brise. Quant à l'expression originale et sincère de la nature, Dolet n'a su ni la trouver en lui-même, ni la découvrir dans les modèles anciens. Trop féru d'antiquité, il abuse des noms mythologiques, sans pénétrer les symboles profonds des dieux de la Fable. » Ses poésies françaises, au contraire, feraient voir parfois une rare beauté, une beauté morale. (Ib., p. 209.)

3. On sait que ce fut Rabelais qui le premier donna des démonstrations publiques d'anatomie sur un sujet humain. Comme il ne manquait pas de personnes qui blâmaient l'anatomiste, Dolet imagina de le faire approuver par des vers latins qu'il prête au cadavre lui-même.

4. Il fut poursuivi plusieurs fois par l'Inquisition, qui fit brûler ses éditions du *Nouveau Testament*, et enfin, en 1546, condamné à mort par le Parlement à Paris, « accusé de blasphème et de sédition et exposition de livres prohibés et dampnés ». Copley Christie : op. cit., p. 535.

5. Il passa trois ans à Padoue (1527-1530), puis un an à Venise (1530-1531). Chamard : *Origines de la poésie française de la Renaissance*, p. 226.

Dans la *Manière de bien traduire d'une langue en autre*, publiée à la suite du *Traité touchant le commun usage de l'escriture françoise*, par Loys Meigret, Paris, 1545, pet. in-8° (sans pagination), Dolet fait voir sa prédilection pour la langue de Cicéron. La langue italienne serait de celles « non reduictes encores en art certain et reçeu ». Il y eut quatre éditions lyonnaises de la *Manière de bien traduire* avant 1550. Cp. Chamard : op. cit., p. 274 et s.

ductions latines de celui-ci lui facilitaient la lecture de Platon[1] :
au delà de l'Italien il voyait le Grec.

Bonaventure des Périers, quoiqu'il ne fût point Lyonnais de
naissance[2], passa plusieurs années à Lyon. Il y arriva pour la
première fois en 1535, lorsqu'il fut appelé à collaborer aux
Commentaires de la langue latine de Dolet[3]. Il y resta, paraît-il,
jusqu'en 1536, époque à laquelle il fut présenté à la reine Marguerite. Puis il entra à son service en qualité de valet de
chambre[4], et quitta la ville pendant quelque temps. Plus tard,
après que la publication de son *Cymbalum Mundi* eut soulevé
contre lui de vives critiques[5], il se réfugia encore une fois à
Lyon où il resta jusqu'à sa mort en 1544[6].

Bonaventure des Périers se rattache d'un côté à l'école de
Marot ; il est gaulois comme lui et suit de très près ses formes
poétiques[7]. De l'autre il se montre sans cesse un savant érudit

*

1. Sur le Platonisme de Dolet voir : a) l'article d'Abel Lefranc dans
R. H. L., 1896 : *Le Platonisme et la littérature platonicienne à l'époque de la
Renaissance (1500-1550)*, b) Copley Christie : op. cit., pp. 445 et s. A propos des deux dialogues l'*Axiochus* et l'*Hipparque*, tous deux attribués alors
à Platon, et publiés par Dolet à la suite du *Second Enfer*, ce biographe
nous dit : « Ces compositions… sont écrites avec émotion et noblesse. Mais
le pricipal intérêt du livre n'est pas là, quand on songe que cet opuscule coûta la vie à son auteur. Trois mots de la traduction de l'*Axiochus* constituèrent une des principales accusations faites contre Dolet »,
Op. cit., p. 446.

2. C'est à Arnay-le-Duc en Bourgogne, que Bonaventure des Périers est
né en 1498. Adolphe Chenevière : *Bonaventure des Périers, sa vie, ses
poésies*, Paris, 1886, In-8°, p. 1.

3. Ib., p. 34.

4. Il célébra l'événement dans un joli rondeau. (*Œuvres*, édit. Lacour,
Paris, 1856, In-8°, p. 166.) Il montra toujours envers Marguerite des sentiments du plus grand dévouement. Le nom de celle-ci se retrouve constam-
ment dans ses vers. Chenevière : op. cit., pp. 117-122.

5. Publié en 1538, ce petit livre fit une bruyante apparition. Sa publication aurait eu sans doute des conséquences très graves si la position
qu'occupait Des Périers auprès de la reine de Navarre ne l'avait fait
épargner. Le livre fut cependant brûlé à Paris par arrêt de la Sorbonne.
Ib., pp. 65 et s.

6. Il s'est suicidé. Ib., pp. 101-104.

7. « Bien qu'appartenant à l'école gauloise dont Marot et après lui Saint-
Gelays sont les deux plus illustres représentants, Bonaventure des Périers
s'en distingue par certaines qualités qui font en général défaut à ses con-

épris de la littérature des Anciens, en même temps qu'un
véritable homme de la Renaissance au courant des auteurs
italiens.

* *

Dans ce chapitre nous avons essayé de nous rendre compte
de l'exacte situation de la ville de Lyon parmi les villes de
France dans la première moitié du seizième siècle. Nous avons
d'abord retracé l'histoire des foires, pour bien montrer le rôle
qu'a joué le commerce, ici comme ailleurs, dans la prospérité
d'une ville. Mais nous avons eu soin d'indiquer l'importance
de la colonie italienne établie à Lyon depuis très longtemps
et qui doit fort peu, par conséquent, à la faveur de Charles VIII.

Nous avons tâché de montrer comment, de rendez-vous purement commercial, (au milieu du quinzième siècle), la ville est
devenue vers 1550 un centre de lumières et de civilisation. Deux
puissants facteurs l'ont aidée à évoluer ainsi. L'un de ces
instruments de progrès est originaire des Pays-Bas et de l'Allemagne : c'est l'imprimerie. Grâce à elle, les idées morales et
philosophiques des Anciens se sont répandues, les monuments
de la littérature française ont été sauvés de l'oubli et un lien
s'est formé entre Lyon et l'Italie. L'Italie est le deuxième
agent de ce progrès, avec ses commerçants, ses imprimeurs,
ses savants, ses artistes, qui passent les Alpes et envahissent la
ville. Ainsi la vie à Lyon se pénètre peu à peu des idées de la
Renaissance italienne. Elle subit un changement qui, lent,
graduel et coordonné, conserve, au lieu de supprimer, la tradition indigène, d'autant plus que celle-ci ne manque pas de
champions importants.

A Lyon au milieu du seizième siècle cependant, cette tradition est tenue un peu en échec. Comme Joachim du Bellay,
qui, si patriote qu'il soit, ne voit dans la littérature du moyen-

temporains. Il faut aller jusqu'à Ronsard pour retrouver un sentiment
poétique aussi élevé ». Ib., p. 139.

L'auteur de ces lignes examine soigneusement les ressemblances entre
la poésie de Marot et de Des Périers, pour la forme autant que pour le
fond.

âge français que « des espiceries qui corrompent le goust de notre langue et ne servent sinon à porter témoignage de notre ignorance[1] », beaucoup de littérateurs lyonnais méprisent l'œuvre des Français. Louise Labé n'est pas du nombre. Malgré leur peu d'étendue, ses œuvres réunissent en quelque sorte, comme nous essayerons de le montrer, — et c'est là ce qui fera l'intérêt de notre étude —, les deux courants, l'italien et le français.

1. *Deffence et illustration de la langue françoyse,* (Lyon, 1549), édition critique par H. Chamard, Paris, 1904, in-8°, p. 201.

Devant le génie littéraire de la France, Du Bellay voit s'ouvrir des horizons splendides, mais dans son passé il n'y a, selon lui, que les œuvres de Guillaume de Lorris et de Jean de Meun qui soient dignes d'être lues. Ce n'est qu'en imitant les Anciens et les Italiens que les Français pourront atteindre à la vraie grandeur littéraire.

CHAPITRE II

Le premier biographe qui nous fournisse des renseignements sérieux sur la famille de Louise Labé[1] est l'abbé Pernetti, auteur des *Recherches pour servir à l'histoire de Lyon, ou les Lyonnais dignes de mémoire*[2]. À la page 351 du premier volume nous trouvons, entre autres, les détails suivants :

« Une contestation survenue pour la maison qu'occupe aujourd'hui M. Dupré, négociant de cette ville, rue Belle-Cordière, ayant obligé d'avoir recours aux terriers de l'archevêché, on y a trouvé plusieurs anecdotes intéressantes, qu'on ne cherchoit pas, et qu'on avoit ignorées jusqu'à ce jour :

1) que Louise Labé étoit fille d'un nommé Charly, dit Labbé,

2) qu'elle avoit été mariée à Ennemond Perrin, marchand cordier, fort riche, qui possédoit plusieurs maisons à Lyon...

3) que cet Ennemond Perrin se trouve mort en 1565, après avoir fait sa femme son héritière universelle. »

1. Nous avons adopté l'orthographe *Labé* d'après la signature de Louise elle-même à la fin de son « épitre dédicatoire ». On trouve dans les registres de Lyon : *Labbé*, *Labé*, *Labbyt*. Il y a également *Charly*, *Charlieu* et *Charlin*. C'est ce dernier qui fut employé dans le testament de Louise.

2. Lyon, 1657, 2 vol. in-8°. Avant Pernetti, en 1746, le conseiller lyonnais Charles Joseph de Ruolz, dans un *Discours sur la personne et les ouvrages de Louise Labé, Lyonnaise* (imprimé in-8° à Lyon en 1750), avait déjà tiré le nom de notre héroïne de l'oubli où depuis longtemps il restait enseveli. Car avant cette date les seules mentions biographiques de la Belle Cordière se trouvent dans des œuvres du XVI⁰ et de la première moitié du XVII⁰ siècles. Les affirmations de de Ruolz au sujet de Louise Labé n'ont cependant à nos yeux qu'une valeur secondaire, étant fondées, non sur des renseignements puisés dans les archives de Lyon, mais sur des sources qu'il ne nomme pas. Le récit de Pernetti, au contraire, a du moins le mérite d'être fondé sur des documents originaux, découverts, dit-il, dans les registres de l'archevêché par un de ses amis. Son défaut c'est que l'abbé ne prend pas la peine de vérifier lui-même les détails qui lui ont été communiqués et que, par conséquent, il les confond parfois ensemble. Voir p. 65.

Suivant l'exemple de Pernetti, des biographes plus récents ont entrepris dans les archives de Lyon des fouilles patientes, de sorte que, en ajoutant à leurs découvertes les résultats de nos propres efforts, et en en tirant les conclusions qui nous semblaient justes, il nous a été possible de reconstruire, d'une façon cohérente et à peu près complète, l'histoire de la vie intime de notre auteur.

Le nom de Pierre Labé, père de Louise, revient assez souvent dans les registres de la ville. Nous le trouvons pour la première fois dans les « nommées » de 1493[1], où il est taxé 16 livres pour « ung jardin acquis de Rolin Bœuf dit Chopine ». Nous le retrouvons parmi les « comptabilités » de 1502-3[2] « pour une grande corde pezant LXII livres », acheté de lui par la ville, peut-être lors de l'entrée de François Iᵉʳ à Lyon. Il est taxé encore en 1512 au nom du roi, et en 1515 nous le voyons en possession d'une vigne « de la contenance de trente hommes » et de plusieurs maisons, sujettes au paiement de certaines pensions[3].

Il n'y aurait dans cette série d'entrées rien d'obscur, si ce n'était que la première, celle de 1493, est annotée d'une façon qui introduit des complications. La question de ces complications cependant ne concerne que le premier mariage de Pierre

1. Dans l'*Inventaire sommaire des Archives communales antérieures à 1790 : Ville de Lyon*, t. II, p. 24, série CC (Impôts et comptabilités), 12, on lit : « 1493 : Pierre Charlieu, dit l'abbé, Cordier, mary de la vefve Jacques Humbert, tient ung jardin acquis de Rolin Bœuf dit Chopine, en la rue de l'Arbre Sec ; extimé valoir par an 4 livres. Pour ce 16 livres. »

2. Ib., t. III, p. 70, série CC 554.

3. Il possède : dans la rue de l'Arbre-Sec trois maisons, l'une desquelles est estimée à 100 livres en fonds ; dans la rue « tirant de Saincte Catherine à la porte Saint Marcel » une moitié de maison, plus une maison entière, un colombier, une vigne « de la contenance de trente hommes » et un bâtiment d'exploitation. Ce domaine, appelé de la Gella, était situé « joste le grant chemin tendant de Saint Vincent à la croix Benoiste Gaignet ». Il lui est due par les époux Claude Pezet sur leur maison de l'Abre-Sec une pension, rachetée plus tard. Ses propres charges se bornent à deux pensions : l'une de 3 livres, due à Saint-Pierre les Nonnains, l'autre de 4 livres, 16 sous, 8 deniers, due aux Carmes pour messes et anniversaires. La « nommée » entière du père de Louise Labé s'élève à 3184 l., 17 sous, 4 deniers. *Inventaire Sommaire*, t. II, p. 44, série CC 23 (*Registre*).

Labé, et ainsi ne touche en rien à Louise, qui, selon nous, serait la fille de sa femme en deuxièmes noces[1].

Il nous semble presque certain que Pierre épousa sa première femme Guillermette entre 1499 et 1511, mais il est impossible de préciser l'année. La limite 1511 est fixée par un acte que cite Charles Boy, mais que nous n'avons pu voir[2]. En

1. Dans l'entrée de 1493 Pierre Labé est surnommé « cordier, mari de la vefve Jacques Humbert » et l'observation s'y trouve ajoutée : « Plus tient, *de par sa femme* une maison haulte, moyenne et basse, en la rue de l'Arbre-Sec, joignant la maison dud. Gojon, extimée valoir par an XX l. t. déduite la charge de III livres aux dames de Saint-Pierre ».

Or, si l'on examine de plus près ces registres, on trouve, dix pages avant l'entrée que nous venons de citer, (série CC. 7), et sous la même date 1493, le nom du même « Jacques Humbert, dit Labé, cordier », dont la veuve serait mariée à Pierre ! Lui aussi possède « une maison contiguë à celle de Goujon » ! Il est impossible, vu que les entrées suivent un ordre alphabétique, d'assigner une priorité chronologique, de quelques mois même, ou à l'une ou à l'autre. Jacques Humbert et Pierre Labé seraient donc tous les deux mariés à Guillermette, (car c'est ainsi que s'appelait la pauvre femme), la même année et dans la même maison !

L'explication la plus simple de cette énigme nous semble être que les remarques affixées à l'entrée sur Pierre Labé ont été ajoutées après coup. Les considérations qui nous semblent justifier cette opinion sont : a) que la mention « mary de la vefve Jacques Humbert » est interlignée, b) que le nom du même Jacques Humbert revient sous la date 1499, lorsqu'il est taxé « à 2 livres 10 sous, amodérés à XLV sous X deniers ». Il nous paraît beaucoup plus naturel de supposer que l'observation « mary de la vefve Jacques Humbert » ait été ajoutée après coup par quelque greffier qui ne connaissait la famille Labé que par oui-dire, que d'imaginer le nom de Jacques Humbert figurant en tout sérieux dans les registres de la ville six ans après sa mort. Nous préférons de croire qu'il ne fut pas vraiment mort en 1499, et que par conséquent Pierre Labé n'épousa sa veuve qu'après cette date. D'autre part, Jacques Humbert mourut certainement avant 1501, car nous lisons sous la date du 14 janvier 1501 : « Quod cum Iacobus Humbertus corderius instituerit heredam universalem Guillermam ejus relictam... », etc. (Document cité par Boy : *Recherches sur la vie et les œuvres de Louise Labé*, Paris, 1887, pet. in-8°, p. 116). Car si, comme Boy paraît être d'opinion, la veuve de Jacques Humbert continua le commerce de son mari, sans changer le nom de la maison lors de son mariage avec Pierre Charly (ou Labé), et que donc la taxe de 1499 eût trait réellement, non à Jacques mais à sa veuve, nous ne voyons pas pourquoi cette taxe eût besoin d'être « amodérée ». Si Guillermette avait déjà épousé Pierre Charly alors, elle était d'une condition aisée, pour ne pas dire riche.

2. Éditeur et biographe de Louise Labé. Ses travaux sur elle se divisent en deux volumes. Le premier de ces volumes contient les œuvres de Louise

tous cas il l'avait épousée avant 1512, car il paraît habiter alors la maison léguée à Guillermette par son premier mari Jacques Humbert.

Vers 1524[1] nous le retrouvons veuf d'une seconde femme Étiennette Roybet, alias Deschamps, alias Compagnon, de qui paraît lui être venue une terre située au quartier de la Gella, vers le haut de la côte Saint-Vincent.

Sa troisième femme Antoinette, qui était beaucoup plus jeune que lui, n'eut probablement pas de dot, puisque nous lisons qu'en 1529, lors d'une taxe perçue au nom du roi, son père Jean Taillard, boucher, est « acoultré à cause qu'il n'a point d'immeubles et qu'il est chargé de douze enfants, à 12 deniers ou un sou pour denier ». Un an après la mort de Pierre Labé, survenue vers janvier 1522, Antoinette se remaria avec maître Claude Popon, notaire royal de Lyon, sur quoi François Labé, fils de Pierre Labé par son deuxième mariage, entama un long procès avec elle pour recouvrer la succession de son père. Ce procès, qu'il ne nous semble pas utile de suivre dans toutes ses ramifications, est retracé par Boy[2].

Avant sa mort, Pierre Labé, nous dit Boy, « s'était créé une situation honorable et aisée. Il était devenu courrier de la Trinité, confrère du Saint-Esprit, collecteur des aumônes de l'hôpital, et enfin maître des métiers pour les marchands de chanvre. Il possédait plusieurs maisons en ville, un domaine sur la côte Saint-Vincent, quelques terres à Vaux en Dauphiné et, outre l'argent employé dans son commerce, il avait assez de fonds disponibles pour cautionner de 3.400 livres les fermiers des entrées, en quoi il ne fit pas une brillante spécu-

avec son testament, une liste de la plupart des éditions de ses œuvres publiées avant 1887, et quelques notes. Le deuxième volume, et que nous avons signalé dans la note précédente, renferme sur la vie de Louise et de quelques-uns de ses contemporains des détails précieux, quoique souvent mal arrangés et coordonnés. Cette édition est la mieux documentée des œuvres de Louise. Elle est celle que nous avons utilisée pour nos références, excepté au chapitre III, où nous avons préféré renvoyer à l'édition 1824, par Brégbot du Lut et Cochard, à cause des notes sur le *Débat de Folie et d'Amour* fournies par ces éditeurs, et qui sont beaucoup plus amples que celles que Boy nous donne à ce sujet.

1. Boy, II, 26, 30, 144.
2. Ib., II, 27, 118-120.

lation, puisqu'il paraît avoir été contraint de payer pour eux [1]. »

De ses trois mariages, dont il semble avoir eu au moins quatre garçons et deux filles, seuls trois enfants survécurent : François, Louise et Jeanne. François était issu de son mariage avec Etiennette Compagnon, Jeanne était la fille d'Antoinette Taillard. Quant à Louise, nous sommes d'accord avec Boy pour penser, (pas toujours pour les mêmes raisons que Boy cependant), qu'elle était issue du second mariage de Pierre et que sa mère fut Etiennette Compagnon.

Puisque les détails touchant la naissance de notre poétesse sont épars et fragmentaires, nous essayerons d'abord de les classer par ordre d'importance, en réservant pour la fin ceux qui, pour une raison ou l'autre, sont les plus dignes de foi.

(1) L'auteur du long poème intitulé *Des Louenges de Dame Louize Labé Lionnoize*, poème faisant partie des *Escriz de divers Poètes à la louenge de Louize Labé Lionnoize*, publiée à la suite des œuvres de la Belle Cordière, semble vouloir indiquer, en langue vague de parabole, l'endroit de la naissance de celle qu'il chante. Si l'allégorie un peu niaise qui remplit ce poème n'avait pas eu son fondement en la réalité, elle aurait été, même pour Louise, croyons-le, absolument dépourvue d'intérêt. D'ailleurs, le poète nous assure que « ce songe presque incroyable après fut véritable [2]. »

En voici les passages qui concernent Louise Labé. C'est Vénus qui parle à sa fille Louise :

> En moi tu fus engendrée
> *Joignant le gracieux bord*
> *Ou la Saone toute quoie*
> *Fait une paisible voie*
> *S'en allant fendre Lyon...*
> Le lieu ou tu fus conçue
> Ne fut ville ne château
> Ains une forêt tissue
> De maint plaisant arbrisseau

1. Ib., p. 37.
2. Ib., l. 161.

> Dont je veus (en témoignage
> De ta race) te pourvoir,
> *Ainsi que d'un héritage*
> *Que je tiens en mon pouvoir* [1].

Suit une longue description des plaines, « blondes graines », vignes, bocages, fontaines, etc., qui entourent ce lieu. Enfin le poète parle d'un château

> *Qu'en brief bâtir je veus faire*
> *Sufisant pour te complaire*
> *S'il te plaît y séjourner.*

Des passages que nous venons de citer nous pouvons conclure que Louise allait hériter de la propriété où elle devait être un jour mise au monde : voilà comment se traduisent en langage ordinaire les propos hyperboliques du poète. Toutefois, nous ne voyons aucune justification pour l'idée de Boy [2] que la propriété en question dût être à Parcieu en Dombes, ni que cette propriété fût forcément un legs fait à Louise par sa mère. Il est vrai que Louise possédait, du moins vers la fin de sa vie, une grange située à Parcieu ; son testament en fait preuve [3]. Il est possible aussi, comme Boy le pense, qu'il y ait eu des Compagnon à Parcieu vers l'époque dont nous parlons. Mais il ne faut pas oublier que Louise possédait à Saint-Jean-de Turignieu en Franc-Lyonnais,* une deuxième grange [4], à laquelle les

1. Ib., I, 154.
2. Ib., II, 31-34.
3. Voir p. 91 et le texte de ce testament que nous reproduisons à l'appendice.
4. Dans les *Archives Hospitalières* de Lyon (voir p. 40, n. 3), faisant partie d'une description détaillée des biens de Louise Labé qui s'accrurent à l'Aumône Générale, on trouve mention et de la grange située à Parcieu et d'une autre à Saint-Jean de Turigneux. Celle-ci n'avait pas été nommée explicitement dans le testament, sans doute parce qu'elle avait été comprise dans les biens dont Jacques et Pierre Charly, neveux de Louise, devaient être les héritiers universels. Dans l'espoir de trouver d'autres détails qui nous renseigneraient sur ces deux granges, nous avons dépouillé deux œuvres volumineuses sur l'histoire et la topographie de Dombes et du Département de l'Ain, savoir : J. E. Valentin-Smith et M. C. Guigue : *Bibliotheca Dumbensis ou recueil de chartes, titres et documents pour servir à l'histoire de Dombes*, 2 vol. in-4°. Trévoux, 1854-1885 ;

détails fournis par l'auteur des *Louenges* pourraient s'appliquer tout aussi bien. D'ailleurs l'allusion au pouvoir de Vénus :

> «... un héritage
> Que je tiens en mon pouvoir »

nous semble indiquer qu'il s'agissait plutôt du don d'un amant que d'un legs maternel. Si nous avons cru devoir accorder une place ici à ces vers, c'est parce que nous sommes sûrs que Louise n'a hérité d'une telle propriété ni de son père ni d'Antoinette Taillard [1]. Il se peut donc qu'elle l'ait héritée d'Etiennette Compagnon. C'est tout ce qu'on peut dire.

Les passages que nous venons de signaler ont trait exclusivement à l'endroit de la naissance de la Belle Cordière. Les documents qui nous fournissent à ce sujet des renseignements chronologiques sont moins vagues.

(II) L'auteur des mêmes *Louenges* fait mention de la part prise par Louise Labé au siège (plus probablement au tournoi simulant le siège) de Perpignan, qui eut lieu en 1542 [2].

> Louise ainsi furieuse
> En laissant les habits mols
> Des femmes, et envieuse
> De bruit, par les Espagnols
> Souvent courut, en grand'noise,
> Et maint assaut leur donna,
> Quand la jeunesse française
> Parpignan environna.

De ce passage nous inférons que Louise était assez jeune pour participer, montée à cheval et habillée en homme, aux rudes joies d'un « glorieux combat ».

M. C. Guigue : *Topographie historique du département de l'Ain*, Bourg-en-Bresse, etc., 1873, in-4°.

Les noms de Parcieu et de Saint-Jean de Turigneux reviennent plusieurs fois dans ces œuvres, mais aucune mention n'est faite de Louise Labé. Le hameau de Saint-Jean était situé, parait-il, moitié en Dombes, moitié en Franc-Lyonnais.

1. Pierre Labé légua tous ses biens à sa veuve Antoinette et à son fils François. (Boy, II, 27.) Il ne saurait être question d'un legs fait par Antoinette à Louise, car Antoinette était encore en vie lorsque Louise mourut. (Ib., II, 39.)

2. Boy, I, 149-3. Cf. plus loin p. 70.

(III) Dans un sonnet *A deux jeunes hommes qui escrivent à sa louenge sçavoir Antoine de Moulin et Claude Galland*[1], Clément Marot parle en termes fervents d'une « Loyse » dont il a désiré en vain l' « amytié ». Il la recommande à Claude Galland et à Antoine du Moulin comme un objet plus digne de leurs éloges que lui-même. Il est à noter que l'exhortation « louez-moi Louise » — espèce de jeu de mots allitératif qui est presque un refrain, trouve un écho dans un des poèmes faisant suite aux œuvres de la Belle Cordière :

> Louise ha tant qu'en toutes on prise,
> Que je ne puis que Louise ne loue
> Et si ne puis assez louer Louise.

Il nous semble d'autant plus probable que la « Loyse » de Marot était Louise Labé, que dans le long poème allégorique déjà cité, Marot et « Moulin » sont signalés parmi les admirateurs qui ont adressé des vers à notre poétesse[2].

Or Marot fut à Lyon en 1536, 1537, 1538, 1541. C'est cette dernière date, (date que les biographes de Louise Labé ont ignorée jusqu'ici)[3], qui nous intéresse le plus, car elle semble

[1].
> « Adolescens qui la peine avez prise
> De m'enrichir de bis non merité,
> Pour en donant dire bien verité
> Laissez-moi la et louez-moi Loyse.
>
> « C'est le double feu dont ma muse est esprise,
> *C'est de mes vers le droict but limité* ;
> Haultez la donc en toute extremité ;
> Car bien prisé me sens, quand on la prise.
>
> « Et n'enquérez de quoi louer la fault,
> Bien qu'amytié en elle me deffault ;
> J'y ay trouvé amytié à redire.
>
> « Mais au surplus escrivez hardiment
> Ce que voudrez : faillir aucunement
> Vous ne sauriez, sinon de trop peu dire. »

[2].
> « Et les moins nobles poètes
> Diront les graces parfaites
> En leurs tresdoctes escriz :
> Marot, Moulin, La Fontaine etc.

(Boy, I, 157.)

3. Nous l'avons trouvée dans l'édition des œuvres de Marot publiée par Georges Guiffrey, Paris, 1901, etc., in-8°, t. I, pp. 486-7. Guiffrey fait remarquer que la deuxième édition de l'*Histoire de Léander et de Héro* de Marot (Lyon, 1542, chez Gryphius) contient une préface datée « de Lyon ce 20 jour d'octobre 1541 » et il exprime l'opinion que Marot fit alors dans la ville un séjour de plusieurs mois.

fournir un premier indice que Louise naquit avant 1524. Si elle n'était née qu'en 1526, comme la plupart de ses biographes l'ont pensé[1], elle serait encore trop jeune en 1541 pour tourner la tête à un homme âgé de quarante-quatre ans et depuis longtemps célèbre[2]. Agée de dix-sept à vingt ans cependant, Louise dut être dans toute la fleur de sa beauté. Quoi de plus séduisant, de plus romanesque alors, que cette fraîche apparition, impétueuse, fougueuse, et déjà si fière de ses prouesses équestres qu'en peu de mois elle se livrera aux dangers (réels ou simulés) de la bataille ?

(iv) Le document que nous allons citer maintenant a donné lieu pendant bien des années à une fausse certitude au sujet de la naissance de Louise Labé. C'est le passage de sa troisième élégie où elle nous dit :

> « Je n'avois vu encore seize Hivers
> Lorsque j'entrais en ces ennuis divers :
> Et ja voici le treizième esté
> Que mon cœur fut par amour arresté[3]. »

Puisque les œuvres de Louise Labé furent publiées en 1555, on a cru établir, à l'aide des « seize hivers » et du « treizième esté » que notre poétesse était née en 1526[4]. Mais si l'année 1555 est la date de *l'impression* de ces œuvres, il ne s'ensuit pas du tout qu'elle fût celle de leur *composition*. Bien que nous ne soyons pas d'opinion que Louise comptait, parmi les « jeuneses » dont elle parle dans son *Epître Dédicatoire*, cette troisième élégie, nous ne pensons pas devoir la regarder comme le dernier de ses écrits. Donc la citation dont il s'agit pourrait très bien renvoyer à une époque antérieure à 1524.

---

1. Bréghot du Lut par exemple, qui avait fixé très précisément en 1526 la naissance de Louise Labé, et en 1638 la dernière visite de Marot à Lyon, trouve difficile d'expliquer comment ce dernier pût désirer « l'amytié » d'une enfant de douze ans. *Archives historiques et statistiques du Rhône*, t. IV, p. 522.

2. Marot naquit vers 1497.

3. Boy, I, 91.

4. C'est Bréghot du Lut, éditeur infatigable, aux labeurs de qui nous devons une foule de renseignements sur la vie de Louise Labé, qui a eu l'infortune de promulguer cette erreur. A Boy revient l'honneur d'avoir démontré la fausseté des prémices.

(v) Le dernier des documents que nous aurons à citer est le testament de Louise[1]. Nous y lisons qu'elle choisit pour héritiers universels, déduction faite de plusieurs legs spécifiques, Jacques et Pierre Charly ou Charlin (ou Charlieu), « nepveux de ladite testatrice et enfants de feu François Charlin dit Labé son frère, demeurans à Lyon ». A défaut de ces deux, Jacques et Pierre, elle substitue l'Aumône Générale. Remarquez que le nom d'Antoinette Taillard, troisième femme de Pierre Labé, ne figure pas dans ce testament[2], ni celui de Jeanne, fille d'Antoinette, et que la testatrice prend par avance toutes sortes de précautions pour empêcher que ses héritiers ne soient privés de leurs droits. Ces considérations prouvent que Louise ressentait plus d'affection pour les enfants de François, fils de la deuxième femme de Pierre Labé, que pour Antoinette et sa fille, ce qui indique déjà une grande probabilité que François fût son frère germain. Cette probabilité devient presque une certitude si l'on se rappelle l'âpreté avec laquelle Antoinette poursuivit, dans le long procès que nous avons déjà signalé, ses droits dans une autre succession[3]. Si elle avait eu l'ombre d'un droit sur celle de Louise (et elle l'aurait eue si Louise, décédant sans postérité, avait été sa propre fille), elle n'était pas femme à perdre une telle occasion, vu surtout qu'elle avait alors pour mari un notaire et pour beau-fils Antoine Noyer, praticien ès-cour de Lyon[4]. Or les archives de Lyon nous montrent très clairement que la volonté de Louise fut exécutée sans entrave, et que sa succession, faute d'issu de Jacques ou de Pierre Labé, ses héritiers, s'accrut à l'Aumône Générale[5].

Nous pouvons donc assurer avec confiance que Louise n'est pas la fille d'Antoinette Taillard. Par conséquent elle dut naître avant 1524, époque à laquelle nous trouvons Pierre Labé veuf de sa deuxième femme Etiennette. Nous ne croyons pas qu'elle fût la fille de Guillermette, première femme de Pierre, car celle-ci

1. Voir à l'appendice où ce testament est reproduit verbatim.
2. Ce ne pouvait être qu'Antoinette fût morte : elle vivait encore en 1571. Boy II, 26.
3. Voir p. 46.
4. Boy II, 119.
5. Voir p. 90 n. 3.

mourut, probablement avant 1515[1]. L'hypothèse la plus vraisemblable qu'on puisse fonder sur les données qui nous sont parvenues, c'est que Louise fut la fille d'Etiennette Compagnon et qu'elle naquit vers 1520 ou 1522. Il nous semble impossible de préciser davantage sur ce point. Après tout, il y a dans l'histoire d'une femme auteur des détails qu'il importe plus de connaître que l'exacte date de sa naissance. Il y a par exemple la question de son éducation.

Le père de Louise était, nous l'avons vu, un artisan. Nous allions mettre un simple artisan, si la pensée ne nous était pas venue que cet adjectif ne convient en aucun sens à Pierre Labé. De condition assez humble au commencement, celui-ci s'était avancé pendant toute sa vie, d'un pas sûr et résolu, vers cette aisance qui était pour son rang presque de l'opulence[2]. Il savait très bien la valeur de l'argent : il savait aussi la valeur de l'éducation. Or le ciel l'avait doué de plusieurs fils et d'une fille qui resta, jusqu'en 1533 environ, unique. Cette fille était jolie et extraordinairement intelligente. Son père résolut donc de lui donner une éducation digne de la position qu'il était lui-même désireux de s'acquérir dans le monde, une éducation distinguée, une éducation, — qui peut en douter ? — à la mode d'Italie.

Il habitait dans une ville tout imprégnée d'idées italiennes. Quoi de plus naturel qu'il choisit, pour modèles à sa fille chérie, non les femmes françaises, qui ne savaient pas encore « eslever leurs esprits au-dessus de leurs quenoilles et fuseaux »[3],

1. Boy I, 30, 145.

2. Il est intéressant de suivre, à l'aide des « nommées » et des « comptabilités » de Lyon, le progrès de Pierre Labé vers la prospérité. En 1512 il est taxé, au nom du roi, de 37 sous, somme relativement petite par comparaison aux paiements exigés, dans cette levée, d'un grand nombre de ses concitoyens. En 1515 cependant, nous ne trouvons plus chez lui des symptômes de gêne, car il possède alors trois maisons dans la rue de l'Arbre-Sec, et un domaine ailleurs. En 1522, taxé encore une fois au nom du roi, il paie 30 l. t., somme relativement grande et qui démontre chez lui une condition aisée. En 1537 il paie 15 écus. On trouve en outre plusieurs fois la mention de livraisons par lui, aux Recteurs et au Consulat, de chanvres bruts ou fabriqués.

3. Louise Labé s'exprime ainsi dans son *Epître Dédicatoire*. Voir Boy I, 4.

mais leurs sœurs italiennes. Hélas ! il ne soupçonnait pas quel emploi Louise ferait plus tard des connaissances ainsi acquises, ni que l'éducation à l'italienne qu'il lui avait fait donner, la prédisposerait à la profession de courtisane[1].

Les idées venues d'Italie enseignaient à traiter la femme à peu près en égale de l'homme[2]. Donc Pierre Labé accorda à sa fille une éducation virile comme celle d'une jeune Italienne de son époque. En Italie les jeunes filles partageaient le plus souvent les sports et exercices de leurs frères[3]. Ainsi Louise apprit, en même temps que la danse et la broderie, à « picquer fort bien un cheval »[4]. Les jeunes filles italiennes apprenaient le latin et le grec[5]. De même Louise étudia, sinon le grec, du moins le latin[6].

Elle même est extrêmement fière de son éducation :

> Pour bien savoir avec l'esguille peindre
> J'eusse entrepris la renommée esteindre
> De celle-là, qui, plus docte que sage,
> Avec Pallas comparoit son ouvrage,
> Qui m'eust vu lors en armes fière aller,
> Porter la lance et bois faire voler,
> Le devoir faire en l'estour furieus,
> Piquer, volter le cheval glorieus,
> Pour Bradamante, ou la haute Marphise,
> Sœur de Roger, il m'eust, possible, prise[7].

1. Nous n'avons pas le droit de supposer que ce fût l'intention de Pierre que sa fille devint courtisane.

2. Voir à ce sujet : G. B. Gerini : *Gli scrittori pedagogici italiani del secolo decimoquinto*, Turin, 1896, in-8°, p. 296 ; *Gli scrittori pedagogici del secolo decimosesto* du même auteur, Turin, 1897, in-8°, p. 131, et les auteurs dans la note suivante. Dolce, écrivant en 1545, semble avoir été le premier à résumer par écrit les idées sur l'éducation féminine en vogue en Italie à l'époque de la Renaissance. Ces idées étaient cependant depuis longtemps établies en pratique. Voir *Dialogo di Lodovico Dolce, della Institution delle Donne, secondo li tre stati che cadono nella vita humana*, Vinegia, 1545, pet. in-8°.

3. E. Rodocanachi : *La femme Italienne de la Renaissance*, Paris, 1907, in-4°, pp. 43-46. Voir aussi : Burckhardt : *Die Cultur der Renaissance in Italien*, 10° édition, Leipzig, 1908, in-8°, pp. 113-118 ; P. Monnier : *Le Quattrocento*, Paris, 1901, in-8°, t. I, pp. 64-75.

4. Du Verdier : *Bibliothèque*, Lyon, 1585, in-fol., p. 822.

5. Rodocanachi : op. cit., p. 49.

6. Voir p. 106.

7. Élégie III. Boy I, 89.

Parmi ses études favorites il y en avait une surtout que
Louise aimait avec passion et poursuivait avec zèle : celle de la
musique. A peu près tous les poètes qui écrivent « à sa louenge »
font allusion à ses talents de musicienne. L'un loue son « gentil
gozier » et cherche des moyens de plaire à la « Dame au lut[1] ».
Un autre nous dit que sa voix

> « ... de son lut argentin temperee
> D'arrester les passans est moyen sufisant »

et que sa grâce à « chanter, baller, sonner » est cause de
l'empire qu'elle a sur lui[2]. Du Verdier écrit qu'elle entretenait
ses amis de « musique, tant à la voix qu'aux instrumens où elle
estoit fort duicte »[3]. Nous ne savons d'ailleurs de quel droit un
biographe moderne affirme qu'elle s'est reprochée d'avoir consacré trop de temps à cette étude[4]. Au contraire, les allusions
qu'elle fait à la musique nous semblent respirer toujours le
plus grand enthousiasme. Avec quelles délices elle en parle
dans son *Débat* ! « Et est le chant l'effet et signe de l'Amour
parfaict »[5]. Et dans ses poésies elle adresse à son lut ces
charmants vers qui commencent : « Lut, compagnon de ma
calamité »[6].

Où Pierre Labé a-t-il puisé ses idées sur l'éducation féminine ? A sa porte sans doute, dans la « Toscane française ». S'il

1. Boy I, 119.
2. Ib. 137.
3. *Bibliotheque*, p. 822.
4. G. Traccouaglia : op. cit. p. 90.
5. Boy I, 45.
6. S. XII. Boy I, 99. Bien nombreux étaient alors les dévots du « lut
argentin », comme Louise l'appelle. Avec la lyre le lut figure dans la poésie
de la Renaissance comme l'instrument qui inspire et interprète l'amour. Il
est l'instrument par excellence des dames italiennes. Sa douce musique
remplit à perfection les conditions de modestie et de retenue exigées par
Castiglione lorsqu'il décrit son idéal d'une dame de palais. Dans le troisième
livre du *Courtisan* il enjoint à celle-ci d'éviter tout instrument de musique
dont le ton bruyant ou martial le rendait plus propice au service des
hommes qu'à celui des femmes : *Le courtisan de messire Balthazar de Castil-
lon nouvellement reveu et corrigé*, Lyon, 1538, in-8°, l. III, p. IX v°. L'éducation de Louise semble avoir été beaucoup plus virile que celle que
recommande Castiglione, qui ne représentait qu'un côté spécial des idées
des Italiens sur la femme.

avait besoin d'autres conseils il put les trouver dans Rabelais. Le *Pantagruel*, qui fit sa première apparition à Lyon en 1532, et y fut réimprimé en 1533, 1534, 1542[1], dut être connu de toute personne ayant la moindre prétention à l'instruction. La part faite à la musique dans l'éducation de Louise Labé, de même que l'importance accordée à l'exercice physique, la « librairie » qu'elle paraît avoir possédée, tous ces détails avaient leur prototype dans l'œuvre de Rabelais[2].

Le soin que prit Pierre Labé d'apprendre à sa fille les langues rappelle aussi les idées de Rabelais à cet égard[3]. Nous préciserons ailleurs la question des connaissances de Louise en fait de latin et de grec, et nous verrons alors que le latin seul de ces deux langues lui était familier. Mais c'était beaucoup pour une femme française de cette époque-là, surtout pour la fille d'un cordier, de savoir le latin, et cela peut-être au point de pouvoir écrire des vers en cette langue[4].

Du Verdier nous assure, et d'autres l'ont répété après lui,

1. Cp. p. 35.

2. Dans l'éducation de Pantagruel, beaucoup d'importance est accordée à l'étude de la musique. Pantagruel et Ponocrates « s'esbaudissaient à chanter musicalement à quatre et cinq parties, ou sur un thème à plaisir de gorge. Au regard des instruments de musique, il apprint à jouer du luc, de l'espinette, de la harpe, de la flutte d'alemant à neuf trous, de la viole et de la saquebutte. » *Pantagruel* I, 23.

La gymnastique également joua dans l'éducation de Pantagruel un rôle considérable. Ib.

Au sujet des « librairies » thélémites on lit : « Depuis la tour arctice jusqu'à Crière estoient les belles grandes librairies, en grec, latin, hébrieu, françois, tuscan et espagnol ». Ib. 53.

Nous ne voulons pas dire que Rabelais ait eu une haute idée de l'intelligence féminine, ni qu'il ait jamais prêché la nécessité d'instruire les femmes. C'est aux garçons, non aux filles que sa philosophie pédagogique s'adresse. Cela n'empêche pas que Pierre Labé ait pu puiser chez Rabelais ses idées sur l'éducation en général et qu'il les ait adaptées ensuite lui-même à l'éducation de Louise. Voir : A. Goutaud : *La pédagogie de Rabelais*, Paris, 1899, in-8°, chap. XVI : « Les femmes savantes en France au XVIe siècle » ; Jacques Langlais : *L'éducation avant Montaigne et le chapitre « De l'institution des Enfants »*, Paris, 1907, in-8°, pp. 52-57.

3. « J'eptends et veulx que tu apprennes les langues parfaitement. Premièrement la grecque, comme le veut Quintilian ; secondement la latine », etc. *Pantagruel*, II, 8.

4. Voir p. 110.

que Louise possédait en outre l'espagnol et l'italien [1]. Pour ce qui est de l'espagnol, nous ne savons quelles raisons ont pu motiver l'assertion de Du Verdier. Louise se vante, il est vrai, d'être connue de l'autre côté des Pyrénées, mais ce n'est pas à dire qu'elle connût, elle, cet autre côté. Nous serions plutôt portés à croire qu'elle n'avait aucune connaissance de l'Espagne, ni de sa langue, ni de sa littérature, puisque celles-ci n'ont pas laissé de trace dans son œuvre. Il n'y a pas de doute cependant, qu'elle connaissait fort bien l'italien, car ses vers montrent clairement l'influence de la poésie italienne et le premier de ses sonnets est écrit dans la langue de Pétrarque. Ici encore elle remplit en partie l'idéal de Rabelais, car si elle ne connaissait que trois « langaiges », au lieu de cinq à six, comme les Thélémites, elle savait du moins « en iceux composer » [2].

L'éducation de Louise était donc fort exceptionnelle pour une jeune fille française de son époque, surtout pour une jeune fille de la classe bourgeoise. Il est possible que cette éducation, non moins que la beauté et la grâce qui lui gagnèrent le surnom de « Belle Cordière », ait attiré sur elle la jalousie de ses parents moins fortunés. Les preuves nous en manquent cependant. Par conséquent, Boy nous semble mal fondé lorsqu'il fait allusion à la mauvaise volonté, soit d'Antoinette Taillard, soit de quelqu'un d'autre parmi les membres de sa famille. [3]

Quant à Louise elle-même, bien qu'elle prît dans sa troisième élégie des airs quelque peu fanfarons, on ne doit pas supposer par là qu'elle méprisât le cercle familial. Au contraire, il existe, outre son testament, qui témoigne de son affection pour son frère François [4], un document qui nous apprend indirectement qu'elle était liée intimement avec une au moins

1. Loc. cit.
2. *Pantagruel* I, 57.
3. Boy II, 33, 46, 47, etc.
4. Voir p. 52 et p. vi de l'*Appendice*. Du fait que les noms d'Antoinette, belle-mère de Louise, et de Jeanne, fille de celle-ci, ne figurent pas dans ce testament, il ne faut pas conclure que les relations entre elles et Louise fussent forcément tendues.

de ses parentes [1]. Malgré son humeur fougueuse Louise avait bon cœur.

« Onq ne mis noise ou discord'entre amis »

nous dit-elle dans un de ses poèmes [2].

Elle ne nous donne dans ses œuvres aucun renseignement direct au sujet du milieu où elle vivait. Serait-ce que ce milieu lui semblait au-dessous de l'entourage social et littéraire qu'elle aurait désiré faire sien? Est-ce qu'elle cherchait à échapper parfois, au moyen de ses livres et de ses compositions, à un monde où ses idées et ses aspirations ne pouvaient être comprises? Cela est très probable. Cependant il ne faut pas oublier que le livre où elle a versé les secrets de son cœur, où elle nous fait voir les fruits de ses lectures, n'est qu'un très mince volume. Ainsi on ne peut que conclure, à moins que Louise n'ait composé d'autres œuvres qui ne nous sont pas parvenues, qu'elle ne passait qu'une petite proportion de son temps à écrire. Il est vrai qu'elle lisait beaucoup, comme nous le verrons en étudiant son *Débat*. Mais elle n'était pas seulement, ni même principalement, une femme de lettres. Elle avait le plus grand mépris pour l'étudiant penché sur ses livres et qui ne regarde qu'eux. « Monsieur le sage, dit-elle, demeurera avec sa sagesse tout seul... Il aura tout loisir d'aller planter des choux » [3].

Il est vrai aussi que dans son *Epitre Dédicatoire* Louise conseille de préférer aux « chaînes, anneaus et somptueux habits, l'honneur que science nous procurera » [4]. Mais dans cette courte préface elle semble vouloir, sinon donner le démenti à ses autres œuvres, du moins en excuser les parties les plus légères. A Louise jeune, croyons-le bien, l'idée n'est jamais venue de renoncer aux joies sensuelles afin de pouvoir mieux savourer les plaisirs de l'intelligence. Elle avait, sans le moindre doute, pour modèles ses sœurs de la Renaissance italienne :

1. Celle-ci était la femme de Jean Varoz, dit Yvard, et avait nom Antoinette Rollette ou Rossette. Voir p. VII de l'*Appendice*.
2. Boy I, 89.
3. Boy I, 59.
4. Ib. p. 3.

les Caterine Sforza, les Vittoria Colonna, toutes ces femmes qui combinaient si parfaitement les rôles de savante, de poétesse, et de maîtresse de maison. A celles d'entre ses sœurs françaises qui ne savaient pas encore « eslever un peu leurs esprits par dessus leurs quenoilles et fuseaus » elle prêcha les doctrines venues d'Italie. Elle voudrait les voir, dit-elle, « non en beauté seulement, mais en science et vertu passer ou égaler les hommes ». Elle ne leur recommande pourtant jamais de sacrifier, ni à la science ni même à la vertu, leur beauté, leur « grâce et faconde »[1].

Comme ses sœurs italiennes elle prenait « honneste soin » de son corps[2]. Comme elles, elle prenait plaisir à soigner, avec un dévouement d'artiste, les plus menus détails de son costume. S'il est, après l'amour, un thème qu'elle aime à broder, c'est celui de la « plaisante invencion des habits nouveaus »[3].

Et que dirons-nous des femmes[4], dit-elle, l'habit desquelles est fait pour plaire, si jamais rien fut fait. Est-il possible de mieus parer une teste que les Dames font et feront à jamais ? avoir cheveus mieus dorez, crespes, frisez ? acoutrement de teste mieus seant, quand elles s'acoutreront à l'Espagnole, à la Française, à la Grecque ?...[5] Au reste

1. El. II. Boy, I, 86.

2. « Quelle diligence mettent-elles (les femmes) au demourant de la face ? Laquelle, si elle est belle, elles contregardent tant bien contre les ploies, vents, chaleurs, tems et vieillesse, qu'elles demeurent presque tousiours jeunes. Et si elle ne leur est du tout telle qu'elles la pourraient désirer, par honneste soin la se procurent ; et l'ayant moyennement agréable, sans plus grande curiosité, seulement avec vertueuse industrie la continuent, selon la mode de chacune nacion, contrée et coustume. » Boy I, 43.

La femme italienne de l'époque dont nous parlons s'abandonnait avec la ferveur la plus extraordinaire à la culture physique. Voir : E. Rodocanachi : op. cit., chap. III. Cette poursuite de la beauté n'est autre chose que l'effort de réaliser dans la vie quotidienne l'idéal de Pétrarque et de Castiglione. « Et en vérité, nous dit ce dernier, beaucoup deffault à la femme à qui beauté deffault ». *Courtisan*, éd. 1538, l. III, p. VI[?].

3. Boy I, 43.

4. Ib. 44.

5. Les coiffures à l'espagnole et à la toscane étaient fort en vogue en France au XVIᵉ siècle. (J. Quicherat : *Histoire du costume en France depuis les temps les plus reculés jusqu'à la fin du XVIIIᵉ siècle*, Paris, 1875, in-8º, pp. 370 et s. ; Marie, Cᵗᵉˢˢᵉ de Villermont : *Histoire de la coiffure féminine*, Bruxelles, 1891, in-8º, ch. VII). Dans une ville aussi cosmopolite qu'était Lyon alors, Louise dut avoir en outre bien des occasions de voir les autres coiffures dont elle parle ici.

la robbe bien jointe, le corps estreci où il le faut[1], les manches serrees, si le bras est massif : sinon, larges et bien enrichies[2], la chausse tiree, l'escarpin façonnant le petit pié[3], (car le plus souvent l'amoureuse curiosité des hommes fait rechercher la beauté jusques au bout des piez).

Ce passage, non moins qu'une dizaine d'autres qu'on pourrait prendre au hasard dans le *Débat de Folie et d'Amour*[4], montre combien Louise se complaît dans la réalité. Elle a beau le cacher sous un masque de vague platonisme : ses yeux ne se détournent jamais du réel. C'est sans doute en partie au caractère italien de son éducation que doit être attribué son perpétuel souci du physique. C'est entièrement à cette éducation qu'elle doit ses idées « féministes », c'est-à-dire sa croyance très ferme qu'en « science » et en vertu (par « vertu » il est probable qu'elle pensait à l'italien « virtù ») la femme était capable de « passer ou égaler les hommes ». C'est enfin de son éducation à l'italienne que vient l'universalité de ses goûts, son désir de « jouir pleinement de son être », comme dira Montaigne.

Il est aisé de comprendre l'influence personnelle exercée sur ses contemporains par un être si charmant, si intelligent, si joli que Louise. Car elle était douée, sinon d'une grande beauté régulière, du moins de cette séduction, de cette grâce piquante, qui sont comme le parfum de la beauté. Le portrait d'elle gravé

---

1. Sur les appareils dans lesquels les femmes du xvi⁰ siècle durent emprisonner leurs corps, et qui passeraient aujourd'hui pour des instruments de supplice, voir Quicherat : op. cit., pp. 352, 336-7. Montaigne se moquera plus tard de la « gehenne » que les femmes s'imposaient ainsi « guindées et sanglées ». (*Essais*, l. I, chap. xliii). Si on imitait les Anciens en fait de littérature, leur influence ne s'étendait pas sur le costume.

2. Elles étaient souvent énormes et enrichies de fourrure ou d'une étoffe qui contrastait avec le reste du costume. (Quicherat : op. cit., pp. 357 et s.

3. Au temps d'Henri II, les personnes comme il faut ne se chaussaient que d'escarpins, ce qui les obligeait, pour aller dehors, de mettre par-dessus des patins légers à semelle de liège. On rachetait par l'épaisseur de la semelle le désavantage d'une stature trop exigue, de sorte que le patin devint parfois un véritable piédestal. Ib. p. 396.

4. Ceux par exemple où elle décrit le sommeil des célibataires qui se couchent « en chapon le morceau au bec » (voir p. 172) et dépeint à la Brantôme la beauté et la coquetterie féminines. (Boy I, 44).

par Woüeriot en 1555, nous montre une femme encore jeune,
aux cheveux frisés, aux beaux yeux éveillés et moqueurs [1].
Nous voyons dans cette gravure une de ces physionomies dont
le principal attrait est dans l'expression, et qui ne sont jamais
si jolies en repos que lorsqu'elles sont animées par des sentiments de joie ou de tendresse [2]. Ainsi il nous est possible de
comprendre comment Paradin a pu s'extasier au sujet de sa
« face plus angélique qu'humaine », tandis que Du Verdier
n'accorde à sa beauté qu'une fort tiède louange, en la quali-
fiant de l'épithète « médiocre ». La vérité est entre ces deux
extrêmes : il n'y avait dans l'apparence de Louise rien de sur-
naturel. D'autre part, ce ne fut pas sans cause que ses concitoyens lui donnèrent le surnom de « Belle Cordière ».

Ce fut, paraît-il, après son mariage avec Ennemond Perrin,
ce « bonhomme de cordier » dont parle Du Verdier, que ce surnom lui fut accordé. Au cours de nos recherches dans les
registres de la ville de Lyon nous avons trouvé plusieurs personnages portant le même nom, et un avec le même prénom,
que le mari de Louise, mais qui ne doivent pas être confondus
avec lui [3]. Nous rencontrons le nom du Perrin qui nous concerne pour la première fois dans les « nommées » de 1515 :

Ennemond Perrin, fils et héritier de Gillet Perrin, cordier, possède
« Une maison haulte et basse, en la rue Confort, de costé de vent,
et ung jardin dernier (derrière), joignant au tenement Nostre-Dame de
Confort, la ruelle entre deux, devers soir, et la maison de Claude Bar-
barin et Loys Toynet, troilleur (fabricant d'huile) devers matin. Extimée valoir par an 12 livres, pour ce 48 livres [4]. »

1. Ce portrait se trouve à la Bibliothèque Nationale, Dép' des Estampes.
Il serait un des mieux réussis de Woüeriot. Voir : *Le Cabinet de l'Amateur*,
1861, pp. 18-20, où l'on en donne une description minutieuse.
2. Cette impression nous est confirmée par la lecture des poèmes
« escriz a sa louenge ». Tel poète y chante la « vive estincelle » de ses yeux,
qu'il trouve irrésistible. Tel autre nous la peint parlant, riant et « gui-
gnant de ses yeux ». Tous décrivent, non une dame au visage doux et
serein, non une maîtresse hautaine et impérieuse, mais un être plein de
charme et de vivacité.
3. On trouve par exemple plusieurs mentions d'un Ennemond Perrin
dont le nom revient de 1568 à 1571. Or, nous savons que le mari de
Louise Labé était mort avant 1565. Voir p. 65.
4. Outre les détails que nous venons de constater nous pouvons noter :
a) que la maison était sujette à une pension de 4 l. t. par an, due à

Cet acte nous apprend donc qu'Ennemond était cordier, qu'il avait hérité du commerce de son père, cordier comme lui, et qu'il possédait en 1515 deux maisons, un jardin et une ruelle. Il nous rend ensuite possible de constater qu'Ennemond était certainement beaucoup plus âgé que sa femme. Car si, en 1515, c'est-à-dire environ cinq ans avant la naissance de celle-ci, il était déjà d'âge à être reconnu comme l'héritier de son père et à payer des impôts, il est clair qu'il dut avoir au moins une vingtaine d'années de plus qu'elle [1].

Malheureusement il ne nous a pas été possible de découvrir exactement la date à laquelle Louise devint sa femme. Cependant nous serions portés à placer assez tôt la date de leur mariage, car les jeunes filles se mariaient de bonne heure à l'époque dont nous parlons [2].

certain François Varinier, b) que cette maison venait d'être rebâtie à neuf, c) que les meubles dudit Ennemond furent taxés de 25 l. Cette somme, qui est par comparaison aux autres impôts dans cette liste, relativement grande, nous fait croire que le père d'Ennemond était un homme de bien. *Inventaire Sommaire des Archives Communales antérieures à 1790*, t. II, série CC, 22, p. 40.

1. Sans doute Boy, quand il écrivit que rien n'est prouvé au sujet de l'âge du mari de Louise, n'avait pas vu le document dont nous parlons ici. (Voir Boy, II, 49). Une autre mention citée par Cochard (Préface de l'édition 1824 des œuvres de Louise Labé, p. LXII, n. 6) nous montre Ennemond qui, le 1er août 1553, reconnaît une pension de 4 l. t. par an à laquelle sa maison est sujette : la même sans doute dont il est question dans la « nommée » de 1515. Il est probable que François Varinier, qui recueillait la pension en 1515, était mort dans l'intervalle, et que, par conséquent, Ennemond dut renouveler la « reconnaissance » envers ses héritiers. Nous n'avons pas vu le document dont parle Cochard, mais voici sa note : « Noble Léonard de Chanasset de la ville de Trévoux et Guigonne sa femme, fille de Jean Brunicard, citoyen de Lyon, *abénévisèrent* ce jardin (c.-à-d. le jardin faisant l'angle de la rue Confort et d'une ruelle tendant à Belle Cour) avec une maison qui en dépendait, à Gillet Perrin, sous une pension de 4 livres par an. L'acte d'*abénévis* est du 30 mai 1484. Perrin établit sur ce local son atelier de corderie et ses magasins. Ennemond Perrin, son fils et son héritier, reconnut la pension le 1er août 1551 ».

Cochard non plus que Boy ne paraît avoir vu la « nommée » de 1515, que nous pensons être la première à signaler.

2. Au XVe siècle, en France et en Italie on fiançait assez souvent les jeunes filles dès le berceau. On sait que Jeanne de France fut mariée deux jours après sa naissance. Jeanne d'Albret, malgré toutes ses protestations, à douze ans. Heureusement, ces pactes là n'étaient pas indissolubles, mais le prix d'une annulation était lourd. Si pour une fille de quinze ans il n'y

Mais nous avons une autre raison de supposer que Louise ait été mariée très jeune : c'est que son père était vieux et avait hâte de la voir établie en ménage. Voilà pourquoi, selon nous, il ne se montra pas difficile dans le choix d'un mari pour sa fille. Car il faut avouer que pour une jeune fille aussi belle, aussi spirituelle que Louise, Ennemond Perrin ne fut point un parti brillant. Il était, nous l'avons vu, beaucoup plus âgé que sa future épouse, il n'était pas très riche[1], ses idées ne s'élevaient jamais au-dessus de son métier. Ce fut, à notre avis, précisément ce métier qui était, aux yeux de Pierre Labé, sa plus grande recommandation. Il était cordier comme lui. Or Pierre, à mesure qu'il vieillissait, dut avoir de plus en plus besoin d'aide dans son commerce. Il s'aperçut sans doute qu'Ennemond possédait juste le caractère paisible, docile, industrieux, qui ferait de lui un serviteur admirable. Il résolut donc de faire d'une pierre deux coups, de régler en même temps l'avenir de sa fille et de son commerce et d'accepter Ennemond comme gendre.

Quelle que fut la date exacte de son mariage, il nous semble plus que probable que Louise était déjà mariée en 1542, année du fameux siège ou tournoi de Perpignan, car elle devait avoir au moins vingt ans alors. Une dizaine d'années plus tard, en 1551, au 2 avril, Ennemond signe avec le consulat un accord dans lequel il déclare agir « tant pour luy que pour Loyse Charly dicte Labbé, sa femme[2]. »

Nous ne savons si Louise était la femme d'Ennemond en premières ou en deuxièmes noces, mais il est fort peu probable

avait pas preneur, son père s'en sentait humilié. Peu à peu on retarda l'âge du mariage, jusqu'à ce que, vers le milieu du xvi° siècle, on vit des jeunes filles de dix-huit ans encore vierges. Maulde la Clavière : *Les femmes de la Renaissance*, Paris, 1898, in-8°, pp. 39-42, 136 et s. ; E. Rodocanachi : *La femme italienne à l'époque de la Renaissance*, chap. II.

1. Voir p. 67, n. 1.

2. Cet accord, cité par Boy (II, 48), « a pour objet le règlement de 'lods' ou droits de mutation exigés 'à cause de l'acquisition par lesdits mariés Perrin faicte de leur maison d'habitation' ; un autre acte du même jour nous apprend que cette maison joignait le jardin et une autre maison possédés en son nom propre par Ennemond Perrin à l'angle de la rue Confort, c'est-à-dire le même jardin et la même maison dont il a déjà été question plusieurs fois.

que celui-ci n'ait pas été marié auparavant, vu qu'il dut avoir plus de quarante ans lorsqu'il épousa Louise, et que le seizième siècle était aussi rare en célibataires de quarante ans qu'en vierges de dix-sept. L'*Ode à Sire Aymon* de Magny, si nous pouvons nous fier à ce témoignage, nous ferait croire qu'il n'avait jamais eu d'enfants [1].

Bien que le nom du mari de Louise ne se retrouve plus dans les archives de Lyon à partir de 1551 [2], nous hésitons à placer sa mort avant 1559, date à laquelle Magny publia l'ode dont nous venons de parler. Il est vrai que quelques-unes des *Odes* publiées par ce poëte en 1559 avaient été composées longtemps avant cette date [3], et il est possible que l'*Ode à Sire Aymon* fût du nombre. Mais nous ne voyons pas pourquoi Magny eût publié en 1559 une attaque aussi amère, si l'homme qu'il y visait était mort et ne pouvait par conséquent en être atteint. Le mépris du poète devait-il poursuivre sa victime jusque dans le tombeau ? N'est-il pas du moins permis de supposer au contraire, que Magny, tout arrogant, tout insolent qu'il était, eût respecté la mémoire d'un mort ?

Que « Sire Aymon » soit mort en 1559 ou non, il nous paraît certain qu'en 1554 il était encore en vie. A cette date Louise se fit donner le « Privilège du roi » pour ses œuvres. Il nous semble peu probable qu'un tel document, rédigé en phraséologie légale et ayant une grande importance légale, puisqu'il lui réservait tous droits sur l'impression de son livre, eût manqué de la signaler comme veuve si en effet elle l'était. Car le titre « Veuve Ennemond Perrin » eût été dans ce cas et pour un tel document légal, sa désignation normale. C'est la

1.
Cet Aymon de qui quatre filz
Furent tout de gloire jadis,
N'eust en sa fortune ancienne,
Fortune qui semble a la tienne,
Sire Aymon, car sans ses enfans
Il n'eust jamais surmonté les ans,
Mais Joy, sans en avoir onq eu..., etc.
(*Odes*, édition Courbet, t. II, p. 243.)

2. Il est certain que l'Ennemond Perrin dont nous trouvons mention vers 1570 n'était pas le nôtre, puisqu'en 1565 Louise est qualifiée de « veve Ennemond Perrin ». Voir à l'appendice p. II.

3. Voir Jules Favre : *Olivier de Magny*, thèse, Paris, 1885, in-8°, p. 265.

désignation qu'on trouve d'elle dans les *Archives Hospitalières* [1] de Lyon et dans son propre testament.

Ce testament fut rédigé en 1565, et nous plaçons la mort d'Ennemond entre ses limites extrêmes : 1554 et 1564, mais il nous paraît presque certain qu'elle n'a pas eu lieu avant 1559 [2].

Pernetti nous dit, et plusieurs biographes l'ont répété après lui, qu'Ennemond fit de sa femme son héritière universelle [3]. Cela est fort possible, mais on a eu tort de fonder sur la remarque de Pernetti des arguments au sujet des relations existant entre Louise et son mari. Car Pernetti, se fondant sur les renseignements que lui fournissait un de ses amis, ne reproduisait pas toujours avec exactitude les détails d'une situation. Par exemple, après avoir raconté qu'Ennemond avait fait de Louise son héritière universelle, il note » que n'ayant point d'enfants d'elle, il lui substitue *Jacques et Pierre Perrin, ses*

[1]. Voir p. 90 n. 3, *Appendice* p. 11.

[2]. L'assertion de Boy, que le mari de Louise est mort en 1559 et 1562, nous semble peu justifiée. Pour le second de ces deux termes cet éditeur se fonde sur un document qui, à notre avis, ne prouve rien. Il a trouvé dans les comptes de François Coullaud la mention suivante : « Recepte faicte par le present recepveur a cause des aultres deniers levez extraordinairement a cause des troubles et saisye d'icelle ville par ceux de la nouvelle religion... Ledit quatriesme juillet mil VLXII (reçu) de *Louise Labe* XXV l. t. pour la moitie de sa cotisation ». Un second paiement a lieu le 3 novembre. Boy écrit : « Ainsi ce n'est plus Ennemond Perrin qui figure sur les registres des taxes du quartier Confort en 1562, d'où il résulte qu'à cette date Louise était en possession de la fortune que lui avait léguée son mari ». Voilà une conclusion qui nous semble fort arbitraire, et pour les raisons suivantes : 1° La qualification « Veuve Ennemond Perrin » n'y est pas, chose singulière s'il s'agissait, comme Boy l'affirme, d'un impôt sur une fortune que lui aurait léguée son mari ; 2° nous ne sommes pas du tout sûrs qu'Ennemond, s'il était mort, eût légué une fortune à sa femme car nous ne croyons pas qu'il fût riche ; 3° Louise était riche de son propre compte : elle avait des maisons et des terres à elle. Ainsi il peut aussi bien être question ici d'impôts sur ses propres biens que sur la « fortune » de son mari. Boy II, 148.

[3]. Voir p. 43. Il est clair que l'abbé Pernetti rapporte ici des renseignements découverts par d'autres que lui-même, et qu'il ne s'est jamais mis à fouiller lui-même dans les terriers dont il parle. Sans doute il ne se souciait pas beaucoup, — lui qui avait entrepris d'écrire l'histoire de *tous* les « Lyonnais dignes de mémoire » et non seulement de Louise Labé, — de reproduire avec une exactitude minutieuse des circonstances qui n'étaient pour lui après tout que des « anecdotes intéressantes ». Cochard (édition 1824 des œuvres de Louise Labé, pp. lxiii, lxvi, n. x), répète, sans l'approfondir, l'assertion que Louise recueillit la succession de son mari.

neveux, fils de François Perrin son frère, et à leur défaut l'Hôtel-Dieu ». Le passage que nous venons de souligner rappelle si fortement les termes du testament de Louise elle-même, que nous ne pouvons nous empêcher de penser que le bon abbé se trompait en les attribuant à Ennemond plutôt qu'à son épouse. Jacques et Pierre, fils de François : l'Hôtel-Dieu, — voilà en effet les légataires de la Belle Cordière. Seulement, Jacques, Pierre et François étaient des Labé et non des Perrin [1].

L'union des deux époux fut-elle heureuse ? Voilà une énigme, dont la solution, si on pouvait la connaître, apporterait de la lumière dans toutes les discussions qui concernent la vie sentimentale de notre héroïne.

Disons tout de suite que nous trouvons assez arbitraire la théorie adoptée par quelques biographes [2] que Louise et son mari vivaient ensemble dans la plus complète harmonie. Rien ne prouve qu'une telle unanimité ait jamais existé entre eux. Au premier abord on serait même tenté de conclure exactement le contraire.

En premier lieu, rien ne semble indiquer qu'Ennemond ait eu la moindre prétention au rang d'écrivain, ni qu'il ait partagé les aspirations littéraires de sa femme. Il eut, à notre avis, une intelligence d'ordre purement pratique, nullement artistique [3]. Tandis que Louise avait reçu une éducation au-dessus de sa condition, son mari n'avait, semble-t-il, que juste assez

---

1. Il paraît que les erreurs de l'abbé Pernetti ne se bornent pas à son étude sur Louise Labé. Un critique moderne a parlé de ses *Recherches pour servir à l'histoire de Lyon* dans les termes suivants : « Cet ouvrage, qui est *superficiel, mal écrit et inexact*, contient cependant quelques notices intéressantes ». F. Z. Collombet : « Études sur les histoires du Lyonnais », n° XX, dans la *Revue du Lyonnais*, 1838, t. VIII, p. 135.

2. Et notamment par les éditeurs de 1824 (pp. lxiii et s.) et par Boy (II, 49).

3. S'il eût été autrement, si Ennemond Perrin avait pris une part tant soit humble dans la vie littéraire de Lyon, son nom aurait sûrement figuré parmi la foule de dédicaces, d'épigrammes, d'odes, d' « étreines », etc. adressés à des personnages lyonnais à l'époque dont nous parlons. Pourtant nos recherches dans d'innombrables poèmes de ce genre sont restées sans résultat. Si d'ailleurs il avait eu des prétentions littéraires, ne pourrait-on pas s'attendre à quelque allusion le concernant dans ces poèmes qui font comme une biographie poétique de Louise : les *Escriz de divers poetes à sa louenge* ?

de savoir pour s'acquitter de ses devoirs commerciaux [1]. Ajoutez à cela que Louise était fine, jolie, douée de beaucoup de sensibilité et d'esprit, qu'elle était beaucoup plus jeune que son mari, et nous voilà en possession des données qui feraient facilement d'elle l'héroïne incomprise d'un roman moderne. Hélas ! nous avons dû renoncer à l'idée de la voir jouer un rôle à la fois si intéressant et si pitoyable.

Si d'un côté nous nous méfions du point de vue qui permet de se figurer Louise comme une femme tout à fait heureuse du moment où elle épouse Ennemond Perrin, nous refusons tout aussi énergiquement de penser qu'elle souffrit beaucoup d'un manque de sympathie de la part de son mari.

Toute personne qui a étudié les mœurs du seizième siècle, sait très bien de quel point de vue purement pratique le mariage était alors regardé. On le considérait comme un lien physique qui pouvait être en même temps, si le hasard le voulait, une union de cœurs, mais qui était avant tout un état social, un « établissement » prescrit par les nécessités de la vie économique et fondé sur une base commerciale. « Y mêler l'amour, dit Maulde la Clavière [2], l'absolu, les grands enthousiasmes de cœur ou d'idées, c'est se préparer des désastres ou tout au moins des déceptions certaines. »

Ce fut là l'avis, non seulement des hommes de la Renaissance, mais des femmes aussi. En France toutes les femmes, depuis Louise de Savoie jusqu'à Anne de France, toutes celles qui se sont érigées en professeurs de la jeunesse féminine, insistèrent sur cette idée que la liberté de choix dans le mariage

1. C'est l'impression que nous avons reçue de notre examen des archives lyonnaises. On ne trouve d'abord point mention de lui, comme on trouve de Pierre Labé, parmi les « comptabilités » municipales, c'est-à-dire il ne fit pas, comme son beau-père l'avait fait, des livraisons en gros à la ville. Ensuite, deuxième indication que sa condition pécuniaire était assez médiocre, chaque fois qu'il est question de lui dans les « nommées », on trouve que la somme exigée de lui est relativement petite. Or le montant des taxes, du moins des impôts relevés au nom du roi, variait selon la capacité de payement des différents bourgeois. L'indigence exemptait entièrement. Ennemond aura donc diminué au lieu d'augmenter la fortune que lui avait laissée son père.

2. Op. cit., p. 35.

est œuvre de folie et amène la ruine [1]. De même Vivès conseille de marier une fille « par délibération de ses parens et poursuyte de mari », car l'amour « précipite les pucelles en mil dangiers [2] ». Si Marguerite d'Angoulême apporte à ce sujet des idées nouvelles, dues à l'influence des doctrines néo-platoniques, ces idées ne comptent pour rien en France sinon à partir de 1540 environ [3].

On mariait les jeunes filles parce que une jeune fille non mariée faisait honte à son père ; une fois mariée, la jeune fille, à moins qu'elle ne fût un ange de vertu, ce qui arrivait parfois, ne se faisait pas scrupule d'échapper le plus souvent possible à la surveillance de son époux [4]. C'est ce que fit, elle aussi, nous en sommes convaincus, la Belle Cordière.

Après avoir considéré attentivement toutes les circonstances ayant trait au sujet, après avoir passé en revue d'un côté les talents, les charmes, le caractère, l'éducation, la jeunesse de

1. Voici l'enseignement d'Anne de France à cet égard : « Et ne doit-on avoir, en ce cas, aucun choix, desirs ne souhaits, ne user en riens de sa propre et seulle voulonté, mais s'en doit-on du tout actendre à la prudence, bonne grace et ordonnance de ses amys ; et dit ung philosophe que celle qui aultrement en use doit estre tenue pour parfaicte folle ». *Enseignements d'Anne de France à sa fille Suzanne de Bourbon*, publiés par A.-M. Chazaud, Moulins, 1878, gr. in-8°, p. 38. Cp. à ce sujet : Rodocanachi : op. cit. pp. 55-57.

2. *De l'Institution de la femme chrétienne*, traduction française de Pierre de Changy, Paris, 1543, chap. XVI : « De chercher époux » (pp. 138, 139 de l'édition Delboulle, Havre, 1891, in-8°).

3. Abel Lefranc : « Le Platonisme et la littérature en France à l'époque de la Renaissance (1500-1550) » dans *R. H. L. F.* 1896, p. 10. On sait que Marguerite elle-même dut assister au mariage de sa fille Jeanne d'Albret quand celle-ci n'avait que douze ans et protesta de toutes ses forces contre les liens qu'on lui imposait.

4. Les contes et romans de cette époque, français et italiens, ne font que répéter, avec une insistance qui serait terrible si elle n'était si souvent comique, l'éternel thème qu'avaient traité les farces et sottise gauloises : celui de l'infidélité dans le mariage. Nous ne voulons pas dire par là qu'il n'y ait pas eu au temps de la Renaissance des femmes et des maris fidèles, ni qu'à côté de la Renaissance popularisée par les conteurs et les romanciers il n'y en ait en une autre, tout aussi gaie et moins débraillée. Tout ce que nous voulons faire remarquer, c'est que le mariage ne présupposait aucunement l'amour. Voir outre Maulde la Clavière : op. cit., chap. I et V ; Ed. Bonaffé : *Etudes sur la vie privée de la Renaissance*, Paris, 1898, in-8°, p. 140 et s. ; Ed. Bourciez : *Les mœurs polies et la littérature de cour sous Henri II*, Paris, 1886, in-8°, l. III, ch. 4 ; Buckhardt : *Die Kultur der Renaissance in Italien*, 10e Auflage, Leipzig, 1908, t. II. pp. 163-170.

Louise Labé, d'autre part ce que nous savons du caractère, de
la condition, des capacités, de l'âge de son mari, nous ne
voyons aucune raison de faire de leur mariage une exception
à la règle d'alors. Au contraire, si les mariages d'amour
avaient été la mode à l'époque dont nous parlons, au lieu d'être
un phénomène extraordinaire, nous soutiendrions quand même
hardiment que celui de Louise Labé avec Ennemond Perrin
fut un mariage de convenance, et que notre héroïne n'eut pour
son mari que des sentiments d'indifférence.

En parlant des différentes amours de Louise, nous ne vou-
lions pas donner l'impression qu'elles datent toutes d'une époque
postérieure à son mariage. Il n'est pas étonnant qu'une si
jolie créature ait été admirée et recherchée depuis sa première
adolescence. Très jeune encore elle fut aimée d'un « bon poète
rommain ». Elle resta sourde à ses protestations d'amour cependant, et le malheureux s'en alla mourir en Espagne, peut-être
de douleur [1]. Toutefois elle ne tarda pas à éprouver, elle
aussi, la « grand cruauté d'amour ». Dans son « verd aage »,
ayant à peine seize ans, elle s'éprit d'un homme de guerre.

Qui était cet homme de guerre ? Nous sommes sûrs qu'il n'a
jamais figuré dans ses vers. Car l'ami qu'elle chante dans
ses élégies et dans ses sonnets est tout autre qu'un soldat. Il
est couronné du laurier, non d'un héros militaire, mais d'un
poète ; il joue du lut au lieu de sonner la trompette [2] ; Louise
souhaite son retour, non des périls de la bataille, mais des
bras d'une rivale. D'ailleurs, au temps où premièrement elle
tomba amoureuse, elle n'avait pas, nous dit-elle, encore appris
l'art de faire des vers [3]. Nous ne voyons en son premier amour

1. L'existence de ce « bon poète rommain » et de l'homme de guerre
nous est révélée par l'auteur du long poème allégorique que nous avons
déjà eu occasion de citer plusieurs fois. Cupidon, dit-il, en rendant le cœur
de Louise amoureux d'un homme de guerre, « prendra bien vengeance du
bon poète rommain » dont il nous a déjà raconté la triste histoire. (Boy, I,
pp. 140 et 156). C'est Louise elle-même qui nous apprend l'âge auquel elle
tomba pour la première fois amoureuse. Cp. pp. 51 et s.

2. Sonnet X, Boy, I, 98.

3.
    Encore lors je n'avois la puissance
    De lamenter ma peine et ma souffrance,
    Encore Phebus, ami des lauriers vers,
    N'avoit permis que je fisse des vers.
           El. I, Boy I, 80.

rien qu'un épisode d'adolescence, un engouement passager.
Sa nature éphémère nous semble indiquée dans le passage
suivant, où le poète des *Louenges*, après avoir décrit les souffrances causées à Louise par Cupidon, prédit :

> A si grans travaux ton frère (c.-à-d. Cupidon)
> Durement le contreindra,
> *Jusqu'à ce qu'à la première*
> *Liberté il le rendra*[1].

L'incident de l'homme de guerre ne nous aurait paru
mériter que la plus courte des mentions, si d'autre biographes
n'avaient brodé là-dessus une histoire dont la seule justification, si c'en est une, nous semble qu'elle aurait été charmante
si elle était un peux mieux fondée. L'éditeur Blanchemain par exemple, dont nous avons appris à suspecter l'imagination par trop romanesque, s'est persuadé que l'homme de
guerre était le Dauphin lui-même[2]. Louise l'aurait rencontré
dans les Pyrénées lorsque en 1542 « la jeunesse française Parpignan environna »[3].

Il n'est pas nécessaire de répéter ici les raisonnements qui
ont mené un auteur plus récent et plus documenté à conclure
que Louise n'est jamais allée faire la guerre en Espagne, et que
le « Parpignan » qu'on « environna » figura tout simplement
dans un tournoi ayant lieu à Lyon[4]. Cependant personne jusqu'ici n'a su expliquer la présence, rapportée par l'auteur des
Louenges, des emblèmes d'Henri de France et de Diane de
Poitiers parmi les embellissements du jardin de Louise Labé[5].

1. Boy I, 137.
2. *Œuvres de Louise Labé*, Paris, 1875, pet. in-8°, p. xv de la préface. Cp.
la thèse de Jules Favre sur Olivier de Magny, p. 125.
3. L'épisode de Perpignan est raconté par l'auteur des *Louenges*. Boy I,
112 et s. Cp. p. 49.
4. Boy II, 38-42.
5.
> A l'entrée on voyoit d'herbes
> Et de thin verdoissant,
> Les lis et croissans superbes
> De notre Prince puissant ;
> Et tout autour de la plante
> De petits ramelets vers
> De marjolaine flairante

L'explication de cette circonstance nous semble tout à fait simple. Même lorsqu'il devint roi de France, Henri ne fit pas le moindre effort pour cacher sa liaison avec Diane. Au contraire, il n'y avait pas de plus sûr moyen d'entrer dans ses bonnes grâces que de joindre en public son nom avec celui de Diane. Ajoutez à cela que Diane, en sa qualité de Duchesse de Valentinois, avait des terres tout près de Lyon, et que par conséquent les Lyonnais devaient éprouver pour elle un intérêt tout spécial [1]. Or quand, en 1548, les Lyonnais préparaient pour le Dauphin, devenu Henri II, un accueil fastueux, ils n'oublièrent pas de fêter en même temps sa maîtresse, qui se trouvait dans le cortège royal. Ils la fêtèrent si bien que la Duchesse, nous dit Brantôme, « en ayma toute sa vie la ville de Lyon.[2] »

Quoi de plus naturel que Louise Labé ait voulu, à cette occasion, contribuer pour sa part à l'enthousiasme général, en célébrant les amours de Diane et du roi ? Et quelle plus simple méthode aurait-elle pu choisir, pour attirer l'attention des deux amants et les « blasonner » ensemble, que d'entrelacer avec les lis de France le croissant de Valentinois [3] ?

> *Estoient plantez ces six vers :*
> *Du tresnoble roy de France*
> *Le croissant neuve accroissance*
> *De jour en jour reprendre,*
> *Jusques a tant que ses cornes*
> *Jointes sans aucunes bornes*
> *En un plein rond il rendra.*
>
> (Boy I, 155.)

Que ce poème fut écrit après 1549 est prouvé par une allusion qu'il contient à l'*Olive* de Du Bellay, qui parut en cette année. (Boy I, 158).

1. Brantôme nous dit : « Aussi estoit-elle leur voisin, à cause de la duché de Valentinois qui est fort proche ». *Œuvres*, éd. Lalanne, IX, 321.

2. *Ib.* Menestrier nous dit que depuis les temps les plus reculés « nos rois ont pris plaisir d'y séjourner et de s'y venir divertir ». (*Éloge historique de la ville de Lyon*, Lyon, 1669, in-4°, p. 85.) Presque tous les rois depuis Childebert y ont fait des entrées solennelles. Lorsque, après son séjour en 1509, Anne de Bretagne quitta la ville, elle dit qu'elle « estoit très contente de la ville et de ce qu'elle y avoit demeuré, qu'elle a trouvé ladicte ville et les habitants en icelle si bons et de si bonne sorte qu'elle en aura long-temps mémoire et que, quand ceux de Lyon voudront quelque chose devers le roi, elle sera contente que l'on s'adresse à elle, à cause du vouloir qu'elle a à faire plaisir à ladicte ville. » Péricaud : op. cit. p. 32.

3. D'autres avant Louise l'avaient fait. On trouve dans une monographie intitulée *Madame Dame Dianne de Poytiers*, par A. B. M. Hay, London, 1900, in-4°, en face de la page 12, une très belle plaque de la couverture d'un

Il n'y a donc, à notre avis, aucune justification pour la supposition que Louise se serait éprise du Dauphin, qui d'ailleurs ne semble avoir visité Lyon que très rarement avant son avènement sur le trône [1]. Loin d'être un personnage illustre, son premier amant fut probablement assez ordinaire, — puisqu'elle ne tarda pas à l'oublier, — un guerrier quelconque sans doute, qu'elle admirait comme elle dut admirer tous ceux qui exerçaient la profession des armes et qui savaient, comme elle savait elle-même, « picquer fort bien un cheval [2] ».

A qui donc, sinon à l'homme de guerre, les premiers poèmes de Louise sont-ils adressés ? Quelques-uns ont cru que ce fut à Olivier de Magny. Or Jules Favre, dans sa thèse sur ce poète, place vers 1529 la date de sa naissance [3], ce qui ne lui donnerait que sept ou huit ans lorsque Louise, âgée de seize ans, tomba pour la première fois amoureuse. Bien que cette opinion touchant la date de la naissance de Magny nous laisse sans conviction, la question de son âge ne nous paraît pas ici d'une grande importance. Car si nous ne croyons pas qu'il ait connu la Belle Cordière vers 1536, date approximative du premier

livre publié par le Dauphin en 1545 : le *De Ratione* de Moschopuli. Le dessin en est fait du croissant de Diane joint aux lis de France. L'auteur de la monographie donne en outre (p. 10) une description détaillée des armes de Diane, qui comportent « au second ; d'azur semé de fleurs d'or... qui nous paraît, dit l'auteur, une concession royale. » A la page 14 on trouve une plaque de Bernard Palissy représentant Diane avec une espèce de tiare composée d'un croissant.

Le signalement donné par l'auteur des *Louenges* du décor aménagé par Louise nous semble faire allusion en même temps au croissant de Diane et à la fameuse devise du roi : *Donec totum impleat orbem.*

Olivier de Magny, qui chante les beautés du jardin d'Anet, résidence de la Duchesse, décrit un dessin de plate bande où les armes du roi, de la reine et de Diane sont réunies ensemble. Voir *Les louenges du jardin d'Annet*, dans le 3e livre des odes de Magny, éd. Courbet, Paris, 1876, in-8°, t. II, p. 7.

1. C'est du moins l'impression que nous remportons de nos recherches dans Brantôme et dans Martin Du Bellay, comme aussi dans l'*Histoire de France* de Lavisse.

2. Du Verdier : loc. cit.

3. Pp. 15 et s. Emile Dufour : *Etudes historiques sur le Quercy, Hommes et Choses*, Cahors, 1864, in-8°, 2 vol., p. 112, avait exprimé l'opinion que Magny naquit « vers 1520 », ce qui lui donnerait environ le même âge que Louise. Ni lui ni Favre cependant n'ont pu avancer à ce sujet aucune preuve conclusive.

amour de celle-ci, c'est tout simplement parce que nous ne trouvons point de trace de sa présence à Lyon avant 1553 ou 1554 [1].

Il nous semble impossible de fixer avec certitude le nom de celui à qui Louise adressa ses premiers poèmes. Tout ce qu'on peut dire c'est qu'ils ne visaient pas, comme les vers de beaucoup de ses contemporains, un être imaginaire. La passion qui s'y exprime est trop réelle, trop *sentie* pour laisser subsister aucun doute à ce sujet. Si Louise s'était éprise d'une personne qui n'existait que dans ses rêves, si elle n'avait fait de poèmes que pour l'amour de la versification, elle nous aurait laissé des sonnets moins spontanés, moins brûlants. L'intensité des émotions qui les animent est une preuve de leur actualité. La troisième élégie d'ailleurs, qui, selon nous, doit être considérée comme antérieure par sa composition aux autres élégies [2], renferme des détails biographiques d'un caractère si individuel qu'il serait impossible de n'y voir qu'un exercice poétique adressé à un être fictif.

Si Louise jeune n'a probablement pas chanté Olivier de Magny, il nous semble certain que les deux poètes se sont connus plus tard [3]. Car il se trouve dans leurs œuvres des indices qui nous paraissent irréfutables. Avant d'exprimer notre opinion sur les relations qui ont existé entre eux, résumons par ordre chronologique et aussi brièvement que possible, les « pièces justificatives » qui nous sont parvenues.

La première nous est fournie par Louise et Olivier eux-

1. Voir pp. 77 et s.
2. Voir p. 136.
3. C'est Bréghot du Lut qui le premier a soupçonné l'existence d'une intimité entre Louise et Olivier : (*Œuvres de Louise Labé*, Lyon, 1824, in-8°, pp. 207 et s. Après lui Turquety (*Bull. du Bibliophile*, 1860, p. 1637) et Blanchemain (*Poètes et Amoureuses du seizième siècle*, Paris, 1877, in-12, t. I. p. 177, t. II, p. 221, et la préface de cet auteur à son édition des *Odes* de Magny, Paris, 1876, in-8°, pp. xv-xxx), ont ajouté aux renseignements fournis par Bréghot du Lut quelques découvertes nouvelles. Toutefois, le langage démesurément enthousiaste dans lequel ces trois auteurs s'expriment, joint à certaines inexactitudes dont ils sont coupables, ne pouvait pas manquer d'inspirer de la méfiance à des critiques plus exigeants. Ceux-ci à leur tour sont tombés dans l'autre extrême en niant toute possibilité d'une liaison entre Louise et Olivier. Voir Boy II, 23.

mêmes. Qu'on lise le deuxième sonnet de la Belle Cordière,
celui qui commence :

> O beaus yeus bruns, ô regars destournez,
> O chaus soupirs, ô larmes espandues,
> O noires nuits vainement atendues,
> O jours luisans vainement retournez :

Or ce quatrain et celui qui le suit se retrouvent mot pour mot
dans le 55e sonnet des *Soupirs* de Magny [1].

Vu que les œuvres de Louise Labé datent de 1555, tandis que
les *Soupirs* de Magny ne furent publiés qu'en 1557, on serait
d'abord tenté de ne voir, dans la ressemblance entre les deux,
rien qu'un spécimen des plagiats si fréquents au seizième
siècle. D'autres témoignages cependant rendent peu probable
une si simple explication et prouvent que Magny connaissait
non seulement les œuvres de Louise mais aussi la poétesse
elle-même.

Il se trouve d'abord des poèmes de Magny parmi les *Escriz
de divers poëtes à sa louenge*, ces poèmes dédiés à la Belle
Cordière et publiés par elle à la suite de ses propres œuvres.
Dans le premier de ces poèmes le nom de Magny est expres-
sément mentionné [2]. Il y a ensuite l'*Ode à Sire Aymon* dont
nous reparlerons tout à l'heure.

A propos de la première de ces pièces, celle de la ressemblance entre deux sonnets, l'un de Magny, l'autre de Louise,

---

1. Édition Courbet, Paris, 1874, in-8°.

2. Les poèmes de Magny, qui sont au nombre de trois, dont deux longs
et un court, s'appellent : *Epitre à ses amis des gracieusetez de D. L. L. ; Des
beautez de D. L. L. ; et Ode en faveur de D. Louize Labé à son bon Signeur.*
(Boy I, 120, 124, 128. Cp. plus loin pp. 164 et s.). Voici le passage du
premier de ces poèmes où se trouve le nom de Magny :

> Que faites-vous, mes compagnons,
> Des cheres Muses chers mignons ?
> Av' ous encore en notre absence,
> Ho votre Magny souvenance ;
> Magny votre compagnon doux... etc.

Nous verrons plus loin que cette ode se retrouve dans les *Amours de
Francine* d'Antoine de Baïf (1555), et qu'alors le nom de Baïf est substitué
à celui de Magny. Que dans les deux éditions qu'elle donna de ses œuvres,
1555 et 1556, Louise conserve à cet endroit le nom de Magny est une
preuve suffisante que ce fut lui qu'elle prenait pour l'auteur du poème.

il nous faut faire entendre la voix de la prudence. Rien n'est plus facile pour quiconque étudie le seizième siècle en France, que de tirer, d'apparentes similitudes entre deux poèmes de différents auteurs, des conclusions qui n'en sont pas. La poésie française d'alors abondait en images et en allusions puisées chez des écrivains italiens et devenues en quelque sorte stéréotypées. L'incapacité à reconnaître la part due à l'influence de la mode sur le langage et les expressions employés par Louise et par Olivier de Magny est un défaut auquel plusieurs biographes ou éditeurs, et de l'un et de l'autre, n'ont point échappé. L'essai de Turquéty [1] ceux de Blanchemain surtout [2], pèchent souvent

1. Cet auteur ne nous semble pas se fonder bien solidement lorsqu'il voit, par exemple (art. cit., p. 1633), une similitude entre le 23e sonnet de Louise :

> Las ! que me sert que si parfaitement
> Louas jadis et ma tresse dorée
> Et de mes yeux la beauté comparée
> A deux soleils...

et un sonnet pris dans le quatrième livre des *Odes* de Magny, (éd. Courbet, t. II, p. 156) :

> Elle est à vous, douce maîtresse,
> Cette belle et douce tresse
> Qui ferait honte au mesme or,
> Et ces yeux, deux astres ensemble...

Il n'est guère nécessaire de se rappeler que la littérature du seizième siècle déborde de telles allusions, que la plupart des maîtresses chantées alors avaient la « tresse dorée », et que toutes possédaient deux astres qui leur servaient d'yeux, pour se rendre compte qu'il ne s'agit pas ici forcément de Louise Labé. Remarquons d'ailleurs que les vers que nous venons de citer ne sont qu'une paraphrase d'un sonnet écrit par Magny avant de connaître Louise :

> Elle est à vous, la chevelure blonde
> Qui rend obscur le plus riche métal...
> *Amours*, s. XXII.

De même Turquéty, poursuivant son idée, voit dans *l'aimer fatalement* de Magny (tous les poètes aimaient fatalement à cette époque), un lien avec « un très beau sonnet qui ne peut être que d'elle », où ces mots se retrouvent. Ce sonnet, il l'a trouvé, dit-il, écrit par une main du xvie siècle et sans ponctuation, sur une des premières pages d'un Nicandre grec et latin publié en 1557. Il n'est guère nécessaire de dire qu'il n'y a qu'une chance entre dix mille que ce poème soit vraiment de Louise.

2. Turquéty s'est contenté de chercher la main de Louise dans les œuvres que Magny donna après 1555, mais Blanchemain regarde en arrière, et dans les *Amours* publiés par lui en 1553, (privilège du 18 mars 1552) il voit partout Louise. Ainsi le *Sonnet de Castianire au lecteur* qui commence le volume lui semble, il ne dit pas pourquoi, avoir été écrit par la Belle Cordière.

à cet égard. Même Courbet, à qui l'on doit des éditions très soignées des œuvres de Magny, fonde des arguments sur la ressemblance entre des poèmes qui n'ont en vérité d'autre lien que celui d'être, sinon faits sur le même modèle italien, du moins remplis de pensées et d'images communes à presque toute la poésie de la Renaissance. Or, bien que Louise sût emprunter avec discrétion, ses poèmes portent néanmoins une forte empreinte italienne. Quant à Magny, ce fut un plagiaire sans vergogne [1].

Il est tellement désireux de voir en Louise et *Castianire* (pseudonyme qui cache l'identité de la maîtresse de Magny), une seule et même personne, qu'il se donne tout le mal du monde pour réconcilier le portrait de *Castianire* qui se trouve dans le livre des *Amours*, avec celui de Louise gravé par Woeiriot en 1555. De plus, il veut que Louise soit l'original d'une peinture en vers que nous donne Magny d'une dame dont la beauté était « flétrie ». La pauvre Louise !

L'identité de *Castianire* ne sera probablement jamais établie avec certitude. Pour Courbet il y aurait deux dames et deux amours à chercher sous ce pseudonyme. Les deux dames seraient Marguerite de Gourdon et Marie de Launay. Favre (*op. cit.* p. 175 et s.) n'essaie pas de pénétrer du tout le mystère. Pour notre part, s'il nous est permis de hasarder une conjecture là-dessus, nous dirions que ce personnage avait nom Anne de Castaigne. Voici nos raisons pour cette supposition : On n'a jamais remarqué jusqu'ici que le poème adressé à Castianire, publié en 1553 dans les *Amours* (l'édition originale est à la Bibl. Nat.), et qui commence : « Et quoy, Nimphe que j'adore », se retrouve en 1559 parmi les *Odes* (édition originale également à la Bibl. Nat.). Cette fois cependant il est intitulé A s'Amye et il commence : « Et quoy, Anne ma Mignonne ». Pour le fond, ce poème, malgré quelques changements dans le langage, reste le même que dans les *Amours*. Il ne nous semble pas que Magny ait employé, à cette occasion, le même poème pour célébrer deux dames différentes, car alors il aurait dû changer le nom de ce Castaigne, frère de sa maîtresse, qui revient plusieurs fois dans le poème. Il y est appelé la « fatale moytié » de Magny et de sa dame, mais il ne serait point hostile à leur amour. Serait-ce aller trop loin que de trouver dans le nom *Castianire* l'écho poétisé du nom *Castaigne*? Et alors *Castianire*, c'est-à-dire Anne, serait-elle la sœur du poète bordelais Jean Castaigne? Voir J. F. E. Castaigne : *La famille Castaigne, notes historiques et généalogiques*, Angoulême, 1866, in-4°.

1. Un critique moderne, L. E. Kastner, « The sources of Olivier de Magny's sonnets » dans *Modern Philology*, July 1909, a su établir qu'il n'y a pas moins de 22 sonnets des *Amours* et 15 des *Soupirs* qui sont traduits presque mot à mot, soit de Pétrarque, soit de quelque autre poète italien. Inutile donc de comparer par exemple le 3e sonnet de Louise Labé avec le 56e des *Soupirs*, car la ressemblance entre eux vient de ce qu'ils sont, celui-ci une traduction, celui là une adaptation, d'un même sonnet de Sannazar. Voir plus loin p. 143 et s.

De même il faut se méfier des preuves qui reposent sur de vagues ressemblances de versification[1].

Une des conséquences de l'enthousiasme mal fondé de Blanchemain a été de nous donner une fausse idée de la date à laquelle nos deux poètes se sont rencontrés pour la première fois. Puisqu'il s'est convaincu que Magny a chanté Louise Labé dans ses *Amours*, Blanchemain conclut naturellement que les deux poètes se sont connus avant 1552, date du privilège de ce livre. Or en 1552 Magny était à Paris. Il y était installé depuis 1547 au plus tard[2]. Il n'y a aucune raison valable de supposer que le jeune étudiant de Cahors ait visité Lyon en gagnant Paris. Nous pouvons donc croire avec certitude que ce fut après 1552 que Louise fit sa connaissance.

Il est généralement supposé que Magny vint à Lyon en octobre ou en novembre 1553[3]. C'est une erreur. Magny, qui était secrétaire de Jean d'Avanson, accompagna celui-ci à Rome, sur une mission auprès du pape, non en 1553, mais vers la fin de 1554[4]. Il est presque certain que d'Avanson et son secrétaire durent s'arrêter à Lyon en gagnant l'Italie, mais en parlant de la date de son arrivée à Lyon, il faut se souvenir que l'année commençait alors, non au mois de janvier, mais à Pâques, c'est-à-dire entre le 22 mars et le 25 avril[4]. Or le privilège des œuvres de Louise Labé est daté du

1. M. Jasinski : *Histoire du sonnet en France*, Douai, 1903, in-8°, thèse, p. 63, trouve qu'il y a, dans la question de la rime, quelque ressemblance entre Louise et Magny. Pourtant les preuves qu'il donne nous paraissent, et lui-même les avoue, si fragiles qu'elles ne méritent pas d'être reproduites ici.

2. Favre : op. cit. pp. 17 et s.

3. Courbet : notice des *Soupirs* de Magny, p. xv ; Favre : op. cit. pp. 53 et s. ; Boy. II, 24, 140. Ce dernier auteur, qui ne met pas en question le prétendu passage de d'Avanson à Lyon, avoue cependant que tous ses efforts pour trouver des traces de cet incident sont demeurés sans résultat.

4. C'est grâce à M. Chamard que nous avons pu éclaircir ce point difficile. « Il résulte, dit-il (*Joachim du Bellay*, p. 315, n. 4), de deux lettres du cardinal d'Armagnac au Connétable, en date des 25 et 28 mars 1555, que d'Avanson remplaça comme ambassadeur Odet de Selve, qui lui-même avait remplacé Lansac (sept. 1554). » Dans la lettre du 25 mars que l'on vient de citer on lit que de Selve, « présent porteur » s'en retourne en France. *Lettres inédites du cardinal d'Armagnac*, publ. par Tamizey de Larroque, Paris et Bordeaux, 1874, in-8°, p. 91, n. 1.

13 mars 1554, c'est-à-dire de la fin de 1554 [1]. Puisque, une dizaine de jours plus tard [2], Magny est déjà installé à Rome, il paraît certain qu'il dut arriver à Lyon avant la date du privilège.

Si nous n'osons pas affirmer que la Belle Cordière était déjà éprise du jeune galant avant le départ de son placet sollicitant de Fontainebleau un privilège pour son livre [3], nous pouvons au moins être sûrs qu'elle le connaissait quatre mois avant l'impression dudit livre.

L'examen des trois poèmes de Magny que nous avons signalés nous permettra de retracer assez clairement, jusqu'à un certain point, l'histoire intime des relations qui unirent les deux poètes. Ces relations furent d'abord à peu près platoniques [4]. Que nous serions heureux si nous pouvions croire, avec Favre

1. Cette date est *de l'ancien style*, car à la fin du privilège on lit : « Donné à Fontainebleau le XIII jour de Mars. L'an de grace mil cinq cents quatre, Et de notre regne le VIII ». Or la huitième année du règne de Henri II fut 1554 *ancien style*. De même la date de l'épître dédicatoire (24 juillet 1555) et celle de la notice d' « achevé d'imprimer » doivent être de l'ancien style.

2. Nous avons vu (p. 77 n. 1) que, le 15 mars, 1555, Magny fut déjà installé à Rome. Que cette date, le 25 mars, se trouve au commencement et non à la fin de l'an 1555, est prouvé du fait que le cardinal, dans cette même lettre où il est question de l'arrivée de d'Avanson à Rome, parle de la mort du pape Jules III, qui eut lieu le 23 mars 1555 (a. s.), et fut suivie par l'élection du pape Marcel II.

3. Charles Boy est très positif sur ce point : « Il est certain, dit-il, que Jean d'Avanson n'est pas parti pour Rome avant le 25 novembre 1553, et le privilège des Œuvres de Louise Labé est du 13 mars 1554. Quand d'Avanson partait de Paris, le placet de la Belle Cordière sollicitant un privilège pour son livre était peut-être déjà arrivé à Fontainebleau. » (II, 24.)

Ce biographe oublie que l'année commençait alors, et jusqu'en 1564 (n. s.), à Pâques. Par conséquent son raisonnement est sans valeur, car entre les deux dates citées par lui : le 25 novembre 1553 et le 13 mars 1554, il n'y aurait pas, comme il paraît penser, un intervalle d'à peu près quatre mois, mais d'un an quatre mois. Ainsi, si Magny avait quitté Paris en novembre 1553, il aurait certainement pu connaître la Belle Cordière avant le 13 mars 1554.

4. On lit dans l'*Épître à ses amis* de Magny, (Boy, I, 125) :

Mais que sert toute la caresse
Que je reçoy de ma maîtresse ?
Et que me vaut passer les jours
En telles esperance d'amours,
Si les nuits de mille ennuiz pleines
Rendent mes esperances vaines ?

par exemple [1], qu'elles soient restées ainsi, et que la Belle Cordière pût résister aux faux attraits d'un Magny ! Hélas, nous n'oserions le soutenir, car alors nous ne saurions nous expliquer l'*Ode en faveur de D. L. L. à son bon Signeur* [2]. Dans ce poème Magny cesse d'être le soupirant éploré et rebuté. Il se met à chanter, sur le ton le plus vif, les attraits physiques de sa dame. Pourquoi ce changement de ton ? Pourquoi cet air de complaisance ? Magny n'était point homme à se contenter d'une liaison purement spirituelle.

L'*Ode à Sire Aymon* (1559) ne permet pas de douter qu'il ait atteint dans la suite le but qu'il désirait, mais nous ne pouvons nous empêcher de croire qu'avant la publication de l'*Ode en faveur de D. L. L. à son bon Signeur*, c'est-à-dire avant 1555, il y était déjà arrivé.

Quant aux sentiments éprouvés de son côté par Louise, une lecture attentive de ses poèmes, surtout de sa deuxième élégie, nous rend impossible de rejeter comme une « aimable fantaisie » selon l'expression de Favre [3], l'idée qu'elle fut éprise de Magny.

Car la douleur qui inspire cette élégie est, on le sent bien, une douleur véritable. Elle est présente à l'esprit de la poétesse au moment où elle écrit. Il n'y est point question, comme dans l'élégie qui la précède, de « maus » qui sont « passez ». Aucun intervalle ne sépare la peine éprouvée du récit qui la décrit. Or le poème dont il s'agit ne saurait guère être une œuvre de jeunesse [4]. Il fut composé probablement peu de temps avant la publication des œuvres de la Belle Cordière. Ajoutez que les allusions à la « fole et volage inconstance » de l'amant qu'elle chante [5], à son voyage en Italie [6], à son premier retour à

---

1. Op. cit., p. 111.
2. Boy, I, 128-134.
3. Favre, op. cit., p. 5. Cp. pp. 111, 130 et s. du même ouvrage.
4. Voir plus loin, p. 155.
5. Louise avait bien raison de redouter les charmes de quelque rivale italienne. Magny nous apprend lui-même que pendant son séjour à Rome il fréquentait plusieurs courtisanes romaines. Il se vante de cette inconstance dans l'ode intitulée *D'aymer en plusieurs lieux*, où il fait mention de quelques-unes parmi ses maîtresses : Anne, Marguerite, Magdeleine, Loyse.
6.
> Or' que tu es auprès de ce rivage
> Du Pau coroux...

(Boy, I, 85.)

Lyon[1], correspondent exactement à ce que nous savons de
l'histoire de Magny. Remarquons en plus que parmi les odes
publiées par celui-ci en 1559 il s'en trouve plusieurs qui ont
toute l'apparence d'avoir été adressées à Louise immédiatement
après son départ pour Lyon[2]. Ces vers respirent un amour
ardent et sincère. Cependant cet amour ne sut résister à la
double épreuve du temps et de la cour romaine. Loin de se
sentir dégoûté, comme Du Bellay, de la luxure et de l'hypocrisie
de Rome, loin de soupirer après un retour en France, Magny
se livrait avec délices aux attraits voluptueux de la capitale.
Son caractère en éprouva une dégradation inévitable : ses
propres vers en sont la preuve.

Cette dégradation de caractère explique pour nous mieux que
toutes les hypothèses suggérées jusqu'ici, comment Magny a
été capable d'écrire la détestable *Ode à Sire Aymon*[3].

1. Selon cette élégie l'amant devait revenir en deux mois. Or il est
presque certain que Magny dut remplir des missions de la part de d'Avanson en France et que ces missions le conduisaient parfois chez Diane de
Poitiers. Car ses odes nous apprennent qu'il connaissait très bien la maison de la duchesse et les beaux jardins du château d'Anet. Cp. p. 71, n. 3.
Voir aussi pp. XXVII-XXXII de la préface de Courbet à son édition des odes
de Magny, Paris, 1876, in-8. Les odes de Magny à Diane se trouvent, t. I,
p. 19, t. II, pp. 1, 5, 7, de cette édition.

2. Surtout les odes *De l'absence de s'amye* et l'*Élegie à sa Dame*.
(Éd. Courbet, II, 146-150.) La première de ces odes est adressée à *Maurice
Scève Lionnois* et paraît avoir trait à Louise. Elle contient les vers suivants :

> Après que sur le bord du Rosne
> Et que sur celuy de la Sosne,
> J'ay plaint longuement ma dadeur,
> Je viens au rivage d'Isere,
> Rempli d'amoureuse chaleur,
> Lamenter ma vieille misere...
> O beaux yeux bruns de ma maitresse,
> O bouche, ô front, sourcil et tresse,
> O riz, ô port, ô chant et vois,
> Et vous ô graces que j'adore,
> Pourray je bien quelque autre fois
> Vous voeir et vous ouye encore
> *Comme je foic en l'autre mois !*
> Rivages, montz, arbres et plaines,
> Rivieres, rochers et fontaines,
> Autres, forets, herbes et prez,
> Voisins du sejour de la belle,
> Et vous petits jardins secretz
> Je me murmure pour l'absence d'elle,
> Et vous vous égayez aupres.

3. Edition Courbet II, 223.

Dans ce poème il parle sur un ton extrêmement dénigrant d'Ennemond Perrin, mari de Louise Labé. Il nous le peint avec son tablier gras et sa quenouille entre les bras, « entenlif au long tour » de ses cordes, sot, abruti, servile. Il est loin d'être jaloux d'Ennemond, dit-il, car il sait bien que Louise ne l'aime point. D'ailleurs Ennemond se montre toujours fort obligeant : il s'éloigne lorsque le poète veut s'entretenir avec sa dame, en

> Pinsetant l'argentine corde
> Du luc de madame parfaict,
> Non celle que son mari faict.

Ennemond Perrin fut-il vraiment le mari fort commode, le « bonhomme de cordier » dont parle Du Verdier, le « bon Sire Aymon » que ces vers nous représentent? Nous ne le croyons nullement, car dans ce cas quelle raison Magny pouvait-il avoir de l'attaquer d'une façon si venimeuse? S'il n'avait vraiment, comme il assure, rien à blâmer dans la conduite d'Ennemond, pourquoi l'outrager? N'était-ce pas là le plus sûr moyen de se faire éconduire s'il ne l'avait pas été déjà?

Quant à l'ingénieuse histoire que quelques biographes ont échafaudée sur la présence du mot « rubys » dans le poème en question, nous le trouvons absurde. Si, comme ces biographes[1] l'affirment, le mot « rubys » eut trait à l'avocat Rubys, et que celui-ci eût excité la jalousie de Magny, pourquoi Magny se vengerait-il, non sur Rubys, dont il parle, (s'il en parle), d'un ton tout à fait calme, mais sur « Sire Aymon », qui dans ce cas ne lui aurait point fait de mal[2]?

[1]. Et notamment Blanchemain (préface de son édition des œuvres de Louise Labé, pp. xxx et s.) qui nous présente l'histoire d'un prétendu fracas entre Rubys et Magny comme si cette querelle avait existé autrement que dans son imagination. Pour comble de fantaisie il ajoute que Louise avait le cœur brisé par ce tragique événement. L'unique fondement de l'histoire de Blanchemain se trouve dans l'âpreté avec laquelle Rubys a parlé plus tard de Louise, qu'il qualifie de l'épithète « impudique » Cp. p. x de l'Appendice.

[2]. Voici le passage dont il s'agit :

> O combien je l'estime heureux...
> Qui vois si souvent encor,
> Entre ces perles et cet or
> Un rubis qui luyt en sa bouche
> Pour adoucir le plus farouche,

Si l'on se rappelle la haine avec laquelle notre poète poursuit ceux (ou celles) qui viennent l'entraver dans ses projets amoureux [1], l'on trouvera difficile d'attribuer l'*Ode à Sire* Aymon à un autre motif que le désir de représailles. Le galant de la cour, le poète qui a fait le voyage d'Italie, l'homme du monde aux charmes irrésistibles, a dû essuyer quelque injure de la part du « bonhomme de cordier ».

Ceci nous amène à une question fort délicate, mais qui, malgré sa délicatesse, a été débattue avec acharnement par tous ceux qui ont écrit sur Louise Labé : la question de savoir si ce fut là la seule occasion où « Sire Aymon » fut blessé dans ses droits maritaux. Louise fut-elle ou ne fut-elle pas une courtisane ?

Même les auteurs qui ne lui accordent que la plus courte des mentions, donnent leur avis à ce sujet. Or il arrive bien souvent que le biographe d'un poète, ou d'une poétesse, s'intéresse davantage à la vie intime de la personne qu'il étudie, et surtout à ses amours, qu'aux vers où ces amours sont célébrées, et qu'à force de répéter des anecdotes et de broder sur certains détails, il oublie d'assigner aux œuvres littéraires la place qui leur est due.

Ainsi il nous semble qu'en s'efforçant de défendre Louise Labé contre la charge d'immoralité, nos devanciers ont fini par accorder à ce sujet une place par trop importante. Boy, par exemple, écrit des pages et des pages pour démontrer la vertu de Louise, tandis que de ses talents littéraires il ne dit presque rien. Si c'est par ses poésies que le nom de la Belle Cordière nous est connu, et ses biographes ne veulent pas que ce soit autrement, pourquoi donc ne pas leur accorder du moins

> Mais un rubis qui sçait trop bien
> La tendre à soi sans être sien...
> Fuyant ingrat à sa beaulté
> Les apatz de sa privaulté.

Comment a-t-on pu lire ce passage sans remarquer que le personnage indiqué par le mot « rubis », si personnage il y en a, bien qu'il fût aimé de Louise, ne ressentait pour elle aucune tendresse ? Il est possible qu'il s'agisse ici d'un parent de Claude Rubys l'avocat, mais l'allusion que nous venons de citer ne saurait guère avoir trait à celui-ci, car il avait de dix à quinze ans de moins que Louise. Voir Boy, II, 141.

1. La mère d'une de ses maîtresses est traitée dans plusieurs poèmes de « vieille felonne », « vieille sorcière » et d'autres épithètes également charmantes.

l'examen qui leur est dû ? Il va sans dire que Boy et les autres
éditeurs qui ont discuté la question de la pureté des mœurs de
notre Lyonnaise, n'ont été poussés que par des motifs de galanterie et peut-être de patriotisme local. Pourtant il nous semble
qu'ils ont parfois abaissé l'art de la biographie, en se livrant à
de simples commérages.

Il nous a semblé que la meilleure façon de donner une idée
du nombre et de la nature des différents témoignages portant
sur cette question, c'était de les classer au moyen d'une table à
deux colonnes : c'est ce que nous avons fait. D'un côté on trouvera les preuves qui donnent une réponse affirmative à la
question : Louise fut-elle courtisane ? De l'autre on verra les
témoignages négatifs. Cette table est si longue que nous avons
préféré la renvoyer à l'appendice. Incluse dans le texte elle
aurait occupé une place hors de proportion avec sa réelle
valeur. Nous ne comprenons vraiment pas comment, malgré
toutes ces preuves, témoignant presque toutes la même chose et
indiquant aussi clairement qu'il est possible de l'indiquer, la
profession exercée par la Belle Cordière, on ait pu soutenir
qu'elle n'était pas courtisane[1]. Ajoutons les indices fournis à
ce sujet par Louise elle-même. Pourquoi, dans ses vers, s'est-elle
si souvent excusée d'avoir aimé, s'il n'y a rien eu de coupable
dans son amour ? « Ne reprenez, Dames, si j'ai aimé », dit-elle
dans ce vingt-quatrième sonnet, le dernier de son volume, qui
est en quelque sorte un envoi poétique. « Si en moi rien y ha
d'imparfait, Qu'on blame Amour », dit-elle en sa troisième
élégie. Et dans son dix-huitième sonnet on trouve les vers suivants :

> Permets m'Amour penser quelque folie :
> Tousiours suis mal vivant discrettement,
> Et ne me puis donner contentement
> Si hors de moy ne fay quelque saillie.

1. Rendons du moins cette justice à ceux d'entre nos devanciers qui
ont cru défendre, par les arguments les plus ingénieux, la vertu de
Louise, que la liste entière de l'évidence, telle que nous l'avons dressée, ne
leur était pas connue. L'éditeur Boy, cependant, en connaissait tous les
témoignages sauf le premier sur notre liste. Ses raisonnements à ce sujet,
tout loyaux et habiles qu'ils soient, nous ont laissée complètement scepti-
que. Voir Boy, II, 5o-53, 65-68, 76-86.

Rappelons en plus un détail que personne n'a remarqué jusqu'ici : c'est que le prétendu *salon* de la Belle Cordière, ce salon dont tant d'écrivains modernes ont donné des descriptions minutieuses et charmantes, ce salon où se serait rencontrée toute l'élite des gens de lettres lyonnais ou de passage à Lyon, ce salon n'a, plus que probablement, jamais existé [1] ! La maison de notre poétesse fut fréquentée, on ne peut pas en douter, par beaucoup de gens lettrés, mais rien ne justifie l'assertion qu'ils y allaient tout simplement pour prendre part à des réunions littéraires. Aucun des contemporains de Louise, pas même le plus prolixe et le plus enthousiaste des poètes et des prosateurs qui de son vivant font mention d'elle, ne fait la moindre allusion à ces réunions. L'entière trame des ingénieuses histoires imaginées à ce sujet semble être fondée sur une seule phrase de Du Verdier, écrite une vingtaine d'années après la mort de Louise Labé. La voici :

« Loyse Labe... recevoit gracieusement en sa maison seigneurs, gentilshommes et autres personnes de mérite, avec entretien de devis et discours, Musique tant à la voix qu'aux instrumens où elle estoit fort duicte, lecture de bons livres latins et vulgaires Italiens et Espaignels dont son cabinet estoit copieusement garni, collations d'exquises confitures... »

Or, si l'on prend la peine de le lire jusqu'au bout, ce passage constitue en réalité un document qui ne laisse aucun doute sur la nature de ces entretiens, qui n'étaient pas des réunions mais des tête-à-tête. Les divertissements qui viennent d'être signalés

1. Des passages très nombreux écrits par différents auteurs sur les réunions dont Louise aurait été la ravissante hôtesse, nous ne citons que les deux suivants :

a) « Ce fut là que les personnes les plus lettrées de la ville prirent insensiblement l'habitude de se réunir, pour y faire assaut d'esprit et de savoir, échanger leurs idées et se retremper dans les conférences où la musique alternait avec la littérature, assemblées dont la maîtresse du logis était l'âme et la reine adulée. Le ciel clément de la France méridionale permettait le plus souvent que ces agapes eussent lieu en plein air dans un compartiment de buis et de fleurs... » Préface de Blanchemain à son édition des œuvres de Louise Labé, p. xvii.

b) Charles Boy puise dans son imagination un portrait non moins agréable : « On venait chez Louise Labé, prendre le thé, c'est-à-dire goûter « d'exquises confitures »... » Boy, II, 55-57.

ne sont qu'un prélude au vrai passe-temps de la soirée, que Du Verdier décrit en langage très cru [1].

Cependant si nous sommes convaincus que Louise était une franche courtisane, nous sommes loin de vouloir lui attribuer les mœurs et le caractère d'une coureuse de rues. Sa condition était incomparablement supérieure à la leur. Elle était, nous en sommes sûrs, une « courtisane honnête », *cortigiana honesta*, à l'exemple des meilleures d'Italie.

Nous avons de fortes raisons de supposer qu'elle fût telle. Elle vivait, nous l'avons vu, dans un milieu imprégné d'idées italiennes, dans la « Toscane françoise ». Elle parlait et lisait l'italien, elle écrivait des vers en cette langue, elle avait été éduquée « à la mode d'Ytalie », comme on disait alors, elle préconisait des doctrines d'origine italienne [2]. Tout semble indiquer que si elle fut courtisane, — et nous croyons qu'elle le fut indubitablement —, elle choisit pour modèles les femmes qui exerçaient ce métier en Italie. Son éducation, son caractère passionné et sensuel, le train de sa vie ordinaire, tel que ses propres écrits et ceux de ses contemporains nous le laissent entrevoir, tout cela rappelle exactement le caractère, l'éducation, le train de vie de la plupart des courtisanes italiennes.

Voici comment un écrivain moderne parle de ces femmes et des talents qui leur étaient nécessaires :

Connaître la danse et le son de quelques instruments, avoir une teinture des beaux-arts, savoir parler d'une façon intelligente et espiègle, écrire avec élégance et distinction, citer à propos Virgile, Horace, Boccace, Pétrarque, et pouvoir au besoin déclamer de longs passages puisés dans ces auteurs, être capables surtout de composer des vers platoniciens à l'imitation de Pétrarque, tels furent, après la beauté, et même à l'égale de celle-ci, les signes de « virtù » les plus recherchés chez la courtisane (italienne) du seizième siècle, pareille sous tant d'aspects à l'hétaïre des Grecs [3].

1. *Appendice*, p. XI.
2. Voir p. 59.
3. Francesco Flamini : *Il Cinquecento*, dans la série *Storia letteraria d'Italia*, Milano, 1901, gr. in-8, p. 195. Cf. L. A. Ferrai : *Lettere di cortigiane del secolo XVI*, Firenze, 1884, in-8°, p. 11.

Il est vrai que le savant auteur que nous venons de citer ne parle pas avec enthousiasme des talents et des connaissances littéraires des courtisanes italiennes. Au xv⁵ siècle et dans la première moitié du xvi⁵ siècle cependant, les *cortigiane oneste* étaient des personnages fort respectés en Italie. Elles y exerçaient une très grande influence[1]. Pour comprendre l'étrange phénomène de ces femmes qui sont adorées et chantées également par des poètes et des prélats, dans des recueils qui contiennent pêle-mêle des éloges de saintes et de courtisanes[2], qui vivent fastueusement et dont plusieurs meurent en odeur de sainteté[3], il faut sortir tout à fait des conceptions morales d'aujourd'hui. La profession de ces personnages leur paraissait fort honorable : c'était un art à leurs yeux. C'étaient de grandes dames, relativement instruites et lettrées. Elles étaient souvent sur un pied d'égalité parfaite avec les femmes de vie régulière[4].

Or dans la vie d'une Française d'alors, nous ne saurions trop le répéter, il n'y avait rien qui attirât Louise. Elle aimait la société masculine, les sports virils, elle adorait les livres. Comment se serait-elle contentée de ne fréquenter que de « vertueuses dames » qui ne voulaient pas « eslever un peu leurs esprits par-dessus leurs quenoilles et fuseaux[5] » ? Quoi d'étonnant si elle s'est abandonnée au genre de vie qui, seul entre tous ceux qui lui étaient ouverts, lui offrait en même temps la liberté, la renommée, des entretiens avec des gens intéressants, et, parmi tous ceux qui connaissaient l'Italie, l'admiration et le respect ?

---

1. E. Rodocanachi : *Courtisanes et bouffons : étude de mœurs romaines au XVIe siècle*, Paris, 1894, in-12, 1re partie ; Maulde la Clavière : op. cit., pp. 485-500.

2. Rodocanachi : *Courtisanes et bouffons*, p. 12.

3. Ib., p. 13.

4. Ib., pp. 12, 16.

5. Voir p. 59.

On a quelquefois parlé de Louise comme si elle appartenait à tout un cercle de poétesses lyonnaises. Si tel avait été le cas, elle aurait eu bien plus d'occasions d'exercer ses talents et son esprit. Toutefois il nous semble fort peu probable qu'elle ait vraiment pu connaître les femmes que l'on a l'habitude d'associer avec elle. Pernette du Guillet, par exemple, n'a pu être qu'une compagne de jeunesse, car elle mourut en 1545. Jeanne Gaillarde, chantée par Marot, lequel mourut en 1544, et Jacqueline Stuard,

Malgré le langage si brutal de la *Chanson Nouvelle*[1], nous pouvons être sûrs que ce ne fut pas « pour avoir de la pécune » que Louise devint courtisane. Philibert de Vienne, contemporain de la Belle Cordière[2], et Du Verdier, confirment à ce sujet les paroles de notre poétesse elle-même[3], et montrent qu'elle n'était point avaricieuse.

Qu'elle comptât parmi les admirateurs qui lui ont adressé des vers le futur évêque de Châlons[4] et le prieur de Montrottier[5], qu'elle dédiât ses œuvres à une demoiselle aussi irréprochable que Clémence de Bourges[6], — selon Du Verdier la « perle des

à qui Desperiers adressa des vers avant 1540, ne nous sont point connues après ces dates. Jeanne Flore publia ses *Contes Amoureux* en 1530. De toutes les femmes lyonnaises célèbres au XVI siècle nous ne voyons que Claudine, Jeanne et Sibylle Scève, sœurs de Maurice, et Clémence de Bourges, dont on puisse dire avec certitude que Louise les connaissait. Sur les sœurs Scève voir : François de Billon : *Le fort inexpugnable de l'honneur du sexe femenin*, Paris, 1555, in-fol., fol. 55, et les *Bibliothèques* de la Croix du Maine et de Du Verdier. Pour le poème adressé par Desperiers à Jacqueline Stuard voir les œuvres de Desperiers, édition Lacour, Paris, 1856, in-8°, t. I, p. 162.

1. Voir *Appendice*, p. IX :

> Elle le reçut doucement
> Pour avoir de la pécune,
> Le but où elle prétend
> C'est pour avoir de l'argent.

2. Voir *Appendice*, p. VII.
3. El. III :

> « A faire gain jamais ne me soumis ».
>
> (Boy, I, 80.)

On pense à ce passage du *Débat de Folie et d'Amour* où Louise fait dire par Amour à Jupiter : « La richesse te fera jouir des Dames qui sont avares : mais aymer non. »

4. Pontus du Tyard, qui a signé de ses initiales le sonnet : *En contemplation de D. Louize Labé*. (Boy, I, 112.) Voir p. 163.

5. Jean de Vauzelles, auteur probable du sonnet intitulé *Des Muses ou première ou dixieme couronnante la troupe*. (Boy, I, 115.) Voir p. 166.

6. Les biographes, à partir de Charles Joseph de Ruolz, (voir p. 43, n. 2), font beaucoup de cas de cette association des noms de Louise Labé et de Clémence de Bourges. Les parents de celle-ci, disent-ils, n'auraient pas donné à Louise permission de dédier ses œuvres à leur fille si Louise était courtisane. Cette objection nous semble sans valeur. D'abord, il n'est point prouvé que Louise leur ait demandé cette permission. Et quand elle l'aurait demandée, il nous semble très peu probable que les parents de Clémence l'eussent refusée. Car Claude de Bourges, père de Clémence, avait été général des finances du Piémont et dut connaître très bien l'estime et le respect dont les courtisanes italiennes étaient entourées.

demoiselles lyonnaises » —, voilà des circonstances qui ne sont pas sans précédent dans les annales des courtisanes italiennes [1].

Le hasard nous a conservé les noms de plusieurs des admirateurs les plus fervents de la Belle Cordière. Jacques Peletier, Olivier de Magny, Pontus du Tyard, Maurice Scève et beaucoup d'autres encore l'ont célébrée en des vers dont le mérite littéraire n'égale pas toujours l'enthousiasme.

Il est un de ses admirateurs cependant, dont le nom ne nous est parvenu dans aucune poésie mais dans le plus prosaïque des documents : un testament, le testament de Louise elle-même. L'admirateur en question fut non pas un poète mais un avocat, peut-être le même qui figure dans la *Chanson Nouvelle* [2] et qui,

---

Aurait-il été choqué si une Tullia d'Arragona, une Imperia, avait dédié des vers à sa fille ? Au contraire, il en aurait certainement été flatté.

Pour l'histoire de la famille de Bourges, qu'il nous soit permis de renvoyer à l'étude de Boy, (II, pp. 121-125), et aux auteurs suivants, qui font mention en particulier de Clémence : *Biographie ancienne et moderne*, Paris, 1843, t. V, p. 341 ; le Père Colonia : *Histoire littéraire de la ville de Lyon*, Lyon, 1729, in-fol., p. 546 ; Du Verdier : *Bibliothèque*, art. *Clémence* ; Goujet : *Bibliothèque française*, t. XII, p. 82 ; E. Picot : *Les Français italianisants au XVI* siècle, t. II, p. 13.

Disons ici que le récit qu'on trouve, chez quelques auteurs modernes, d'une brouille survenue entre Louise Labé et Clémence de Bourges, nous paraît absolument sans fondement. Nous ne pouvons douter que cette querelle n'a d'autre source que la méchante imagination de l'abbé Irailh, en quête de matériaux pour son bizarre ouvrage intitulé *Querelles littéraires, ou mémoires pour servir à l'histoire de la république des lettres depuis Homère jusqu'à nos jours* (Paris, 1761, in-12, t. I, p. 157). La prétendue brouille aurait été occasionnée par la jalousie : toutes les deux, Louise et Clémence, se seraient enamourées du même personnage, dont, naturellement, l'abbé oublie de nous dire le nom. La méchanceté de cet auteur est telle qu'il se permet de parler du « dérèglement de conduite » de Clémence, jeune fille irréprochable si jamais il en fut. Nous n'avons pu trouver la moindre justification pour les affirmations d'Irailh, qui n'indique lui-même aucune source. Son récit s'est malheureusement insinué chez quelques écrivains plus récents, (e. g. A. Beuchot : *Biographie ancienne et moderne*, t. V, p. 315) et qui n'ont pas pris la peine d'en approfondir les sources.

1. Nous ne citerons que l'exemple du cardinal Ippolito de Médicis, à qui la courtisane Tullia d'Aragona inspira un sentiment très vif et qui lui dédia plusieurs sonnets. Voir E. Rodocanachi : *La première Renaissance : Rome au temps de Jules II et de Léon X*, Paris, 1912, in-4°, p. 78.

2.   Il y vint un Advocat,
                     Las, qui venait de Fourviere,
                     Luy montra tant de ducats..., etc.
                              (*Appendice*, p. IX).

nous le verrons plus loin, fournit à la Belle Cordière plusieurs détails de son *Débat*[1]. Il s'appelait Thomas Fortini ou Fourtin[2].

C'est dans la « maison d'habitation » de ce Florentin que, le 28 avril 1565, malade au lit, Louise dicte son testament. Elle laisse au maître du logis un legs substantiel, savoir les « usufruicts, proufits, revenus et jouissance de la grange et tenement qu'elle a à Parcieu »[2].

On se demande quelles ont pu être les « bonnes considérations » qui, selon l'expression du testament, l'ont mue à un tel acte de générosité. L'avait-il recueillie et soignée, malade, lorsque ses parents, — ces neveux qu'elle comblait de bienfaits en les constituant ses héritiers universels — ne voulaient pas d'elle ? Il est impossible de le savoir. Entre 1555, l'année de la publication de ses œuvres et de la gravure de son portrait, année qui nous la montre à l'apogée de sa gloire, et 1565, année où elle dicte son testament, il n'y a pour nous renseigner directement sur elle que ces deux documents peu flatteurs déjà signalés : la *Chanson Nouvelle de la Belle Cordière* (1557) et l'*Ode à Sire Aymon* (1559), et un témoignage encore moins élogieux que nous donnons à l'*Appendice*[4] : une lettre de Calvin à Gabriel de Saconay.

Pourtant bien des événements importants avaient eu lieu dans l'intervalle. Ennemond Perrin, son mari, était mort[5]. Olivier de Magny aussi[6]. En 1562 les protestants s'étaient emparés de Lyon et avaient commencé la lente démolition des chefs d'œuvre artistiques que les siècles précédents avaient amassés[7]. En 1564 la ville avait été ravagée par la peste[8]. Il

1. Voir p. 100.
2. Fils de Cherubino Fortini et de Camilla di Amadio Giocondi, Thomas Fortini naquit le 22 septembre 1512. Il habitait Lyon depuis 1551. Voir Boy II, 149.
3. Boy I, 171.
4. Voir p. ix de l'*Appendice*.
5. Voir p. 65.
6. Selon Favre, op. cit., p. 17, probablement en 1560 ou 1561. On ignore la cause de cette mort prématurée.
7. J.-B. Monfalcon : *Histoire de la ville de Lyon*, revue par Bréghot du Lut et Péricaud, Lyon, 1847, in-8°, pp. 657-679.
8. Ib. p. 683.

n'est vraiment pas étonnant que les amis de la Belle Cordière, tous ceux qui l'avaient connue aux jours de sa gloire, se fussent dispersés, et qu'il n'y ait eu, au chevet de la pauvre malade de 1565, pour être témoins de son testament, que quelques commerçants illettrés et un « maistre ez arts »[1].

Les légataires de Louise Labé furent également de basse condition[2], à l'exception de ceux que nous venons de nommer, savoir Jacques et Pierre Labé, ses neveux, et Thomas Fortini. Ainsi, bien des pauvres ont dû bénir sa générosité. Avec une sympathie et une prévoyance que nous trouvons touchantes chez une femme que ses parents et ses amis semblent avoir désertée, elle pourvoit au bien-être de ses serviteurs et de ses voisins moins fortunés. A telle jeune fille elle lègue une somme d'argent pour l'aider à se marier, à telle autre elle fait cadeau d'une nouvelle robe, à telle chambrière ou servante elle laisse une pension viagère considérable. En fin de compte elle ordonne qu'à défaut d'issu de Jacques et de Pierre Labé, ses « héritiers universels », ses biens doivent accroître à l'Aumône Générale. Or les registres de la ville nous montrent que dans la suite cette clause fut mise à exécution[3].

---

1. Des sept témoins du testament de Louise Labé un est apothicaire, un cordonnier, un couturier, et deux ne peuvent signer, ne sachant pas écrire. Le « maistre ez arts » fut Maître Claude Alamanni, parent peut-être du poète Luigi Alamanni. Voir *Appendice*, p. xi.

2. Elle fait des legs de 100 l. t. et de 50 l. t. à deux anciennes servantes et une pension viagère de 10 l. t. à une autre. On trouve mention en outre de legs faits à un jardinier et à un serviteur.

3. On trouve dans l'*Inventaire Sommaire des Archives Hospitalières de Lyon antérieures à 1790* (rédigé par MM. Steyert et Rolle), t. II, série B, 583 (1535-1577), p. 7, la notice suivante :

« Dame Loyse Charlin (Charly) dicte Labbé, vefve de feu Annemond Perrin, par son testament et ordonnance de dernière volonté, en dacte du 28ᵉ apvril 1565, receu Delaforetz, meue de pitié, a fait ses héritiers universelz Jacques et Pierre Charlin, dictz Labbé, ses nepveurs, et, après leur decedz sans enfans, a substitué en son hoirie les pauvres de l'Aulmosne Générale de Lyon. Ledict testament remis aux archives (de l'établissement) : l'hoirie de laquelle consiste assavoir : en une maison size en ceste ville de Lyon, près l'hospital, au devant l'*Eschiquier*, avec cour et jardin joignant ladicte maison ; plus une grange size à Sainct-Jean-de-Turignieu en Franc-Lyonnois, consistant en maison, terres, près et bois ; ladicte grange a esté vendue à Mᵉ Jehan Bruyères, crieur public, à Lyon, pour le prix de 800 livres tournois d'introges et 30 livres tournois de pension, comme

Rien ne nous est dit au sujet de la maladie qui la retint au lit chez Fortini. Ce ne fut pas la peste, car Louise semble s'en être guérie du moins assez pour retourner chez elle à Parcieu. Qu'elle y est morte nous paraît certain. Car dans son testament elle exprime son désir d'être enterrée dans la paroisse du lieu où elle mourrait[1], et on trouve mention dans les registres de Delaforest d'une somme d'argent reçue de Thomas Fortini en paiement de la pierre tombale de « Loyse Charly, pour icelle ériger sur son vase à *Parcyeu*. » Cette entrée est datée du 30 août 1566, et il est probable que la mort de la Belle Cordière est survenue quelque six mois auparavant, c'est-à-dire environ une année après la rédaction de son testament[2].

Dans celui-ci elle donne ordre qu'elle soit enterrée « de nuict, à la lanterne, accompagnée de quatre prestres » et, ajoute-t-elle, « sans pompe ni superstition ». Cette précaution fut dictée sans doute par la peur d'interruptions de la part des protestants.

Ainsi, sans éclat, presque en cachette, furent célébrées les obsèques de celle qui avait été une des femmes les plus célèbres, les plus chantées de son époque. Ne la plaignons pas, ou plutôt plaignons-la d'avoir vécu déjà dix années de trop. La vieillesse aurait été pour elle dépourvue de charme. Ne dit-elle pas elle-même :

> Mais quand mes yeux je sentiray tarir,
> Ma voix cassee et ma main impuissante,
> Et mon esprit en ce mortel séjour
> Ne pouvant plus montrer signe d'amante,
> Priray la mort noircir mon plus cler jour.

---

appert par le contract de vente et appentionnation faict et passé, receu Benoist, secrétaire de ladicte Aulmosne, en date du dernier jour de décembre 1570 ; plus en une autre grange size à Parcieu, consistant en maison, terres, prés, vignes, jardins et bois, et quelques pensions que tient à présent Thomas Fortin, Florentin. *Ladicte substitution a esté ouverte aux pauvres de ladicte Aulmosne, par le decez des sieurs Charlin, decedez sans enfans. »*

1. « Ou décédera ailleurs, veult estre enterrée en la paroisse du lieu où elle décédera. » Voir *Appendice*, p. ii.

2. Voir Boy I. 119 ; II. 75.

CHAPITRE III

LA PROSE DE LOUISE LABÉ.

L'*Epître Dédicatoire* et le *Débat de Folie et d'Amour* sont les seuls écrits en prose que nous possédions de Louise Labé. Dans la première édition de ses œuvres six pages petit in-8° sont consacrées à l'*Epître*, quatre-vingt-dix au *Débat*. Si mince que soit le volume de cette prose cependant, il est trois fois plus grand que celui des poésies. Et pourtant c'est comme poétesse que Louise est presque exclusivement connue. Pour un critique parmi les modernes qui fait mention de sa prose, il y en a au moins quatre qui citent ses vers. Tel ne paraît avoir été le cas des premiers biographes. Ils semblent avoir estimé beaucoup plus le *Débat* que les poésies. Paradin, écrivant en 1573[1], et Du Verdier en 1585, n'ont que très peu à nous dire au sujet de ses poésies, tandis que du *Débat* ils nous donnent une analyse détaillée et minutieuse. Dagoneau[2] affirme que « cest œuvre a esté recerchée et admirée des espris les mieux nés de ce siècle ».

On aurait donc tort de négliger la prose de la Belle Cordière. Sans vouloir décrier ces vers si passionnés, si sincères, où elle a, comme elle le dit elle-même, « en pleurant son temps consumé », rendons justice aux mérites non moins sûrs, bien que différents, de sa prose[3]. Dans ce chapitre nous ne nous occuperons pas de l'intérêt biographique que cette prose possède

---

1. *Mémoires de l'histoire de Lyon, par Guillaume Paradin de Cuyseaulx, Doyen de Beaujeu*, Lyon, 1573, liv. III, chap. XXIX, p. 355.

2. Extrait d'un manuscrit du XVIᵉ siècle, intitulé *La Rose des Nymphes illustres par J. Dagoneau*, conservé à la Bibliothèque de Reims, cité par Boy, II, 17, 169.

3. Colletet, dans ses *Vies des Poëtes François* (Copie Aimé Martin, Bibl. Nat., Dépᵗ des Mss.) est le seul parmi les premiers biographes qui parle

pour nous : nous en avons déjà parlé à un endroit où ces détails étaient indispensables. Ici nous donnerons d'abord une analyse détaillée du *Débat de Folie et d'Amour*; nous l'étudierons ensuite du point de vue linguistique et littéraire.

Voici l'*argument*, ou résumé, placé par Louise en tête du *Débat* :

« Jupiter faisoit un grand festin ou estoit commandé à tous les Dieus se trouver. Amour et Folie arrivent en même instant sur la porte du Palais : laquelle estant jà fermée, et n'ayant que le guichet ouvert, Folie voyant Amour jà prest à mettre un pied dedens, s'avance et passe la première. Amour se voyant poussé, entre en colère : Folie soutient lui apartenir de passer devant. Ils entrent en dispute sur leurs puissances, dinitez et préseances. Amour ne la pouvant veincre de paroles, met la main à son arc, et lui lasche une flesche, mais en vain : pource que Folie soudein se rend invisible : et se voulant venger, ôte les yeus à Amour. Et pour couvrir le lieu ou ils estoient, lui mit un bandeau, fait de tel artifice, qu'impossible est lui ôter. Vénus se pleint de Folie, Jupiter veut entendre leur diferent. Apolon et Mercure debatent le droit de l'une et l'autre partie. Jupiter les ayant longuement ouiz, en demande l'opinion aus Dieus : puis prononce sa sentence.

Le lecteur qui ne connaît que les vers de Louise pourra bien se demander quelle espèce d'œuvre elle va faire avec de telles données. A quel genre littéraire appartiendra-t-elle ? Sera-ce un conte ? Une comédie ? Une satire ? A vrai dire il y a dans le *Débat* un peu de tous les trois, conte, comédie, satire. C'est un essai sur l'amour en forme de dialogue et prenant pour point de départ un mythe inventé par Louise d'après les légendes grecques et latines.

La première question qui se pose à nous est naturellement celle de la date de la composition du *Débat*. Malheureusement on ne saurait accepter sans réserve les conclusions fournies par

des vers de Louise Labé avec plus d'enthousiasme que de son *Débat*. A celui-ci il ne consacre que la phrase suivante, élogieuse mais courte : « La première partie (des œuvres de Louise Labé) contient un discours en prose intitulé débat de folie et d'amour, ouvrage également recommandable par la nouveauté de l'invention, par la délicatesse des pensées et par la netteté du style. » Colletet écrivait une soixantaine d'années après la mort de la Belle Cordière.

les deux documents qui nous renseignent là-dessus. Le premier
de ces documents est le « privilège du roi ». En voici les passages
qui nous concernent :

a) Reçue avons l'humble suplicacion de notre chere et bien aymée
Louize Labé, Lionnoize, contenant qu'elle auroit des long temps
composé quelque Dialogue de Folie et d'Amour : ensemble plusieurs Sonnets, Odes et Epîtres, qu'aucuns ses Amis auroient souztraits, et iceus encores non parfaits publiez en divers endroits. Et
doutant qu'aucuns ne les voulsissent faire imprimer en cette sorte,
elle les ayant revuz et corrigez à loisir les mettroit volontiers en
lumiere...

Suit une défense à tous les imprimeurs ou libraires d'imprimer ou de vendre ce livre sans le consentement de son auteur.
Enfin :

b) Donné à Fontainebleau le XIII jour de Mars. L'an de grace mile
cinq cens cinquante quatre. Et de notre règne le VIII.

Par le roi en son conseil,

ROBILLART.

Le second des deux documents est l'*Epître Dédicatoire* écrite
par Louise et datée « de Lion ce 24 Juillet 1555 ». Elle renferme
le passage suivant :

« Tant en escrivant premièrement ces jeunesses que en les revoyant
depuis, je n'y cherchois autre chose qu'un honneste passetems et
moyen de fuir oysiveté : et n'avois point intencion que personne que
moy les dust jamais voir. »

Quant au premier de ces documents, il est évident que la
remarque : « elle avoit dès longtemps composé quelque Dialogue de Folie et d'Amour, ensemble plusieurs Sonnets, Odes
et Epîtres » renferme des inexactitudes de nomenclature. Le
Débat y est qualifié de *dialogue*[1], les *élégies* y sont nommées

---

1. Les titres « dialogue » et « débat » semblent avoir été employés un
peu au hasard par tous les auteurs de ce genre d'écrit. On trouve par
exemple le « *débat* du corps et de l'âme », le « *dyalogue* du fol et du sage »,
etc...

odes et épitres. Que Louise se soit avisée de changer les noms de ces écrits avant de les faire imprimer, ou que le changement soit dû tout simplement à l'inattention de quelque greffier à Fontainebleau, peu importe. La description n'est pas exacte, ce qui devrait nous empêcher de prendre au pied de la lettre les autres renseignements que le privilège nous donne. Par exemple, le *Débat* avait-il réellement été composé « des longtemps » ? et pourrait-on ainsi le comprendre parmi les « jeunesses » dont parle Louise dans son épître dédicatoire ? Nous sommes plutôt de l'avis que le *Débat* a été écrit après la plupart des poésies, et voici pourquoi.

Il y a d'abord la place importante qu'occupent dans le *Débat* les idées « féministes » de notre auteur. Aurait-elle dépensé tant d'éloquence, dans une cause qui lui tenait si fort au cœur, si elle comptait le débat parmi les « jeunesses » que « personne que moy dust jamais voir » ? En deuxième lieu, la façon dont elle y argumente montre une ingéniosité, une adresse vraiment remarquables. Il est clair que l'auteur a une certaine expérience de la vie, a réfléchi sur les choses, a aimé, a souffert, bref, connaît l'humanité un peu mieux qu'une jeune fille de dix-huit ans. Une troisième considération est celle du style. La prose de Louise Labé est souple, aisée, bien équilibrée. L'on y sent une maturité, et cette facilité qui ne vient qu'avec l'expérience.

Si pour la composition du *Débat* l'on peut admettre la date de 1552 environ, nous sommes à l'époque où Louise, âgée d'à peu près trente ans, est dans toute la force de son talent. Elle sait regarder autour d'elle.

Quels ont été les modèles qui ont fourni à Louise l'idée de son *Débat* ? C'est là une question assez difficile à résoudre, car, dans sa prose comme dans sa poésie, notre auteur ne suit jamais un patron spécial. Après s'être approprié un peu partout les idées qui lui semblent bonnes, elle les fond ensemble dans un style qui lui est tout particulier.

Si elle a donné à cet écrit le nom de Débat, c'est sans doute qu'elle voulait s'associer en quelque sorte au genre littéraire que ce nom désigne. Le débat médiéval était une discussion soutenue par deux personnes ou par deux personnifications.

L'entrée d'un troisième personnage était généralement nécessaire pour mettre fin à la discussion et décider de l'issue.

Aux différentes formes du débat médiéval il est impossible
d'attribuer une origine commune. Elles doivent leur popularité
aux deux tendances si prononcées du Moyen-Age : celle de
l'allégorie et celle de la disputation. Les sources en sont mul-
tiples : débats amoureux en vers du midi de la France, dialogues de controverses en usage dès les premières années de l'ère
chrétienne, dialogues philosophiques, allégories classiques ou
ecclésiastiques, débats populaires. Au milieu de cette classe
générale se distingue cependant un groupe de discussions poétiques que l'on peut reconnaître à certains traits caractéristiques,
qu'elles ont en commun et qui ont évidemment une tradition
particulière. Ce groupe est celui que l'on a l'habitude de désigner sous le nom de *conflictus*. C'est avec ce genre de débat que
le *Débat de Folie et d'Amour* a le plus de rapport.

L'élément allégorique est très fréquent dans tous les débats
du Moyen-Age [1]. La caractéristique du *conflictus* c'est le cadre
étroit, purement littéraire et livresque dans lequel l'allégorie
est enfermée. Ici, au lieu de l'influence d'une tradition populaire, c'est plutôt celle de la littérature grecque et latine qui se
fait sentir. L'églogue surtout a eu une grande influence sur le
développement du genre [2]. Or il est fort possible que Louise

1. On le voit dans les débats de l'église (e. g. celui de l'église et de la
synagogue, du juif et du chrétien, du corps et de l'âme, etc.), dans celui
de l'hiver et de l'été, qui remonte sans aucun doute aux fêtes des changements de saison, dans les débats du vin et de l'eau, du denier et de la bre-
bis, etc.

Voir G. Paris : *La littérature française au Moyen-Age*, 4e édition, Paris,
1909, in-8o ; A. Jeanroy : *Les origines de la poésie lyrique en France au
Moyen-âge*, Paris, 1892, in-8e, et le compte-rendu de cette œuvre par
G. Paris (extr. du *Journal des Savants*, nov. et déc. 1891, mars et juillet 1892), Paris, 1892, in-4° ; J. Holly Hanford : « Classical Eclogue and Medie-
val Debate », dans *Romanic Review*, 1911 (Columbia University Press). Pour
tout ce qui concerne le *conflictus*, cette dernière étude nous semble la plus
approfondie d'un sujet par trop négligé.

2. Le *Conflictus Veris et Hiemis* est le seul qui puisse permettre de supposer que les débats de ce genre aient eu une origine populaire. Ce poème
fut probablement composé par un des poètes de la cour de Charlemagne,
peut-être par Alcuin. Son sujet fait tout de suite penser aux drames populaires du renouveau et aux fêtes des changements de saison. Ce débat est

ait connu la traduction faite par Clément Marot de l'églogue de Tityre[1], et qu'elle ait lu dans l'*Art Poétique* de Sibilet[2] et dans la *Deffence et Illustration de la langue françoise* de Du Bellay[3] des éloges de l'églogue comme genre littéraire.

Si la nature livresque du *Débat de Folie et d'Amour* et les fréquentes allusions classiques qui s'y trouvent[4] rappellent le *conflictus*, la ressemblance en reste là. Il est certain que Louise Labé, en écrivant son morceau de prose, en lui donnant le titre de *Débat*, était loin de se modeler sur un type spécial[5]. Elle ne pensait qu'au terme général et ne voulait prendre au débat traditionnel rien que l'idée fondamentale d'une discussion entre deux personnifications dont les prétentions opposées sont à la fin arrangées par un intermédiaire.

Dans les *conflictus* les personnages plaident eux-mêmes, tandis qu'ici Amour et Folie mettent leur cas entre les mains de deux avocats expérimentés : de Mercure et d'Apollon. Dans les *conflictus* il n'y avait pas de personnages secondaires ; il y en a dans le débat de Louise : c'est Vénus, dont le rôle n'a pas d'importance dans le développement de l'intrigue. Ensuite, troisième différence, Louise essaye de caractériser ses personnages, qui sont au nombre de six ; il y a là un effort qui plaît, car cette qualité de poëte dramatique manque entièrement dans le débat de tradition, dont les personnifications ne sont que des abstractions, qui ne vivent ni n'agissent. Bien que la Belle Cordière ne donne certainement pas à ses person-

reproduit par Ed. Doemmler : *Monumenta Germaniæ historica, Poetæ latini*, t. I, p. 270. Voir Holly Hanford : op. cit., et l'édition publiée par J. W. H. Atkins du débat intitulé *The Owl and the Nightingale* (Cambridge University Press), 1922, in-8°, p. xlvii.

1. *Bucoliques* I. Voir Guiffrey : *l'Œuvres de Clément Marot*, t. II, p. 19.
2. Paris, 1548, pet. in-8°, l. II, ch. viii. Voir aussi : Egger, *L'Hellénisme en France*, Paris, 1869, in-8°, t. I, pp. 376-381.
3. Édition H. Chamard, Paris, 1904, in-8°, pp. 225-228.
4. Les *conflictus* en étaient pleins. Voir : *The Owl and the Nightingale*, édition Atkins, p. iii de la préface.
5. Le seul débat médiéval qui ressemble un peu à celui de Louise est le *Dialogue du Fol et du Sage* faisant suite à la collection des *Joyeusetez, facecies et folastres imaginations*, Paris, 1533, in-12. Mais la ressemblance est si légère qu'elle mérite à peine une mention. Il n'y en a guère que le titre qui fasse penser au débat de Louise Labé, et l'on ne saurait dire si celle-ci l'a jamais lu.

nages des caractères très compliqués, elle leur prête toutefois une individualité distinctive. Folie, jeune, fougueuse, agit et parle avec impétuosité[1]. Vénus joue le rôle d'une mère dont le cœur est partagé entre la douleur et la colère[2]. Jupiter fait voir la dignité propre à son rang[3]. Enfin le *Débat de Folie et d'Amour* diffère des poèmes latins par son style, qui, malgré l'érudition dont il est trop chargé, a je ne sais quelle légèreté qui charme encore aujourd'hui.

L'idée d'une discussion entre deux personnages ou personnifications dont les prétentions opposées sont jugés par un intermédiaire, rappelle si nettement l'idée fondamentale d'un procès légal que la question se pose : n'y a-t-il pas eu des rapports entre le débat du moyen âge et les méthodes judiciaires de la même époque ? Et en effet l'on a pu constater des

---

1. E. g. le dialogue entre Amour et Folie qui ouvre le *Débat* :
Folie : « A ce que je voy, je seray la dernière au festin de Jupiter, ou je croy que lon m'atent. Mais je voy, ce me semble, le fils de « Venus, qui y va aussi tart que moy. Il faut que je le passe : a fin que lon ne m'appelle tardive et paresseuse.
Amour : « Qui est cette folle qui me pousse si rudement ? quelle grande hate la presse ? si je l'eusse aperçu, je l'usse bien gardé de passer.
Folie : « Tu ne m'usses pu empescher, estant si jeune et foible... Laisse moy aller : car ce te fera honte de quereler avec une femme. Et si tu m'eschaufes une fois, tu n'auras du meilleur. »   (Œuvres, éd. 1824, p. 7).
2. E. g. lorsque Amour lui raconte le mal que Folie lui a fait en lui tirant ses yeux et en lui mettant ensuite un bandeau que personne ne pourra ôter.
Venus : « O quelle infortune ! he moy miserable ! Donq tu ne me verras plus, cher enfant ? Au moins si je pourrais arrouser la plaie de mes larmes. (*Venus tasche à dessaner la bande*).
Amour : « Tu pers ton tems : les neux sont indissolubles.
Venus : « O maudite ennemie de toute sapience, ô femme abandonnée, ô à tort nommé Deesse... »   (Ib. p. 17).
3. E. g. Jupiter : « Je pensoy qu'il n'y ust plus debats et noises que entre les hommes, mais si cette outrecuidée ha fait quelque desordre si pres de ma personne, il lui sera cher vendu. Toutefois il la faut ouir, à fin qu'elle ne se puisse pleindre. Car encore que je puisse savoir de moymesme la verité du fait, si ne veus je point mettre en avant cette coutume, qui pourrait tourner à conséquence, de condamner une personne sans l'ouir. »
                    (Ib. p. 20).

rapports très réels entre les deux [1]. De même il est évident que les procédés juridiques du seizième siècle ont exercé une influence sur le *Débat de Folie et d'Amour*.

Les signes de cette influence ne viennent pas seulement de la nature du genre littéraire choisi par notre auteur : ils sont le résultat d'un effort voulu et spécial. Non que Louise ait eu besoin, si même elle avait été ainsi disposée, de dépouiller de lourds volumes de jurisprudence ou de passer de longues heures à écouter d'ennuyeux procès, dans le but d'y cueillir quelque détail de mise en scène pour l'ornementation de son *Débat*. Si ce *Débat* sent parfois le palais de justice, c'est tout simplement parce que Louise avait un amant qui était avocat, — il s'appelait Maître Fortini, — et qu'elle s'est amusée, en collaboration avec lui [2], à narguer les méthodes et les façons de parler judiciaires [3].

On lit donc dans l'*argument* :

« Venus se pleint de Folie, Jupiter veut entendre leur diferent. Apolon et Mercure debatent le droit de l'une et de l'autre partie. Jupiter les ayant longuement ouiz, en demande l'opinion aus Dieus : puis prononce sa sentence. »

N'est-ce pas là, en effet, la description précise du procès légal d'aujourd'hui aussi bien que du seizième siècle? Mais si l'on veut voir à quel point la Belle Cordière, dans la construction de son morceau, s'est conformée aux détails d'un programme judiciaire de son époque, qu'on lise les extraits suivants, qui

[1]. Voir *The Owl and the Nightingale*, édition citée, pp. liii et s.

[2]. Il est du moins permis de supposer que lorsqu'elle écrivait son *Débat* Louise connaissait déjà Fortini. Celui-ci avait été établi à Lyon depuis 1551 (Voir p. 79, n. 2). La *Chanson Nouvelle* (1557) parle d'un « Advocat de Fourvières » amant de Louise (voir p. ix de l'*Appendice*) et l'on sait que vers la fin de sa vie la Belle Cordière était sur les termes de la plus grande intimité avec lui. Cp. pp. 89 et s.

[3]. Remarquons cependant que Louise s'est écartée quelque peu des méthodes judiciaires de son époque ! Il n'y avait pas de jury alors, ni personne à qui le juge pût demander son opinion. On lit pourtant à la fin du *Débat* que « Jupiter, voyant les Dieus estre diversement afecciongez et en contrarietez d'opinions » prononce sa sentence indépendamment d'eux.

résument en peu de mots la procédure d'une cour de justice entre 1489 et 1539[1] :

a) Tout d'abord il doit être fait une information, pièce tenue secrète pour tous, si ce n'est pour les gens du roi. On procède donc, s'il y a lieu, à la citation ou à la capture, puis vient l'interrogatoire. Ensuite les parties « seront ouyes en jugement en pleine auditoire[2] ».

b) Le dénonciateur est le plus souvent partie au procès[3].

c) La dénonciation est faite au juge, mais elle est réitérée en public en présence de l'accusé[4].

d) Les parties produisent respectivement leurs témoins, qui sont entendus par les enquêteurs[5].

e) Les avocats ou défenseurs plaident de part et d'autre, en audience publique, et le juge prononce enfin sa sentence.[6]

Il est clair, sans pousser la comparaison à l'extrême, que le *Débat de Folie et d'Amour* remplit la plupart des conditions que nous venons d'énumérer. On y trouve la « dénonciation », qui est « faite au juge » et « réitérée en audience publique », le dénonciateur, ou plutôt la dénonciatrice, étant partie au procès. Les contestants sont « ouys en jugement en pleine auditoire » et le juge prononce ensuite sa sentence. Le langage du *Débat*, d'ailleurs, sent parfois le tribunal[7]. Les plaidoiries d'Apollon et de Mercure sont développées avec autant d'ingéniosité que de logique. Si celle-là débute un peu au hasard, celle-ci est

---

1. Ordonnance de 1498 citée par A. Esmein : *Histoire de la procédure criminelle en France depuis le XIII* siècle jusqu'à nos jours*, Paris, 1882, in-8°, p. 136.

2. Art., 107.

3. Op. cit., p. 109.

4. Ib., p. 118.

5. Ib., p. 114.

6. Ib.

7. L'emploi de termes tels que « diférent », « partie », « apointer », « arrest », « interlocutoire », « sentence », « somme », etc.

Sainte-Beuve (*Tableau historique et critique de la poésie française et du théâtre français au XVI* siècle*, 2* éd., Paris, 1835, in-8°, t. I, p. 50, n. 1), écrit que le *Débat de Folie et d'Amour* ressemble tout à fait aux *Arrêts d'Amour* de Martial d'Auvergne. Nous n'y voyons aucune ressemblance, sauf, un peu, dans le langage qui, d'ailleurs, rappelle plus le palais de justice chez Martial d'Auvergne que chez Louise.

présentée avec méthode. Son plan, que Mercure annonce [1] au commencement, est si clair, si à propos, Mercure s'y tient de si près dans la suite, que l'on nous pardonnera d'y voir la main de Maître Fortini. Louise s'est servie avec intelligence et esprit des détails que lui fournissait cet ami, mais d'une façon calculée pour distraire, non pour blesser, l'avocat. Quand elle se moque de la profession légale, elle ne rit pas, comme Rabelais, à gorge déployée [2], elle ne fait que sourire discrètement, à peine malicieusement, et d'une façon impersonnelle. Elle ne nous donne point de portrait d'un représentant de la loi !

Nous avons déjà parlé de l'adresse avec laquelle Louise caractérise ses personnages. À cette qualité de poète dramatique elle joint une certaine habileté à manier l'action d'une pièce. C'est dans la première partie du *Débat* que cette habileté se manifeste, car vers la fin, au cinquième « discours », l'action se perd dans ces longs monologues de Mercure et d'Apollon qui ont pour but principal de faire savoir les opinions de Louise sur la vie en général et sur l'amour en particulier. Si l'auteur du *Débat* avait vécu deux cents ans plus tard, il est probable qu'elle nous aurait donné, au lieu d'un « débat », une jolie comédie spirituelle, à la manière peut-être de quelque disciple de Marivaux [3].

En examinant la question des sources utilisées par Louise Labé, nous n'avons parlé jusqu'ici que de la construction de ce morceau et de l'impression générale qu'il produit. Quand on passe à la considération des détails, il est possible de parler avec plus d'exactitude et l'on peut donner les noms de quelques

1. Mercure annonce qu'il a trois choses à faire : « Defendre la teste de Folie contre laquelle Amour ha juré ; respondre aus accusacions que j'entens estre faites à Folie ; et à la demande qu'il fait de ses yeus. » (Édition 1824, pp. 46 et s.) Quant au troisième de ces projets, Mercure démontre que même si Amour avait l'usage de ses yeux, il ne saurait s'en servir. (P. 70).

2. Voir le plaidoyer de Bridoye : *Tiers Livre*, XXIX-XLV.

3. Il est évident qu'elle n'a jamais eu l'intention de faire représenter le *Débat*. E. Rigal : *Le théâtre français avant la période classique*, Paris, 1901, in-8°, p. 119, est d'opinion qu'au XVI° siècle la plupart même des pièces ayant droit indiscutablement à être appelées des tragédies et des comédies ne furent jamais représentées.

livres, anciens et modernes, chez qui Louise semble avoir puisé. Prenons d'abord les anciens.

Louis Labé avait une connaissance étendue de la littérature des Anciens, connaissance plutôt étendue que profonde, avouons-le. Elle semble avoir été douée d'une mémoire étonnante : les références à la mythologie grecque et latine qui reviennent à tout instant, qui fourmillent à chaque page, sont une preuve suffisante de la richesse et de l'exactitude de cette mémoire. Louise connaissait la généalogie des dieux aussi bien, mieux peut-être, que la sienne. Elle se rappelle leurs faits et gestes, surtout leurs aventures amoureuses, avec autant de familiarité que s'ils étaient du nombre de ses amis. Elle a en plus sur le bout des doigts les noms d'une foule de philosophes, de littérateurs et d'historiens grecs et latins.

Lorsqu'on regarde de plus près cependant, lorsqu'on se demande quels étaient ses auteurs préférés, quels étaient ses goûts, quelles pensées et quelle philosophie de la vie elle s'est assimilées au cours de ses lectures, on risque d'être un peu désappointé. Car sa faiblesse est justement qu'ayant lu sans système elle ne sait ni arranger ni coordonner ses idées. Elle prend des pensées et des opinions un peu partout, et elle les reproduit au hasard, sans cohésion ni synthèse. Ainsi des souvenirs plus ou moins vagues d'Ovide [1], d'Horace [2], de

---

1. E. g. :

a) « Amour se plaît de choses égales. Ce n'est qu'un joug, lequel faut qu'il soit porté par deux Taureaux semblables » (*Débat*, p. 35.) Ovide a dit la même chose du mariage. (*Héroïde*, IX, 29-32.)

b) Louise fait mention plusieurs fois des métamorphoses de Jupiter. Ces mentions ont pu être puisées dans Ovide (*Métamorphoses*), ou dans Lucien (*Dialogues des Dieux*.) Voir *Débat*, pp. 12, 48, etc.

c) « Ovide ha tousiours dit qu'il aymoit » (*Débat*, p. 41), référence sans doute à l'*Art d'Aimer* ou aux *Amours* de ce poète.

d) « Escrire sur le bout de la table avec du vin » (*Débat*, p. 61). Cp. Ovide :

> *Blanditiasque feras tenui perscribere vino*
> *Et dominae in mensa se legat illa tuae.*
>
> *(De Arte Amatoria, I, 571-2.)*

2. « Les tristes se fâchent d'ouir chanter » (*Débat*, p. 68.) Cp. Horace :

> « *Oderunt hilarem tristes tristemque jocosi* »
>
> *(Ep., I, 18, 89.)*

Virgile [1], se trouvent pêle-mêle au milieu d'observations puisées dans Sénèque [2] ou dans Pline l'Ancien [3]. A côté d'un vague idéalisme platonicien on sent l'influence de Lucien [4], mais on ne saurait dire que Louise ait étudié Platon ni qu'elle connût un grand nombre des œuvres de Lucien. Textuellement elle ne semble avoir emprunté que très peu aux Anciens [5], en quoi elle s'est montrée différente de la plupart de ses contemporains, qui, pour témoigner de leur familiarité avec la littérature grecque ou latine, trouvaient souvent nécessaire d'en piller des pages entières.

Si on ne peut pas dire que Louise Labé fit preuve d'une profonde érudition classique, il faut du moins lui rendre hom-

---

1. *a)* Louise a fait plusieurs mentions de Didon, « Dame de Carthage » (*Débat*, pp. 12, 41, etc.) et une de Virgile lui-même (Ib., p. 41).

b) « Il ne faut point recevoir présent de la main de ses ennemis. » (*Débat*, p. 45.) Cp. Virgile :

> « Timeo Danaos et dona ferentes ».
>
> (*Aeneid*, II, 49.)

2. Voir n. 5.

3. *a)* « N'étoit-ce un plaisant combat entre Antoine avec Cleopatre de qui dependroit le plus en un festin ? » (*Débat*, pp. 56, 176.) Evénement raconté par Pline l'Ancien dans son *Histoire naturelle*, IX, 58.

   b) « Annibal s'abatardissant auteur d'une dame » (*Débat*, p. 66). Selon les éditeurs de 1824 (p. 179) ce trait ne serait connu « que par une phrase de Pline l'Ancien, qui… dans le III* livre de son *Histoire Naturelle* ajoute à la mention de la ville de Salapia que cette ville est célèbre par une aventure amoureuse d'Annibal : « *Oppidum Salapia Annabalis meretricis amore inclytum* ».

4. Voir p. 108 et s.

5. Même les éditeurs de 1824, chercheurs enthousiastes en ce qui concerne les connaissances classiques de notre auteur, ne semblent avoir trouvé qu'une seule phrase qui ait été copiée exactement dans la littérature ancienne, et notamment dans Sénèque. (Voir p. 180 de l'édition de 1824.) Mais le passage dont il s'agit, comme tous ceux que nous avons comparés avec les morceaux classiques qui paraissaient les avoir suggérés, est plutôt une paraphrase ou une adaptation qu'une copie. Le voici : « Ayez tant de sufumigacions, tant de charactères, adjuracions, poudres et pierres, que voudrez : mais si savez bien vous ayder, montrant et declarant votre amour : il n'y aura besoin de ces etranges receptes. Donq pour se faire aymer, il faut estre aymable ». (*Débat*, p. 68.) Sénèque écrit (*Epist.*, IX) : *Ego tibi monstrabo amatorium sine herba, sine ullius veneficae carmine : si vis amari, ama.* » Ovide avait dit pareillement : « *Ut ameris, amabilis esto.* » (*De Arte Amatoria*, II, 108).

mage pour la variété de ses goûts, la diversité de ses lectures et l'enthousiasme qu'elle apportait à ses études classiques.

Ses allusions à la littérature ancienne ne sont pas, d'ailleurs, des ornements postiches, elles sont une partie intégrale et nécessaire de son œuvre [1]. Quant au fond de cette œuvre, le récit que Louise développa avec tant de grâce et de charme n'a pas été emprunté : c'est Louise elle-même qui l'a inventé. L'idée d'attribuer à la malice de Folie l'état piteux où se trouve Amour aveugle, et de punir Folie en lui ordonnant de servir de guide à sa victime, cette idée paraît être sans précédent dans la littérature ancienne. Mais si cette intrigue est de l'invention de Louise, elle montre une si parfaite harmonie avec les idées classiques que la mythologie ancienne en semble enrichie d'un trait des plus jolis [2].

Dans ce chapitre, nous l'avons dit, nous voulons éviter autant que possible les discussions d'intérêt plutôt biographique que littéraire. Pourtant il est deux questions ayant trait à l'éducation de Louise et qui sont liées si intimement avec l'analyse du *Débat de Folie et d'Amour* qu'il nous a été impossible de les examiner ailleurs. Ces deux questions sont : est-ce que la

1. Nous donnons à ce sujet complètement raison au comte François de Neuchâteau lorsque, dans un discours prononcé devant l'Académie française en 1826, il affirma que tous les détails du *Débat de Folie et d'Amour* sont conformes à l'esprit classique. Il cite comme exemple l'interlocutoire auquel se borne Jupiter en voyant les dieux partagés entre eux après les plaidoyers prononcés pour et contre la Folie et l'Amour. Jupiter parle ainsi :

« Pour la difficulté et importance de vos diférens et diversité d'opinions, nous avons remis votre afaire d'ici à trois fois sept fois neuf siècles... Et guidera Folie l'aveugle Amour et la conduira partout où bon lui semblera. Et sur la restitution de ses yeux, après en avoir parlé aux Parques en sera ordonné. »

« C'est précisément à cette disposition, nous dit le comte, que l'on doit reconnaître à quel point Louise Labé possédait la science et le profond esprit de la mythologie. Jupiter, ce souverain juge, n'était pourtant pas absolu : il était lui-même soumis à un *fatum* supérieur, et si bien que, dans Prométhée, Eschyle lui fait dire qu'il ne peut rien contre les Parques et la Nécessité... etc. » (*Archives historiques et statistiques du Rhône*, t. V, p. 12).

2. Cet avis de Bréghot du Lut, du comte de Neuchâteau et de plusieurs autres commentateurs, nous n'avons trouvé aucune raison de le contredire.

Belle Cordière savait le grec ? savait-elle le latin ? Seule l'étude
du *Débat* nous fournira des renseignements à ce sujet, car ses
vers ne renferment point d'allusions classiques et ne donnent
aucun indice de ses connaissances en fait de langues anciennes.

Rien ne nous autorise à croire que Louise possédât le grec.
Il est peu probable qu'elle en ait eu même une teinture, car on
sait que l'étude du grec était encore en son enfance. Nous verrons
plus loin qu'elle n'emploie presque jamais des mots d'origine
grecque [1]. Tel n'aurait pas été le cas, croyons-le, si elle avait
eu un vocabulaire grec à sa disposition, car à cette époque, si
on avait quelque familiarité avec cette langue, on ne mettait
pas sa lumière sous le boisseau : au contraire, on en était
extrêmement fier. Il est vrai que Louise témoigne de beaucoup
de familiarité avec les ramifications de la mythologie grecque,
qu'elle cite les noms d'un grand nombre de littérateurs et de
philosophes grecs, en les caractérisant par des détails distinc-
tifs et individuels. Mais de toutes ces allusions, soit à la
mythologie grecque, soit aux personnages grecs célèbres dans
l'antiquité, nous n'avons pas pu trouver une seule qui n'ait pas
pu être puisée dans des traductions.

Il existait alors par exemple plusieurs traductions d'Homère,
et en français et en latin [2]. Il y avait également des traductions
latines et italiennes des *Vies des philosophes* de Diogène Laerce [3].
Or il nous semble fort probable que c'est dans cette dernière
œuvre que Louise a pris connaissance de Crate, Aristippe,
Chrysippe, Empedocle, Diogène, etc., à qui elle accorde une
courte mention [4]. Il existait aussi, bien que l'œuvre d'Amyot

1. Voir p. 115.

2. E. g. : *Les Iliades de Homère*, traduction de Jean Samsan, faite
sur la version latine de L. Valla, Paris, 1530, in-4°. En 1545 Hugues
Salel donna une traduction française des dix premiers livres de l'*Iliade*.
Jacques Peletier du Mans traduisit les deux premiers livres de l'*Odyssée*
en 1547.

3. E. g. : *Diogenis Laertii vitas et sententias eorum qui philosophia probati
fuerunt* (traduction de Fr. Ambroso), Venise, 1475, pet. in-fol. et une traduction italienne par les frères Rossettini da Prat' Alboino, Venise, 1545.
(Brunet : *Manuel*, II, 731 et suppl.)

4. Tous ces philosophes sont traités dans les *Vies* de Diogène : Aristippe
au l. II, Crate au l. VI, Diogène au l. VI, Chrysippe au l. VII, Empedocle
au l. VIII.

n'eût pas encore paru [1], des traductions partielles des *Vies* et des *Apophtegmes* de Plutarque [2]. Ces traductions sont en français et il est possible que Louise les ait eues dans sa « librairie ». Un passage surtout, où elle parle du dévouement de Zopire pour Darius, roi de Perse, nous semble avoir été pris presque mot à mot dans la traduction des *Apophtegmes* faite par Macault [3].

Si Louise ne connaissait pas le grec, il est cependant à peu près certain qu'elle savait le latin. Bien qu'il soit impossible de préciser sa compétence en cette langue, il paraît peu probable qu'elle l'ait ignorée entièrement. Car, s'il est vrai que la plupart de ses allusions à la littérature latine ont pu être puisées dans des traductions françaises ou italiennes [4], nous pensons néan-

1. La traduction française des *Vies parallèles* de Plutarque faite par Amyot ne parut qu'en 1559, à Paris, chez Vascosan.

2. *L'histoire des successeurs d'Alexandre le Grand extraicte de Diodore Sicilien et quelque peu des vies descriptes par Plutarque*, trad. Claude de Seyssel, Paris, 1530 et 1545, in-fol. (Lanson : *Manuel bibliographique*, n° 1034) ; *Les vies de huit excellens et renommez personnaiges grecz et romains*, trad. Georges de Selve, Paris, 1543, pet. in-fol. (Brunet : *Manuel*, suppᵗ) ; *Les Apophtegmes de Plutarque translatez de latin en françois par lesieu Macault, nobtre et secrétaire du roy*, Paris, 1530. (Catal. du British Museum, art. Plutarque)ʳ

3. Voici les deux passages :

    a) « Mais pour montrer quel bien vient d'amitié, j'allegueray le dire d'un grand Roy, lequel, ouvrant une grenade, interrogué de quelles choses il voudrait avoir autant, respondit : de Zopires » (*Débat*, p. 34.)

    b) « Quant iceluy Darius ouvrit quelque jour une bien grande grenade, quelcun de ses amyz lui demanda, de quelle chose il aymeroit mieulx autant avoir, comme il y avait de graines en icelle grenade : il luy repondit : de Zopyres. » (*Apophtegmes*, édition citée, p. CIII verso.)

4. Il y avait par exemple, bien avant 1555, époque à laquelle Louise était en train d'écrire son *Débat*, des versions françaises d'Ovide, de Virgile, de Sénèque, d'Horace et de Pline. Nous n'avons pu trouver chez Louise aucune allusion aux écrits de ces auteurs qui n'ait pas pu être puisée dans l'une ou dans l'autre des traductions que nous signalons ici :

    a) Ovide : Il existait déjà plusieurs traductions ou paraphrases des *Métamorphoses* et de l'*Art d'Aimer*, e. g. :

        La métamorphose d'Ovide moralisee par Thomas Waleys, Bruges, 1484, Paris, 1493.

        Des traductions partielles par Marot et Jacques Colin, dans *Le livre de plusieurs pièces*, Lyon, 1548.

moins avoir découvert chez elle quelques références à une œuvre ancienne dont il n'existait alors aucune traduction en langue moderne. Il s'agit du deuxième *Dialogue des Dieux* de Lucien, œuvre grecque que, selon nous, Louise Labé n'a pu connaître qu'au moyen d'une traduction latine. Nous donnons ici en note les ressemblances qui nous paraissent constituer la dette de Louise envers ce dialogue [1]. Louise nous paraît avoir

De Arte Amandi, traduction publiée à Genève vers 1509.

Du remède d'Amours, par Ant. Verard, Paris, 1509.

XXI épîtres d'Ovide traduites par Octavien de Saint-Gelays et Michel le Noir en 1500, réimprimées en 1525.

b) Virgile : *Les Eneydes de Virgile translatées par Messire Octavien de Saint-Gelays*, Paris, 1529, in-fol. goth.

Les quatre premiers livres de l'Eneide traduits par Loys des Masures, Paris, 1547, in-4°.

c) Sénèque : Œuvres traduites par Laurent de Premierfait vers 1500.

d) *Horace* : Les traductions d'Horace étaient à cette époque si nombreuses que nous ne trouvons pas nécessaire de les énumérer. Horace n'était pas, d'ailleurs, un des auteurs préférés de Louise Labé.

e) *Pline l'Ancien* : Une partie de l'*Histoire Naturelle* fut traduite en français par Louis Meigret, Paris, 1543, pet. in-8°. (Brunet : *Manuel*, IV, 719.)

1. C'est Bréghot du Lut qui le premier a fait remarquer la dette de Louise envers Lucien (Edition 1824, pp. 158 et s.). L'idée ne lui est cependant pas venue de chercher dans les ressemblances qu'il a notées des renseignements au sujet des connaissances linguistiques de la Belle Cordière. Quant aux emprunts eux-mêmes, plusieurs d'entre ceux qu'il signale comme ayant été tirés de Lucien pourraient aussi bien être attribués à quelque autre auteur.

Il est vrai que le deuxième *Dialogue des Dieux* est très court et que par conséquent il est incapable de nous fournir une grande abondance de preuves. Cependant cette brièveté même, et, le fait que le dialogue dont nous parlons est en soi absolument sans importance littéraire ou philosophique, ne rendent que plus vraisemblable notre pensée que Louise devait savoir le latin assez bien pour l'avoir lu dans l'original. Car si cet écrit avait été plus considérable, si Louise s'était cru obligée de le lire, elle aurait pu avoir recours à un de ses amis — à Maurice Scève, à Jacques Peletier — pour une traduction. Il n'en existait pas alors de traduction française ou italienne : c'est du moins notre avis après avoir dépouillé toutes les traductions de Lucien, parues avant 1555 dans ces deux langues, qu'il nous a été possible d'obtenir. Sa nature banale et sans valeur pour le lecteur ordinaire nous semble indiquer que Louise ne l'a connu que par hasard, au cours de ses lectures dans une des éditions partielles latines des dialogues de Lucien qui existaient alors.

Et encore n'y en avait-il pas beaucoup qui contenaient ce dialogue. Nous l'avons trouvé enfin dans l'édition Strasbourg 1538 : *Luciani libellus de non*

utilisé en outre le *Toxaris* de Lucien, mais c'est là une considération qui ne peut pas nous éclaircir sur ses connaissances latines, pour la simple raison qu'il existait alors, sinon une traduction française de cette œuvre, du moins une italienne[1]. S'il n'est pas de notre pouvoir d'avancer, touchant la familiarité de notre auteur avec la langue latine, des preuves absolues, nous pouvons du moins assurer qu'il est extrêmement probable qu'elle avait poussé ses études assez loin pous savoir lire en cette langue. Elle n'était point, comme quelques-uns de ses éditeurs aimeraient à nous le faire croire, un prodige de science et d'érudition. D'autre part, il ne faut pas rejeter comme absolument indigne de foi l'assertion de Pernetti qu'elle savait

credendo calumniae, interpreti R. Stenemolo, Dialogi aliquot Luciani carmine Latino reddili per N. Grudium, H. Marium et J. Sed'm.

Voici les passages qui se ressemblent :

<table>
<tr><td>

Débat

Jupiter : Tont le bien qu'ay reçu,
    l'ay plus tôt ù par force et
    finesse que par Amour.
                    (P. 24.)

Cupidon à Jupiter : Quand tu voudras estre aymé, descens en
    bas, laisse ici ta couronne et ton
    sceptre et ne dy qui tu es.
                    (P. 25.)

</td><td>

IIe Dialogue.

Jupiter : Nec tamen ulla mihi vista
    respondit amore etc.

Cupidon à Jupiter : Mortalis statuis
    si quando visere formas Concusso Clypeo ne minitere cave
    Et tua dimittes descendens
    fulmina caelo.

</td></tr>
</table>

De plus, on voit que le deuxième *Dialogue des Dieux*, comme le quatrième « discours du *Débat* » est un entretien entre Jupiter et Cupidon où celui-ci se vante de sa puissance. On trouve donc dans les deux morceaux les mêmes personnages, le même sujet de discussion, et encore en grande partie le même train d'argumentation.

[1]. Le *Toxaris* se trouve dans le recueil intitulé *I diletteoli dialogi, le vere narrationi... de Greca in volgare tradolte per M. Nicolo de Lonigo*, Venise, 1525, pet. in-8°, réimprimé une dizaine de fois avant 1555 (Brunet : *Manuel*, III, 1213). Il se trouve aussi dans les traductions partielles des œuvres de Lucien faites par Erasme en latin (1506, 1514, 1516, etc.). Il était naturel que dans un essai sur l'amour Louise citât le *Toxaris*, si elle le connaissait, car cet écrit a pour sujet l'amitié parfaite. Le principal passage dans le *Débat* qui le rappelle est celui où Louise parle du Scythe qui demandait en mariage une fille, et, « sommé de bailler son bien par déclaracion dit : qu'il n'avoit d'autre bien que deus amis, s'estimant assez riche avec cette possession pour oser demander la fille d'un grand seigneur en mariage. » (p. 34.) Ce passage fait allusion à l'histoire de Leucanor et d'Arsacomas racontée par Lucien dans le *Toxaris*.

composer des vers latins [1], bien que, nous l'avons vu [2], les remarques de cet auteur soient souvent mal fondées et inexactes.

L'examen des sources modernes utilisées par Louise Labé fournit des résultats plus nets que l'étude de ses sources anciennes. Le premier, par ordre d'importance, des livres modernes dans lesquels elle a puisé est le *Moriæ Encomium* d'Érasme. Ce petit livre fut publié à Paris, probablement en 1509 [3], certainement en 1511. Il eut aussitôt le plus grand succès. Sous prétexte de faire « l'éloge de la Folie », qu'il personnifie en l'élevant au rang d'une déesse, Érasme satirise les abus de son temps. Dans un long monologue Folie vante sa puissance sur tout le monde et en particulier sur ceux qui se piquent d'être les plus sages : philosophes, grammairiens, rhéteurs et moines. Vers la fin du livre c'est surtout contre les gens de l'église que la satire d'Érasme est dirigée, mais dans la première partie l'auteur se moque de la sottise et des hypocrisies de la vie ordinaire. Il y critique d'un coup le prince et le courtisan, le mari et la femme, le joueur, le chasseur, le soldat. Ensuite il se dérobe aux conséquences fâcheuses qu'une

1. « Mr. Besson, que nous venons de perdre, si connu par son habileté dans les terriers, m'a communiqué ces notes peu de temps avant sa mort ; il m'a ajouté qu'il avoit vu beaucoup de vers latins de la composition de Louise Labé entre les mains du P. Menestrier, qui se sont perdus sans doute avec tant d'autres manuscrits de ce grand homme. » Pernetti : *Recherches pour servir à l'histoire de Lyon, ou les Lyonnais dignes de mémoire,* t. I, p. 351.

2. P. 63.

3. *Bibliotheca Erasmiana,* p. 122, note. Cette édition est sans date, mais l'épître dédicatoire est de juin, 1508. D'après Brunet, cette date est probablement fausse, s'il est vrai qu'Érasme ne composa le *Moriæ Encomium* qu'en 1509, après son retour d'Italie.

Le succès du livre fut tel qu'on en donna en 1511-1512 cinq éditions (*Bibl. Erasmiana,* loc. cit.).

Voir en outre F. Seebohm ; *The Oxford Reformers,* London, 1887, in-8°, pp. 193-204, et les préfaces aux éditions suivantes de l'*Éloge de la Folie* : a) Publiée par J. Nisard, Paris, 1842, in-12 ; b) Publiée par la Société des Amis des Livres, Paris, 1906, in-4° ; c) Publiée par *The Oxford Clarendon Press,* Oxford, 1913, in-8° ; d) Éditée par Marco Besso, Roma, 1918, in-4°. Cette dernière contient des renseignements biographiques et documentaires des plus utiles, avec des illustrations et des fac-similés.

telle satire pourrait avoir, en disant que c'est par Folie que les
propos qu'on vient de lire ont été tenus. Folie se retire sur les
mots : *valete, plaudite, vivite, bibite.*

Une traduction française du *Moriæ Encomium* intitulée *De la
declamation des louenges de Folie* fut publiée en 1520 par Galliot
du Pré de Paris. Cette traduction est fort mauvaise [1], mais nous
la citons parce qu'elle paraît avoir été unique au seizième siècle,
et par conséquent Louise doit s'en être servie si elle n'a pas lu
son Erasme en latin.

C'est à ce livre qu'elle doit l'idée de faire de Folie une
déesse [2], de la représenter « jeune et fille de jeunesse » [3], de lui
donner une troupe de nymphes qui l'accompagnent partout [4],
d'associer ensemble les personnifications de l'amour et de la
folie [5]. Il y a en outre quelques passages du *Débat* qui rappellent,
soit par l'idée fondamentale, soit par les expressions, des passages du *Moriæ Encomium*. Nous les donnons ici en note [6].

[1]. L'auteur va jusqu'à omettre tout un passage de l'œuvre d'Erasme afin
de mieux développer ses propres idées. C'est le passage où Folie fait voir la
part qu'elle prend aux festins (éd. des Amis des livres, p. 52) et où,
comme dans plusieurs autres, le sens de l'original est tout à fait dénaturé.
Ici le traducteur prêche un sermon sur l'iniquité des femmes dans les
banquets, tandis qu'Erasme n'avait, sous ce rapport, fait mention des
femmes que pour les louer.
Brunet (*Manuel*, II, 1038) rappelle que dans une lettre à Antoine de Ber-
ghues, en date du 13 déc. 1517, Erasme parle d'une traduction française du
Moriæ Encomium par Georges d'Halluin, qu'il dit très mauvaise. Brunet est
d'avis que ce serait peut-être la même. Cependant celle de Galliot du Pré
est de 1520, et on lit dans la préface que cette traduction n'avait pas été
imprimée auparavant. Elle est sans pagination.
[2]. On ne sait pas trop depuis quand Folie appartient au cercle des dieux,
puisqu'Amour la traite de « femme inconnue » (*Débat*, p. 8). Elle ne tarde
pas longtemps à lui apprendre son rang : « Je suis Déesse, comme tu es
Dieu : mon nom est Folie. Je suis celle qui te feray grand et abaisse à mon
plaisir. » (Ib., p. 11.) Dans le *Moriæ Encomium* Folie est appelée Déesse dès
la première page.
[3]. *Débat*, p. 48. *Moriæ Encomium*, chap. III. (P. 16 de l'édition des Amis
des livres.)
[4]. Elles sont : « Ignorance, nonchaillance, esperance et crcité ». (*Débat*,
p. 70.) La troupe de la Folie d'Erasme était plus nombreuse. (P. 15 de
l'édition citée.)
[5]. Il est souvent question dans l'*Encomium*, du rôle joué par Folie dans
l'amour et dans le mariage.
[6]. Pour les passages du *Moriæ* que nous allons citer nous avons choisi
l'édition publiée probablement en 1529 à Lyon, chez Gryphe, parce qu'il

Le *Débat de Folie et d'Amour* a quelques légers traits en commun avec la *Danse des Aveugles* de Pierre Michault, curieux petit livre, moitié prose, moitié poésie, qui fut publié à Genève, probablement en 1486. Dans l'un comme dans l'autre il est question de la toute-puissance de l'Amour et des effets de son empire dans le monde.

nous paraît probable que Louise aura puisé dans celle-ci si elle a lu son Érasme en latin. Si elle préférait le français, il n'y avait que l'édition de Du Pré, que nous reproduisons en même temps. L'édition latine dont nous venons de parler est mentionnée par Baudrier (*Bibliographie lyonnaise*, 5e sér., p. 38). Ni Brunet ni Panzer ne la donnent. Elle porte la marque et la devise de Gryphius. On en trouve un exemplaire au *British Museum*.

Voici les principaux passages dont il s'agit :

Débat de Folie et d'Amour. (Édition 1824)	*Moriae Encomium.* (Édition Gryphius, 1639, sans pagination.)	*De la déclamation des louanges de la Folie.* Paris 1520.
P. 38. — Et que dirons nous des femmes l'habit desquelles et l'ornement du corps est fait pour plaire : jamais rien fut fait. Est-il possible... d'avoir cheveux mieux dorez, crespes, frisez ? etc.	Deinde quid aliud in hac vita quam ut viris qua maxima placeant ? Nonne huic special tot cultos, tot fuci, tot balnea etc.	Chap. IX. — Quoy plus quapete l'estat feminin en ceste vie presente sinon aux hommes complaire. Voyons nous pas tant d'ornemens, tant de baings, tant de cultures, etc.
Pp. 41 et s. — Ce qui lui ha esté bien aise tant qu'il (Amour) ha à ses yeus. Mais aujourd'hui, qu'il en est privé, et Folie se mesle de ses afaires, il est à craindre et quasi inevitable qu'il ne soit cause d'autant de vilenie... que les belles ne rencontreront les beaux, ains seront conjointes le plus souvent avec leurs dissemblables.	An non Cupido ille omnis necessitudinis autor, et parens, prorsum oculis captus est... Itidem tuter nos quoque efficit ut suum cuique pulchrum judeatur ut caecus caecam, perinde ut pupus pupam deamel.	Chap. X. — Cupido cest-asavoir amour est aveugle en son fait... S'il estime lors aymer quelque belle fille pour la cause qu'en amours ne soit aveugle par aventure qu'il ayme quelcune qui n'est belle ne gente.
P. 46. — Et toutefois n'est Folie si inconnue ceans qu'elle ne se ressente d'avoir souventefois esté la bien venue, vous aportant tousiours avec sa troupe quelque cas de nouveau pour rendre vos banquets et festins plus plaisans.	At istius molli tragematum ego sum architectrix unica.	Chap. X. — En ceste maniere dame je suis et me puis nommer l'unique deesse de telz banquetz.
P. 54. — D'un même passetemps elle (Folie) fera rire une grande compagnie.	Illud certo constat citra stultitiae condimentum nullum simbino sava esse...	Chap. X. — Nul banquet se peult sans elles faire qui plantueux soit et bien aggreable...

Il y a davantage de rapports entre le *Débat* et les *Asolani* de Bembe, œuvre qui jouissait au seizième siècle, en Italie et en France, d'une très grande vogue [1]. Les emprunts que Louise a faits à ce livre sont d'autant plus intéressants qu'ils nous montrent que les lectures italiennes de la Belle Cordière ne se

1. Ce livre avait été traduit en français en 1545 : *Les Azolains de Monseigneur Bembe, De la nature d'Amour. Traduits d'Italien en Françoys par Jehan Martin*, Paris, 1545, in-16. Voici les passages qui nous semblent correspondre :

Débat de Folie et d'Amour.
(Édition 1824.)

P. 27. — Quelle peine croyez-vous qu'a à Orphée pour destourner les hommes barbares de leur accoustumée cruauté ? pour les faire assembler en compagnies politiques?... La gloire, comme j'ay dit, ne les pouvoit mouvoir. Car n'estans point encore de gens politiquement vertueux, il n'y pouvoit estre gloire ni envie de gloire. L'amour qu'il portoit en général aux hommes le faisoit travailler à les conduire à meilleure vie. C'estoit la douceur de sa Musique que l'on dit avoir adouci les Loups, Tigres, Lions ; attiré les arbres, et amolli les pierres.

P. 29. Mais en ce ne sont d'un accord, les uns le faisant sortir de Chaos et de la Terre ; les autres du Ciel et de la Nuit ; aucuns de Discorde et de Zéphire ; autres de Venus la vraye mère.

P. 31. — Ce sont gens mornes, sans esprit, qui n'ont grâce aucune à parler, une voix rude, un aller pensif, un visage de mauvaise rencontre, un œil baissé, craintifs, avares, impitoyables, ignorans et n'estimans personne... mangent sallement sans compagnie.
(Suit la description du sommeil et du costume des célibataires que nous donnons à la page 112.)

P. 33. — (Description de l'amant et des signes d'amour.)
Changer visage mille fois le jour ; sentir le sang qui lui rougit la face, y montant ; puis soudain s'enfuit, la laissant pâlle, ainsi que honte, espérance ou peur nous gouvernent ; chercher ce qui nous tourmente, feignant le fuir... etc

Ib. — Estre maintenant en paix, ores en guerre.

Les Azolains.
(Édition 1545.)

P. 12 verso. — Au temps que les hommes encore rudes et sauvages ne conversaient politiquement ensemble, les poètes... adoulcissaient la rudesse de ces personnages. Et ne fut jamais la harpe d'Orpheus (au son de laquelle on dict communément que les animaux abandonnent leurs repaires, les arbres leurs forets, ou terres naturelles, les pierres leurs montagnes et rochers...) autre chose que la voix de ce premier chantre. Mais quand les tourbes populaires se furent par tel mot en assemblées, il fut besoing ausditz Poëtes leur enseigner la manière de vivre en communauté.

P. 14 recto. — Il est certain qu'Amour ne fut oncques fils de Venus engendré de Mars, Vulcain, Mercure ou autre Dieu, quelque chose qu'escrivent les Poëtes discordans en leurs resveries.

P. 108 verso. — Premièrement vos hommes destituez d'amour ne font jamais estimer de leurs personnes, comme ne voulant plaire à créature vivante, jamais ne taschent à s'adresser... en civilité requise ; ains s'en vont... sans pigner ne cheveux ny barbe. D'avantage ilz s'accoustrent de lourdes modes et résident en maisons tristes. Ilz évitent les festes et joyeuses assemblées. Ils fuyent banquetz et festins.

P. 20 verso. — En un moment on les veoit joyeux et marriz, de sorte que souventefois ilz ryent et pleurent ensemble. Qui ne s'estonnerroit de les voir couarts et hardiz, rougissans par convoytise extreme, quand ilz sont remplis de fureur, puis pâlissans comme choses mortes par crainte d'offenser ou perdre celles qu'ilz ayment plus qu'eux mesmes ? Certainement c'est chose merveilleuse de les veoir tantost humbles, tantost orgueilleux, maintenant attremper, et soudain cheoir en inconstance.

P. 21 verso. — Estre en guerre et tout incontinent en paix.

bornaient pas à la poésie *pétrarquisante*, — mais qu'elles comprenaient la prose aussi.

Aux *Asolani* comme à la *Danse des Aveugles* cependant, et comme à tous ses autres modèles, Louise n'a pris que des pensées et des allusions qu'elle travaillera et amplifiera à sa fantaisie avant de les reproduire dans son *Débat*. Ainsi elle ne copie point, car tout ce qu'elle prend elle le change.

Nous avons parlé de l'origine et des sources du *Débat*. Examinons maintenant les détails de son style et du vocabulaire que la Belle Cordière y emploie.

La question de langue est d'une grande importance en étudiant un écrivain de la Renaissance française, car ce fut alors que l'on commença pour la première fois à étudier sérieusement l'histoire de la langue française [1]. D'un côté, au moyen d'un triage rigoureux, la langue française s'épurait. De l'autre, à force d'emprunter des mots d'origine latine, grecque, italienne, espagnole, etc., de ressusciter des archaïsmes, de « provigner » des mots nouveaux, elle s'enrichissait d'une foule d'expressions inconnues auparavant.

A une époque où « l'art de bien traduire d'une langue en autre [2] » était d'une urgence reconnue, dans une ville où des « translateurs » ou traducteurs abondaient, il eût été impos-

---

1. De nombreux traités linguistiques et de vives discussions sur l'orthographe accompagnaient la transition du français médiéval au français moderne. La dispute entre Jacques Peletier, Guillaume des Autels et Louis Meigret, par exemple, fut marquée par la publication des œuvres suivantes :

    a) Guillaume des Autels : *Traité touchant l'ancien orthographe françoise contre l'orthographe des meygréistes, par Glaumalis de Vezlet*, Lyon, 1548, in-8°, et 1549, in-16.

    b) Meigret : *Défences de Loys Meigret touchant son livre de l'orthographe françoeze contre les censures de Glaumalis de Vezelet et ses adherans*, Paris, 1550, in-4°.

    c) Peletier : *Dialogue de l'ortografe et prononciation françoese departi en deux livres*, Poitiers, 1550, pet. in-8°.

    d) Meigret : *Réponse de L. Meigret à l'apologie de Jacques Peletier*, Paris, 1550, in-4°.

    e) Des Autels : *Réplique aux furieuses défenses de Louis Meigret avec la suite du repos de l'auteur*, Lyon, 1551, in-8°.

    f) Meigret : *Réponse à la desesperee replique de Glaumalis de Vezelet transformé en Gyllaume des Autelz*, Paris, 1551, in-4°.

2. Voir p. 38, n. 5.

sible que les langues étrangères n'eussent pas laissé leur
empreinte sur la langue indigène. Or à Lyon, comme à Paris,
le grec et le latin exerçaient sur les littérateurs une très grande
influence. Je n'en veux pour preuve que le grand nombre de
livres grecs et latins, ou traduits de ces deux langues, publiés à
Lyon au seizième siècle par Dolet [1] ou par d'autres imprimeurs. De même à Lyon l'emploi de l'italien était très répandu
et le nombre de livres italiens ou traduits de l'italien était
relativement énorme [2].

Est-ce que Louise Labé s'est montrée sensible à l'action
de ces trois langues : le grec, le latin et l'italien ? Disons tout
de suite que nous serons déçus si nous espérons trouver chez
elle beaucoup de mots d'origine grecque. Il n'y en a presque
pas [3]. Par contre, les mots de dérivation latine sont extrêmement fréquents. Louise ne ressemblait ni aux écorcheurs de
latin satirisés par Rabelais et par Henri Estienne, ni aux
novateurs qui, comme Ronsard, voulaient créer, « par provi-
gnement » ou par imitation, des mots nouveaux. Elle sut
garder le juste milieu entre les tendances nouvelles et l'ancienne tradition latine.

Les mots de provenance latine employés par Louise Labé sont
si nombreux que nous nous bornons à en donner quelques
échantillons. Elle fait usage, par exemple, très souvent, de
mots terminés par *-cion* (*-tion*), tels que *acclamacion*, *affecion*,
concepcion, *consideracion*, *disposicion* [4], par *-té* : *cruauté*, *difficulté*, *disformité* [5], par *-ence* ou *-ance* : *asseurance*, *experience*,
importance, *puissance*. Si l'on trouve en outre chez elle des
mots tirés plus récemment du latin, ces mots-là sont déjà en
quelque sorte établis : elle n'était point, nous l'avons dit, nova-

---

1. Voir p. 38, n. 1.
2. Voir pp. 27-31.
3. Le seul mot d'origine grecque employé par Louise dans son *Débat* est
mysantrope, qui, selon le *Dictionnaire général*, paraît avoir été introduit par
Rabelais.
4. Ajoutez : *imaginacion, indimacion, intencion, invencion, mencion, muni-
cion, punicion, protección, recreacion, reputacion*, etc.
5. Ajoutez : *Divinité, félicité, impétuosité, importunité, infinité, nécessité,
qualité, témérité, vérité*, etc.

trice. A cette catégorie appartiennent : *animant* [1], *avolé* [2], *beni-volence* [3], *consommacion* [4], *inflaxion* [5], *oraison* [6], *sapience* [7], *trausmuer* [8], *transporter* [9].

Notre auteur nous offre plusieurs exemples de l'accord du participe présent avec son sujet [10], de l'emploi de l'infinitif comme substantif, de l'omission de la préposition après *contraindre, craindre, dire, gagner, promettre*, etc. [11], mais ce sont là des latinismes très répandus au seizième siècle, et qui ne dénotent chez Louise Labé aucun goût spécial pour la syntaxe des Anciens. Il en est de même pour la suppression du pronom personnel sujet [12]. Elle écrira, par exemple, comme tous ses devanciers auraient écrit : « ce que *trouverez* devoir estre fait

1. *Débat*, pp. 15, 19. Ce mot et les suivants sont cités par Marty-Laveaux, *La langue de la Pléiade*, Paris, 1896, in-8°, t. I.

2. *Débat*, p. 41. *Avolé* veut dire *étourdi*, et vient probablement du latin *advolare* (Marty-Laveaux, op. cit., t. I, p. 113).

3. *Débat*, p. 31.

4. Dans le sens de *destruction* : « consommacion universelle », *Débat*, p. 27.

5. *Débat*, p. 59.

6. Ib. p. 30.

7. Ib. p. 18.

8. Ib. p. 12.

9. Ib. p. 22. Le mot y est employé dans le sens de « mettre hors de soi », exciter.

10. Les idées de Louise Labé sur l'accord du participe présent avec le sujet ne sont pas très claires. Tantôt l'accord se fait, tantôt le participe reste invariable. Quand il s'accorde, il s'accorde en nombre seulement, jamais en genre, sauf quand le participe est considéré comme un adjectif : e. g. « ceste vertu estre *suffisante* » (p. 32). L'auteur des *Louanges*, au contraire, fait l'accord et en genre et en nombre : « Et tendrement *gémissante* la grande cruauté d'amour » (p. 150).

Voici des exemples : a) de l'accord en nombre du part. prés., b) du part. prés. invariable :

a) « *Reprenans* nos escrits nous revenons au mesme point » (p. 3).

b) « Mais en ce ne sont d'un accord, les uns le *faisant* sortir de Chaos et de la Terre... l'*honorant* par ces anciens pères et mères ».

11. E. g. : « Un *aller* pensif » (p. 35). « M'a défendu *le plorer* » (p. 50). « Quelquefois suis *contraint leur departir* plus de chaleur » (p. 59). « M'a *dit estre* de telle nature » (p. 15). « Que *gaignez-tu... me provoquer* à larmes ? » (p. 19). « J'ay promis *ne parler* » (p. 43). « Les grans qu'Amour *contreignoit aymer* les petis » (p. 35). « Les orateurs qui *creignent estre* blamez » (p. 45).

Sur l'emploi de la proposition infinitive au XVIᵉ siècle, voir Brunot : *Histoire de la langue française*, Paris, 1905, etc., in-8°, t. II, p. 454.

12. Ib. p. 412.

après qu'*aurez* entendu [1]... » De temps en temps, mais assez rarement, elle glissera, à la mode nouvelle, le pronom.

Quant au phénomène que la syntaxe moderne désigne sous le nom de « transposition », Louise montre pour cette ancienne construction française un goût très prononcé. Des exemples de l'inversion de l'ordre normal de la phrase se trouvent à chaque page de sa prose. Quand la phrase commence par un adverbe [2], une conjonction [3], surtout la conjonction *et*, un complément circonstanciel [4], le sujet est très souvent postposé au verbe. Cet arrangement était usité pendant tout le moyen-âge et nous fournit encore une preuve de la fidélité de notre auteur à la tradition indigène. Malgré la préférence qu'elle montre pour cette tournure de phrase cependant, on ne peut pas dire que Louise suive ici une règle invariable. Comme la plupart de ses contemporains elle emploie souvent, après les locutions que nous venons d'énumérer, l'ordre normal [5]. De la libre disposition des mots comme en latin, telle que Maurice Scève tenta de l'introduire [6], il n'y a aucune trace. Voilà un fait qui dément l'assertion que celui-ci aurait collaboré au *Débat* [7].

Il n'est pas étonnant qu'avec son bon sens et sa simplicité Louise ne veuille pas imiter le style obscur et tortueux de Maurice Scève. Mais qu'elle pousse son attachement à la tradition du moyen-âge français jusqu'à préférer des mots fran-

---

1. *Débat*, p. 50.

2. E. g. : « Ores suis-je las de toute chose » (p. 16). « Encores y ha il de plaisir » (p. 45).

3. E. g. : « Et ne m'a Pallas espouvente... mais je ne l'ay voulu interrompre » (p. 9). « Aussi bien ne m'est plus loisible... » (p. 16). « Si suis-je seure... » (p. 11).

4. E. g. : « Le semblable estimez des amans » (p. 70).

5. Après *ainsi* elle emploie par exemple tantôt l'ordre normal, tantôt l'inversion : « Ainsi les Scythes deifièrent Pylade et Oreste » (p. 32). Contrastez : « Ainsi passa son chemin Apulée... ainsi prennent les plus severes hommes plaisir... » (p. 40).

6. E. g. : « Est de Pallas du chef ingenieux,
     Celestement, voulant Bien, departie. »
               (Voir Brunot : op. cit., p. 170).

7. Pierre de Saint-Julien, écrivant en 1584, parle du *Débat* comme d'une « œuvre qui sent trop mieux l'érudite gaillardise de l'esprit de Maurice Scève que d'une simple courtisane, encore que souvent doublee ». *Gemelles ou Pareilles, Recueillies de divers auteurs tant Grecs, Latins que François,* Lyon, 1584, liv. XI, p. 324, l111. Voir Boy, II, 105.

çais qui sont presque vieillis à des expressions nouvellement venues d'Italie, voilà qui nous paraît remarquable. Elle dit par exemple *defaut*, *faudra*, au lieu de *manque*, *manquera*; *soudart* au lieu de *soldat*[1]. Et l'on ne trouvera dans toute sa prose qu'une vingtaine de mots de provenance italienne[2]. C'est là quelque chose d'assez singulier, car Louise vivait dans un milieu plein d'influences italiennes, elle comptait plusieurs Italiens parmi ses amis intimes[3], des poètes lui adressèrent des vers écrits dans la langue de Pétrarque, elle était, elle aussi, imbue de pétrarquisme, enfin elle possédait cette langue elle-même assez bien pour savoir s'exprimer en vers italiens[4].

Defaut, *soudart*, etc., sont loin d'être les seuls archaïsmes employés par la Belle Cordière[5]. Ces archaïsmes n'ont pas été amenés pour produire de l'effet. Ils n'ont pas un air bizarre ou excentrique, car Louise n'a pour but que d'écrire le plus simplement, le plus naturellement possible. Ainsi, tout en évitant la nouveauté trop hardie, trop choquante, elle se garde

1. Henri Estienne, qui dans la seconde moitié du xvie siècle s'éleva contre l'usage excessif d'italianismes, n'aurait pas trouvé beaucoup à blâmer chez Louise Labé. A propos de *défaut*, etc., il écrit dans la préface de sa *Conformité du langage françois avec le grec*, s. l. n. d.; petit in-8°. « Qui nous ment à dire *manquer* et *manquement*, plutost que *défaillir* et *défault* ? » Sur *soldat* pour *soudart*, voir Marty-Laveaux ; op. cit., p. 178.

2. Ce sont les mots *artisan* (p. 17), *banquet* (pp. 15, 17 ; on trouve aussi le mot *festin*, qui est d'origine latine), *baste* (p. 17), *bouffon* (p. 56), *bourgade* (p. 52), *cosaquin* (p. 38), *escarpin* (p. 38), *harquebuzade* (pp. 53, 70), *masque* (pp. 40, 60), *moresque* (p. 40), *œillade* (p. 60), *passemesse* (p. 59), *piller* (p. 51), *sérénade* (p. 39), *signeur*, *siqueurie* (pp. 10, 42).

Sur les terminaisons *-ade*, *-esque*, voir Brunot ; op. cit., II, 214.

3. Nous la voyons pour la dernière fois malade dans la maison de l'avocat Forlini, Florentin, à qui elle légua une partie de ses biens. Quatre Italiens : Bernardo Rappoty, Antoine Pansy, Claude Alamanni, Claude Panissera, figurèrent parmi les témoins de son testament.

4. Le premier de ses sonnets est en italien : « *Non hauria Ulysse...* »

5. Marty-Laveaux ; op. cit., appelle archaïsmes les mots suivants, que l'on retrouve chez Louise : *acertener* (p. 5), *bailler* (pp. 15, 28, 32), *cuider* (pp. 12, 17), *dépendre* (*dépenser*, p. 56), *fiance* (*confiance*, p. 65), *forcené* (p. 33), *forsaire* (*forçat*, p. 13), *malheure*, *maleheure*, *malheureuse* (*de mauvaise augure*, pp. 15, 19, 30), *noises* (pp. 19, 29, 42), *outré* (*exaspéré*, p. 46), *outrecuidé* (p. 10), *ouy* (pp. 17, 46), *preudhommie* (p. 46), *ramentevoir* (p. 39), *rebourher* (*détourner*, *émousser*, p. 11), *rescous* (*délivrance*, p. 50), *semblance* (p. 30), *souloir* (p. 61), *voire* (p. 66).

bien d'employer des expressions tout à fait sorties de l'usage.

En fait de langue plutôt réactionnaire que novatrice, elle apporte néanmoins au maniement de l'ancien français, un goût raffiné par des tendances plus modernes. Signe de l'époque où elle vivait : elle a éminemment le sens du style. Il ne lui suffit pas d'écrire sa pensée : il faut qu'elle l'écrive bien.

Que l'on compare ce souci du style au prolixe désordre d'une autre femme auteur, dont les écrits précédèrent d'un siècle ceux de Louise Labé. C'est de Christine de Pisan que nous voulons parler. Voici deux poétesses qui écrivent parfois en prose, deux femmes sensibles, intelligentes, instruites, et dont les idées se ressemblent souvent. Mais combien leurs façons de s'exprimer sont différentes ! Christine, composant en plein moyen âge, songe plutôt au fond qu'à la forme de ses œuvres. Sérieusement, naïvement, elle laisse courir sa plume, sans trop s'inquiéter de la structure ou de l'équilibre de ses phrases. Louise au contraire, malgré sa nature fougueuse, montre en sa prose une maîtrise de soi extraordinaire. C'est que ses lectures anciennes et modernes, son commerce avec les gens lettrés d'une époque où pour la première fois en France la question du style prenait de l'importance, avaient formé notre auteur, et lui avaient donné l'idée de ce qui constitue un bon style. Elle n'a pas, à ce sujet, comme Maurice Scève, des théories arbitraires ou fantastiques. Elle n'a aucun désir de se faire valoir. Mais elle a néanmoins, en matière de style, son idéal et ses règles. Elle a en outre ce don si précieux, si rare chez les femmes-auteurs : elle connaît ses limites.

Sa prose est en général exempte des longueurs et des obscurités qui défigurent si souvent la prose française au seizième siècle. La phrase préférée de la Belle Cordière est courte et vive : elle n'est ni brusque ni sèche. Elle donne de l'entrain même aux longs plaidoyers de Mercure et d'Apollon, à ces harangues que Louise, si elle avait vécu cent ans plus tard, aurait su découper et arranger de façon à en faire une scène de comédie. Car les trois premiers discours du *Débat* montrent qu'elle comprenait vraiment l'art du dialogue : qu'elle savait s'exprimer avec simplicité et amener au moment voulu la riposte qu'il fallait.

C'est précisément cette simplicité aisée qui est l'attribut
principal de toute la prose de la Belle Cordière. Quand elle
quitte son allure à la fois rapide et élégante pour prendre un
pas plus lent et plus lourd, elle perd la moitié de son charme.
Heureusement, la tentation ne lui en vient pas souvent, car
alors la phrase en s'allongeant s'alourdit, et l'on trouve de ces
obscurités qui proviennent autant d'une syntaxe par trop
rebelle que d'un langage devenu pédantesque. Le premier des
passages suivants donnera une idée de la souplesse, de la netteté qui distinguent cette prose lorsque son auteur s'en tient à
la phrase courte et légère. Le deuxième montrera les pièges
où quelquefois elle tombe quand elle se lance dans des voies
plus aventureuses.

a) Ce passage est pris au hasard dans le *Débat* [1]. Apollon
plaide la cause d'Amour et fait voir les fâcheuses conséquences
qui résulteront de la violence que Folie lui a faite :

Plus les amitiés seront estroites, plus y trouvera il de désordre
quand Folie s'y mettra. Il retournera plus d'une Semiramis, plus
d'une Biblis, d'une Mirrha, d'une Canace, d'une Phédra. Il n'y aura
lieu saint au monde. Les hauts murs et treillis garderont mal les
Vestales. La vieillesse tournera son vénérable et paternel amour en
fols et juveniles désirs. Honte se perdra de tout. Il n'y aura dis-
crecion entre noble, païsan, infidèle, ou More, Dame, maîtresse, servante. Les parties seront si inégales que les belles ne rencontreront les
beaus, ains seront conjointes le plus souvent avec leurs dissemblables.
Grands Dames aymeront quelquefois ceus dont ne daigneroient estre
servies. Les gens d'esprit s'abuseront autour des plus laides. Et quand
les povres et loyaus amans auront langui de l'amour de quelque belle :
lors Folie fera jouir quelque avolé (étourdi) en moins d'une heure du
bien où l'autre n'aura pû atteindre.

Que l'on compare à celui-là le passage suivant, où Louise
s'essaie à une construction plus compliquée. On trouvera que
les membres de la phrase sont mal liés ensemble par un
emploi excessif de relatifs et de conjonctions et que, par conséquent, l'impression laissée sur l'esprit du lecteur est vague
et confuse : C'est encore Apollon qui parle à Jupiter [2] :

1. *Débat*, p. 42.
2. Ib. p. 44.

Ou bien si tu aymes mieus remettre les choses en l'estat qu'elles estoient, contreins les Parques et Destinées (si tu y as quelque pouvoir), de retourner leurs fuseaus, et faire en sorte qu'à ton commandement, et à ma prière, et pour l'amour de Venus, que tu as jusques ici chérie et aymee, et pour les plaisirs et contentemens que tous tant que nous sommes, avons receuz et recevons d'Amour, elles ordonnent, que les yeus seront rendus à Cupidon, et la bande otee : à ce que la puissions voir encore un coup en son bel et naif estre, piteus de tous les cotez dont on le sauroit regarder et riant d'un seulement.

Cependant il y a une sorte de longueur où Louise Labé verse quelquefois sans avoir besoin d'arranger ni de coordonner des propositions subordonnées pour en faire une phrase synthétique. C'est la longueur qui consiste à entasser épithète sur épithète, nom sur nom, infinitif sur infinitif, afin de donner à son argument une allure plus éloquente, plus pittoresque. Ainsi elle écrit[1] :

Est-il possible de mieus parer une teste, que les Dames font et feront à jamais ? avoir cheveus mieus *dorez, crespes, frizez* ? acoutrement de teste mieus seant, quand elles s'acoutreront *à l'Espagnole, à la Française, à l'Allemande, à l'Italienne, à la Grecque* ?

Ou bien[2] :

Tous les jours ils inventent nouveaus et divers instrumens de *Luts, Lyres, Citres, Doucines, Violons, Espinetles, Flutes, Cornets...* et viendront à inventer *madrigalles, sonnets, passemesses, gaillardes,* et tout en commemoracion d'Amour.

Ou bien encore[3] :

Mais Folie lui esveille l'esprit, fait *chanter, danser, sauter, habiller en milles façons nouvelles.*

Louise Labé rappelle ici singulièrement Rabelais, qui, on le sait, usait et abusait de cette méthode, dont il tirait des effets

---

1. Ib. p. 58.
2. Ib. p. 59. Ce passage rappelle d'ailleurs une phrase dans *Pantagruel* (l. 23), où se trouve une liste d'instruments un peu pareille.
3. Ib. p. 57.

extrêmement variés. La Belle Cordière s'en sert très souvent,
elle aussi, mais sans exagération. Elle n'en use pas comme d'un
moyen de comédie, et l'on ne trouve pas chez elle de ces longs
inventaires rimés ou allitérés qui sont, de la part de l'auteur
de *Gargantua*, une espèce de tour de force burlesque. Ce n'est
pas là la seule trace d'influence du grand humaniste sur
Louise Labé[1]. Pourtant, lorsque dans ses écrits, elle se modèle
sur lui, c'est avec sagesse et discrétion ; elle n'oublie pas qu'il
s'agit d'écrire du bon français, non du mauvais Rabelais.
Ainsi elle évite les mots forgés, les jeux de mots, toutes ces
ruses si caractéristiques du style de Rabelais, et elle n'en
prend que ce qu'elle se sent le mieux capable d'adapter à ses
besoins.

Il importe de noter que pour un disciple de Rabelais,
le vocabulaire employé par notre auteur est singulièrement chaste. Il y a certainement dans le *Débat* des expressions qui ne seraient pas admises aujourd'hui. Par comparaison avec l'œuvre de Rabelais cependant, avec celle de tous
les conteurs du seizième siècle, sans oublier l'*Heptaméron* de
la pieuse Marguerite de Valois, la prose de Louise Labé est
pure.

L'impression de légèreté, de rapidité, de familiarité, que
donne à la prose de Louise Labé l'emploi de locutions peu com-
pliquées, est encore rehaussée par d'autres procédés. Elle se
sert par exemple, et très souvent, de formes interrogatives, elle
évite presque totalement les parenthèses, et elle se permet
parfois des ellipses assez hardies, comme dans le passage
suivant[2] :

Incontinent qu'ils sont entrez, barrent leur porte, serrent les
fenestres, mengent sallement sans compagnie, la maison mal en
ordre ; se couchent en chapon le morceau au bec. Et lors beaus gros
bonnets gras de deus doigts d'espais, la camisole atachée avec espin-
gues enrouillées jusques au dessous du nombril, grandes chausses
venans à mycuisse... Un lever pesant, s'il n'y a ha quelque argent

1. Voir p. 56 et s.
2. *Débat*, p. 35.

à recevoir ; vieilles chausses rapetassées ; souliers de paisant ;
pourpoint de drap fourré ; long saye mal ataché devant ; la
robbe qui pend par derrière jusques aus espaules ; plus de fourrures
et pelisses ; calottes et larges bonnets couvrans les cheveux mal
pignez ; gens plus fades à voir qu'un potage sans sel à humer.

Dans cette description malicieuse d'un célibataire Louise a
été tellement entraînée par son humeur critique, elle a poussé
si loin son goût des inventaires, qu'elle a complètement oublié
de donner aux deux dernières phrases et sujet et prédicat !

Nous ne pensons pas pourtant qu'elle se soit mise exprès à la
recherche de la familiarité. L'on ne trouve chez elle que très
rarement de ces expressions populaires [1], de ces provin-
cialismes, de ces proverbes qui sentent le terroir, tels qu'on en
rencontre à foison chez Rabelais, chez Bonaventure des Periers
ou chez Noël du Fail. On dirait qu'en écrivant elle voulut
échapper à tout ce qui pourrait lui remémorer son entourage
de cordiers et de parents de cordiers. En se rapprochant plus
près de la réalité sa prose aurait sans doute perdu en grâce,
en délicatesse, mais elle aurait gagné en force et en vitalité.
Les meilleurs passages du *Débat* sont ceux où elle oublie un
instant les livres pour s'occuper plutôt des gens, où elle
laisse là l'abstrait pour en venir au concret. C'est alors, et par
un paradôxe bien commun, qu'elle devient vraiment artiste.
Quand elle se laisse emporter par son talent d'observation et
par la vivacité qui lui est naturelle, elle est capable de nous
esquisser des portraits vraiment admirables.

Ces portraits sont pleins d'espièglerie et de gaieté. Leur
malice est sans venin. Notre auteur ne cache pas des idées
révolutionnaires sous des allégories spirituelles, comme Bona-

---

1. Comme exemples de cet emploi très peu fréquent de locutions populaires, nous citerons :

« Ce n'est pas à moi à qui tu dois vendre tes coquilles » (p. 8).

(L'explication donnée par Boy de cette expression ne nous semble pas la
rendre plus intelligible, du moins dans ce contexte : « C'est une allusion à
la vente de coquillages que faisaient les pèlerins à leur retour des lieux
saints. »)

« Gens plus fades à voir qu'un potage sans sel à humer » (p. 33).
« Celui qui porte une fleur dedans sa manche » (p. 37).

venture des Periers, ou sous des bouffonneries, comme Rabelais. Il n'y avait pas de danger que sa propagande à elle, — ce « féminisme » qu'elle défend si ardemment dans l'*Epître Dédicatoire* et dont le *Débat* lui aussi est pénétré, — encourût la vengeance de l'Inquisition ou de la Sorbonne. Ainsi, et c'est presque avec regret que nous le constatons, il n'y a dans l'humour de Louise Labé aucun sous-entendu. Ce qu'elle perd par là en intérêt, elle le *gagne* en charme, en humanité.

Si l'on veut se rendre compte combien elle gagne en clarté aussi, on n'a qu'à comparer le style du *Débat* avec celui du *Cymbalum Mundi* de Des Periers[1]. Cet étrange opuscule a plusieurs traits communs avec l'œuvre de Louise[2], mais sa signification satirique, qui visait principalement l'église et la foi chrétienne, ne pouvait être déclarée ouvertement. Ainsi, tandis que l'auteur du *Cymbalum* est obligé de dissimuler son intention par des demi-mots voilés et par d'énigmatiques allusions, qui prêtent à son style un je ne sais quoi d'amphigourique, Louise, qui avait bien moins de talent ironique, nous plaît plus que lui par la netteté de ses idées et le fini de ses images.

La description du célibataire que nous venons de citer, le passage où Louise peint l'effort de l'amant qui veut voir sa dame, celui où elle fait voir les misères de la femme délaissée, plusieurs autres encore, sont autant de camées adroitement ciselés, coup sur coup, détail sur détail.

Malheureusement, Louise ne s'est pas contentée de tels portraits. Elle avait soif de « l'honneur que science nous procurera », de cet honneur qui, comme elle dit dans un beau passage de l'*Epître Dédicatoire*, « sera entièrement nòtre, et ne pourra estre oté, ne par finesse de larron, ne force d'ennemis, ne longueur du tems ».

Nous avons vu, dans notre analyse du *Débat*, que la « science » de la Belle Cordière n'était pas si profonde que l'on serait d'abord tenté de croire. Quelques expressions juridiques qui

[1]. Voir p. 39.

[2]. Comme le *Débat*, le *Cymbalum* est composé de plusieurs « discours » ou dialogues. Deux du moins des personnages, Cupidon et Mercure, sont les mêmes dans les deux morceaux.

reparaissent de temps en temps dans sa prose, certaines parti-
cularités dans le plan et la construction du morceau, qui
montrent qu'elle avait une connaissance assez intime des
méthodes judiciaires alors en vogue, des souvenirs classiques,
très variés, il est vrai, mais probablement puisés dans des traductions, des allusions à la mythologie ancienne, allusions qui
reviennent à tout instant avec une insistance presque monotone,
— voilà la façon dont s'exprimait son érudition.

Quelle est en somme la valeur littéraire de la prose de la
Belle Cordière? Une « épître dédicatoire » qui plaide la cause
des femmes lettrées et qui contient quelques détails biographiques. Un essai sur l'amour, en forme de dialogue, à la manière
des Anciens et plein d'allusions classiques. Vraiment le volume
de prose de notre auteur n'est pas grand ! Jugée en soi, sur ses
propres mérites et sans avoir égard ni à la personne de son
auteur ni à l'époque de sa publication, cette prose n'aurait pas,
il faut l'avouer, beaucoup d'importance. Mais, pour briller en
dehors de toute considération de temps et de milieu, il ne suffit
pas à un auteur d'avoir du talent : il lui faut du génie. Or le
seul génie qu'eût Louise Labé fut le génie d'aimer et de souffrir.
Pour écrire elle n'avait que du talent. Et si nous voulons
apprécier combien elle avait de talent il nous faut juger son
œuvre par rapport à l'époque où elle vivait.

Rendons-lui donc l'hommage qui lui est dû, de nous avoir
donné une prose simple et souple dans un âge où la plupart des
gens de lettres écrivaient d'une manière prolixe et lourde,
d'avoir évité les obscénités et les excès de toute sorte, d'avoir
écrit en bon français au lieu d'un jargon moitié italien. Sachons-
lui gré surtout de ses délicieux portraits, si amusants, si naturels.
Sainte-Beuve, dans un essai sur Louise Labé [1], accorde au style
du *Débat* une place plus haute qu'à celui des sonnets.
Après avoir cité quelques morceaux du *Débat*, il écrit : « Ces
charmants passages prouvent une fois de plus l'avance marquée
qu'eut presque de tout temps la prose française sur la poésie. »
En effet, malgré l'excessif étalage d'érudition dont elle est
chargée quelquefois, la prose de Louise Labé ne fit point

1. *Nouveaux lundis*, Paris, 1865, in-12, t. IV, p. 306.

bonté à la nouvelle ère de prose française qui venait de s'inaugurer.

Le *Débat de Folie et d'Amour* n'a pas attendu bien longtemps pour avoir des imitateurs. Un manuscrit de la fin du seizième siècle[1] intitulé *La Rose des Nymphes illustres par J. Dagoneau* nous apprend que le seigneur Ridouet, sieur de Sancy, « a pris un tel goust au dialogue de ceste dame, qu'il a dressé trois autres discours élégans en rithme, suivant la piste, et prenant le sujet de ceste dame, il a enfoncé la dispute qu'elle avait entamée ».

Il est bien dommage que rien ne nous reste de ce livre, car ainsi il ne nous est pas possible de critiquer l'assertion de Dagoneau que Jacques Ridouet « a apporté des inventions et artifices qui surpassent de beaucoup le premier sujet de ceste dame (c'est-à-dire de Louise Labé) ». Qu'il nous soit permis toutefois de douter que le Sieur de Sancy ait véritablement, quoi qu'en dise Dagoneau, « adjouste perfection à ce qui estoit eshauché », car il nous semble que la « roideur » et la force qu'il admire chez Ridouet, devaient être fort incompatibles avec les matériaux dont il usait, et très peu en harmonie avec la conception originale de ce *Débat* dont les plus grands attraits sont la délicatesse et la simplicité.

Niceron, dans ses *Mémoires pour servir à l'histoire des hommes illustres dans la République des Lettres*[2], nous dit à propos du *Débat* que « cette heureuse fiction a été tournée depuis en bien des manières, et plusieurs poètes ont voulu se l'approprier. » Puisqu'il ne nous apprend pas les noms des poètes dont il parle, nous avons dû nous fier à nos propres forces, et, à l'aide quelquefois de Bréghot du Lut, qui donne à ce sujet plusieurs indications utiles, les découvrir nous-mêmes.

Après Jacques Ridouet, le premier imitateur français du

---

1. Ce manuscrit doit être postérieur à l'œuvre de Paradin, car Dagoneau y fait des allusions à ce que Paradin a écrit au sujet de Louise. Or, l'œuvre de Paradin est de 1573. Il ne nous a pas été possible de rien découvrir au sujet de Ridouet. DuVerdier, le Père Colonia, etc., n'en font point mention.

2. Paris, 1727-1745, in-12, t. XXIII, p. 245.

Débat de Folie et d'Amour fut un personnage célèbre : ce fut La Fontaine. Avec l'instinct d'un vrai connaisseur, celui-ci fit du *Débat* la base d'une de ses plus jolies fables : *l'Amour et la Folie* [1]. De sa façon à la fois simple et élégante il y reproduisit à peu près exactement, en l'abrégeant beaucoup, la narration de Louise [2].

On pourrait se demander s'il a tiré son sujet directement de la Belle Cordière, ou s'il l'a pris chez le Père Commire, qui, lui aussi, publia dans ses *Carmina* une fable modelée sur le *Débat de Folie et d'Amour*. Un rapprochement de dates établit d'une manière péremptoire que le Père Commire n'a pas servi d'intermédiaire entre La Fontaine et Louise Labé, car *l'Amour et*

[1]. *L'Amour et la Folie* (l. XII, f. XIV).

> Tout est mystère dans l'amour,
> Ses flèches, son carquois, son flambeau, son enfance.
> Ce n'est pas l'ouvrage d'un jour
> Que d'épuiser cette science.
> Je ne prétends donc point tout expliquer ici,
> Mon but est seulement de dire à ma manière
> Comment l'aveugle que voici
> (C'est un dieu), comment, dis-je, il perdit la lumière,
> Quelle suite eut ce mal, qui peut-être est un bien ;
> J'en fais juge un amant et ne décide rien.
>
> La Folie et l'Amour jouaient un jour ensemble,
> Celui-ci n'était pas encor privé des yeux,
> Une dispute vint ; l'Amour veut qu'on assemble
> Là dessus le conseil des dieux.
> L'autre n'eut pas la patience ;
> Elle lui donne un coup si furieux,
> Qu'il en perd la clarté des cieux.
> Vénus en demande vengeance.
> Femme et mère, il suffit pour juger de ses cris ;
> Les dieux en furent étourdis,
> Et Jupiter et Némésis,
> Et les juges d'enfer, enfin toute la bande.
> Elle représenta l'énormité du cas,
> Son fils sans un bâton ne pouvait faire un pas.
> Nulle peine n'était pour ce crime assez grande.
> Le dommage devait être aussi réparé.
> Quand on eut bien considéré
> L'intérêt du public, celuy de la partie,
> Le résultat enfin de la suprême cour
> Fut de condamner la Folie
> À servir de guide à l'Amour.

[2]. Deux changements sont à noter : *a)* Chez Louise Labé Amour et Folie se disputent une question de préséance, chez La Fontaine ils « jouent ensemble » ; *b)* La Fontaine donne à croire que tous les dieux sont présents quand Vénus se plaint à Jupiter, ce qui n'est pas le cas chez Louise.

la Folie de La Fontaine parut pour la première fois en 1685,
la fable du Père Commire quatre ans plus tard [1].

Que le *Débat de Folie et d'Amour* ait fourni des matériaux
pour des fables n'est pas étonnant. Il est pourtant bizarre de
constater parmi les imitateurs de Louise Labé un auteur de
vaudeville. Le 5 mars 1782, les « comédiens italiens ordinaires
du roi » ont joué à Paris une pièce intitulée *L'Amour et la Folie,
opéra-comique en trois actes en Vaudevilles et en prose* [2]. Louise
aurait-elle été choquée de voir son œuvre prise ainsi à la légère ?
Nous ne le pensons nullement. En tout cas Desfontaines, auteur
du vaudeville en question, n'a guère pris du *Débat* que le titre,
les noms des principaux personnages et l'idée fondamentale
d'une injure faite à Amour par Folie, laquelle est condamnée,
par un travesti de jury, à servir de guide à sa victime. Il est
possible que Desfontaines se soit inspiré de La Fontaine et non
de Louise Labé, mais il nous est permis de croire le contraire,
car nous avons d'autres preuves que notre héroïne ne lui était
pas, du moins en 1815, inconnue [3].

L'idée d'un débat entre l'Amour et la Folie reparaît ensuite
sous bien des formes et en plusieurs langues. Mais les auteurs
la prennent presque toujours chez La Fontaine et non chez
Louise Labé. Signalons pourtant deux auteurs étrangers qui
ont imité Louise. Le premier fut un personnage important, le

1. Cette fable fut intitulée *Dementia Amorem ducens*, et se trouve
pp. 39-41, t. II, de l'édition des *Carmina* publiée à Paris, in-12, en 1689.
Les deux éditions précédentes des *Carmina* (Paris, 1679, in-4°, et 1681, in-12)
ne contiennent pas cette fable. *L'Amour et la Folie* de La Fontaine parut
pour la première fois dans *Les ouvrages de prose et de poésie des Sieurs de
Maucroix et de La Fontaine*, avec ce titre (où les noms sont invertis) : *La
Folie et l'Amour*. Voir les œuvres de La Fontaine, édition des *Grands Écrivains de la France*, Paris, 1885, in-8°, t. III, p. 268, note.

2. Paris (Brunet), 1782, in-8°.

3. En 1815, cet auteur, en collaboration avec Barré et Radet, essaya de
porter sur la scène Louise Labé elle-même, dans une pièce intitulée *Les
trois Saphos lyonnaises, ou une cour d'amour*, comédie-vaudeville en deux
actes (Paris, 1815, in-8°). Cette pièce n'a naturellement aucune prétention
à l'histoire sérieuse. Les « trois Saphos » sont Louise Labé, Clémence de
Bourges et Pernette (qu'il nomme Aglaé) du Guillet. Elles ont toutes,
paraît-il, le même âge, et elles échangent des propos burlesques avec Marguerite de Navarre, Rabelais, Marot, etc.

célèbre Robert Greene, qui à ses débuts passait pour le rival de Shakespeare.

On sait que la littérature anglaise de la fin du seizième et du commencement du dix-septième siècles fit à la littérature française de continuels emprunts. Comme plus tôt les poètes de la France avaient copié avec plus ou moins de servilité leurs voisins italiens, de même les Anglais se modelaient et sur les Italiens et sur les Français [1]. Ils imitaient, plagiaient, traduisaient, et ne se donnaient que rarement la peine d'indiquer leurs sources. Or en 1584 Greene eut l'idée de traduire en anglais le *Débat de Folie et d'Amour*. Sa traduction s'intitulait : *The Debate between Follie and Love, translated out of French by Robert Greene, Maister of Arts*, et elle parut à la suite d'une brochure appelée *Greene's Carde of Fancie*. Le traducteur y abrège beaucoup l'original, mais les idées et les expressions de Louise Labé sont néanmoins conservées assez fidèlement [2]. Cette traduction sem-

1. Voir : Rathéry : « Relations intellectuelles entre la France et l'Angleterre » dans *Rev. Contemp.* 1855 (15 juillet, 15 août, 31 déc.) ; L. E. Kastner : « The Elizabethan Sonneteers and the French poets » dans *Modern Language Review*, April 1908 ; Sir Sydney Lee : *The French Renaissance in England*, Oxford Clarendon Press, 1910, in-8°.

2. Robert Greene a reproduit presque intégralement le premier et le deuxième discours du *Débat de Folie et d'Amour*. Au troisième discours cependant, il commence à retrancher hardiment, le quatrième est complètement supprimé, tandis que du cinquième on ne retrouve que la moitié. Les longues tirades d'Apollon et de Mercure gagnent beaucoup, il faut l'avouer, à être abrégées, mais nous trouvons difficile de pardonner au traducteur d'avoir omis le portrait du célibataire que Louise s'était amusée à dessiner, portrait que nous appellerions volontiers « horrifique ». (Voir p. 123).

Le passage suivant du troisième discours de la traduction de Greene (édition de 1605), donne une idée de la valeur de cette traduction :

Jup. : What dost distrust that I will not succour thee or that I cannot ?

Venus : No I neither doubt the one nor distrust the other, only demand justice against Follie, the most outrageous Furie in the world, which hath thus grievously abused Cupid.

Follie : Most mightie and soveraigne Jupiter, behold I am here ready to answere to Venus complaints and to debate my right against Cupid.

Jup. : Follie, I will neither accuse thee untill I have heard the defence of the one as well as the plaint of the other, lest I should be thought partiall ; neither for the more avoiding of injustice in the matter, will I suffer you to pleade your own causes, but

ble jusqu'ici avoir échappé à tous les biographes de la Belle Cordière [1]. Elle nous a suggéré l'idée de chercher ailleurs dans l'œuvre de Greene des traces de l'influence de notre poétesse. En vain. Si l'on se rappelle, cependant, que le style simple et passionné des vers de Louise Labé n'a rien à voir avec les préciosités du poète anglais, notre insuccès n'étonnera point. Sans doute Greene avait été séduit par le fond mythologique du *Débat* et par l'érudition qui s'y déployait.

Au dix-huitième siècle c'est encore un Anglais qui traduit Louise : Robert Dodsley, auteur de poèmes, de pamphlets, de comédies, et traducteur d'Esope et d'autres fabulistes. Sa fable intitulée *Folly and Love* [2] a certainement plus de rapports avec Louise qu'avec La Fontaine, mais l'auteur y prend de telles libertés avec l'original qu'il en donne plutôt une imitation qu'une traduction. Voici en quelques mots l'histoire de cette fable, qui est écrite en prose :

La Folie a sur l'Amour un si grand empire que celui-ci obéit à tous ses ordres et va jusqu'à la faire entrer au Ciel, où elle se moque des dieux et n'a d'autre ambition que de leur jouer des tours. Minerve est la seule divinité qui sache résister à ses ruses. Non contente de l'influence qu'elle exerce sur les dieux en général et sur l'Amour en particulier, Folie donne à celui-ci une potion à boire, qui devra avoir sur lui un effet magique et le rendre complètement son esclave. Le funeste résultat de son complot est de rendre Amour aveugle. Sur ces entrefaites Vénus arrive et fait appeler Folie devant le consistoire des dieux, dont la sentence suit les lignes du *Débat* de Louise Labé.

Le *Débat de Folie et d'Amour* semble avoir pour les Anglais des attraits particuliers, car on en trouve encore de nos jours

> Venus choose you one of the Gods and Folly take you another.
> Venus : I choose Apollo to defend my cause.
> Follie : And I Mercurie to defend my right.
> Jup. : Then Apollo and Mercurie prepare your selves to plead well in your clients cases : and Apollo since you take the plaintifes part, let us heare what you can say

1. Le critique anglais Sir Sydney Lee, en a pourtant pris connaissance : *The French Renaissance in England*, p. 374.

2. Voir *Select Fables of Æsop and other Fabulists in three books*, Birmingham, 1761, in-8°.

une traduction anglaise : *The Debate between Folly and Cupid*[1]. Hormis quelques légères inexactitudes dans le texte, cette version, faite avec soin et imprimée avec élégance, est excellente. Peut-être devrait-on lui reprocher d'avoir modernisé un peu trop l'original, car il est évident que le traducteur n'a pas cru devoir y employer un vocabulaire et des tournures de phrase exclusivement de seizième siècle[2].

On voit que du point de vue de l'histoire littéraire le *Débat* de Louise Labé a des droits à notre attention, car il a laissé une empreinte sur la littérature française et étrangère. Considéré comme un document portant sur la vie littéraire à Lyon vers 1552, sa valeur est indubitable.

Pascal a dit quelque part : « Quand on voit le style naturel, on est tout étonné et ravi, car on s'attendait de voir un auteur et on trouve un homme ». Il en est ainsi pour Louise Labé. Derrière son style si naturel il faut surtout chercher, non pas l'auteur, mais la femme.

De tous les portraits que Louise a peints, le sien est le plus charmant. Nous avons tâché de rassembler ailleurs les détails de ce portrait. Hélas ! nous avons essayé en vain de les reproduire tels que nous les avons vus. Il n'est pas aisé de faire, ou de refaire, le portrait d'un portraitiste. Beaucoup de la grâce impétueuse de l'original, beaucoup de sa fraîcheur, de sa sensibilité, nous ont échappé, comme un parfum qui s'en va dans les airs. L'impression qui nous en reste cependant, est celle d'une femme très remarquable.

Et si nous regardons de plus près cette prose, d'autres encore, des hommes et des femmes, sont là. Car les portraits que nous esquisse Louise ont tous l'air d'avoir été pris sur le vif. Des traits quelquefois épars, plus souvent précis et vigoureux, nous permettent de reconstituer en quelque sorte le milieu où vivait notre poétesse et de faire la connaissance des gens qu'elle fré-

---

1. *The Debate between Folly and Cupid, written by Louise Labé of Lyons about 1550 and now first completely done into English by Edwin Marion Cox*; London, 1925, pet. in-4°, édition limitée à 300 exemplaires.

2. Il suffit de faire remarquer que l'emploi de « you, your » au lieu de « thee, thou, thine » choque un peu dans une pièce datant du xvi° siècle. On pourrait multiplier les exemples.

quentait. Tel avocat en vacances — serait-ce Fortini ? — se joignant à Louise pour se moquer des méthodes de sa profession, lui fournit d'utiles renseignements juridiques. Tel amant à qui elle a rendu la vie bien dure, tel autre qui ne veut pas d'elle, et de qui, par vengeance, elle esquisse une pochade, tel astrologue perdant son temps à « geter des points », tel sage ramassé sur ses livres, qui étaient tous ces gens ? Quels étaient leurs livres préférés ? Poètes, grammairiens, historiens, avocats, imprimeurs, toutes les personnes qui connaissaient la Belle Cordière et qu'elle connaissait, quels étaient les livres qu'ils lisaient ? L'examen que nous avons fait des sources du *Débat de Folie et d'Amour* nous a fourni en quelque sorte la réponse à cette question. Ainsi, derrière Louise on entrevoit l'ombre de ses concitoyens, des Lyonnais de la Renaissance française, des « Lyonnais dignes de mémoire ».

CHAPITRE IV

LA POÉSIE DE LOUISE LABÉ

Trois élégies, vingt-quatre sonnets, voilà tout ce qui, en matière de vers, nous est parvenu de Louise Labé. Cependant ces poésies ont joui, à certaines époques, d'une popularité hors de proportion avec leur volume, comme en témoignent les nombreuses éditions parues depuis leur première publication en 1555. Jamais elles n'ont été complètement perdues de vue[1].

Dans les premières années leur vogue fut égalée par celle du *Débat de Folie et d'Amour*[2]. Peu à peu cependant, à mesure que l'intrigue a perdu de sa nouveauté et que le style en a vieilli, le prestige du *Débat* a diminué. Aujourd'hui on ne s'en occupe guère. On constate, il est vrai, une traduction anglaise de cet écrit et qui vient justement de paraître[3]. L'auteur de cette traduction la considère toutefois comme une œuvre d'intérêt plutôt archaïque, destinée à atteindre un public assez limité : le chiffre du tirage et le prix l'attestent suffisamment[4]. Par contre, nous avons l'édition populaire des élégies et des sonnets publiée en 1910 par Tancrède de Visan[5], l'édition de luxe des sonnets seuls publiée par Pichon en 1920[6], la traduction allemande des sonnets faite par Sophie Jacot des Com-

---

1. La période de 1556 à 1762, où aucune édition des œuvres de Louise ne paraît avoir été publiée, représente l'échec le plus sérieux qu'ait dû subir la popularité de notre auteur. Voir p. xi de l'*Appendice* la liste de toutes les éditions, complètes ou partielles, de ses œuvres.

2. Voir p. 93.

3. Voir p. 130.

4. Cette œuvre est tirée à 300 exemplaires, à 25 s/- net chacun.

5. *Les élégies et les sonnets de Louise Labé Lionnoize*, précédés d'une notice par Tancrède de Visan. Portrait d'après Woueriot. Paris (Sansot), in-12.

6. Paris, in-8° jésus, sur papier teint.

bes en 1924[1], et une traduction hollandaise de la même année[2].

Comment se fait-il que les vers de la Belle Cordière ont su résister à l'épreuve du temps et se laissent goûter encore aujourd'hui, tandis que le *Débat de Folie et d'Amour* ne saurait plus être regardé que comme une espèce de curiosité littéraire ? A ceux qui diront que cette longévité vient en partie de leur forme, et que les vers ne vieillissent jamais aussi vite que la prose, nous répondrons que les poésies de beaucoup des contemporains de Louise, et qui ont écrit trois ou quatre fois plus qu'elle, ne sortent guère de la poussière des grandes bibliothèques. Personne ne lit maintenant les œuvres de Charles Fontaine, d'Olivier de Magny, de Jacques Tahureau. Même les vers de ce Maurice Scève qui est généralement regardé comme le chef de l'école poétique lyonnaise du seizième siècle sont oubliés presque totalement.

L'explication de la popularité relative des vers de Louise se trouve sans doute dans leur simplicité, leur brûlante sincérité[3]. Louise ne regardait pas la poésie comme une espèce de divertissement où l'idée fondamentale ne sert que de prétexte à l'ingéniosité littéraire. Le faux-brillant, les tours de force littéraires, si communs alors, les *concetti* venus d'Italie, ne la tentèrent presque pas. Elle voulut rester elle-même, elle voulut décrire des sentiments qu'elle avait elle-même éprouvés. Par conséquent ses vers respirent une fraîcheur, une spontanéité, une verve tantôt spirituelle, tantôt tragique, capables de charmer et d'émouvoir, aujourd'hui, comme en 1555, ceux qui les lisent. Louise n'écrivit pas seulement pour la joie esthétique de créer des œuvres d'art. Elle usait plutôt de la poésie comme d'un vase où elle pût verser le trop-plein de son cœur endolori.

Ainsi, lorsque M. E. Faguet appela ses vers « les plus beaux

---

1. *Neue Gedichte und Uebertragungen : Vierundzwanzig Sonette aus Louise Labé*, Zurich, in-8°.

2. *De Sonnetten van Louize Labé, naast den oorspronkelijken tekst vertaald door P. C. Boutens*, Maestricht, 1924, in-8°.

3. « A force de sincérité, nous dit M. Jasinski (*Histoire du sonnet en France*, Douai, 1903, in-8°, thèse, p. 62), elle atteignit là où Ronsard et Du Bellay n'arrivèrent que bien tard, dégagés à grand'peine de leur premier pédantisme à l'originalité. »

« vers passionnés du monde »[1], c'est à leur fond plutôt qu'à leur forme qu'il songeait. C'est aussi dans leur fond plutôt que dans leur forme qu'il faut chercher la raison de leur survivance à travers tant d'années.

Il n'est pas possible d'assigner une date exacte à chacune des poésies de la Belle Cordière, aux sonnets surtout, qui contiennent moins de renseignements biographiques que les élégies. Voici les détails chronologiques qu'on peut établir.

Rappelons d'abord que dans son *Epitre dédicatoire* Louise désigna du nom de « jeunesses » ses œuvres littéraires, que, dit-elle, elle avait « depuis longtemps composées » et qu'alors elle « revoyait » dans l'intention de les « mettre en lumière ». Nous avons déjà exprimé notre opinion que le terme « jeunesses » ne s'applique pas au *Débat*. Ce serait donc ses poésies que Louise voulut désigner ainsi[2]. Pas toutes cependant, car quelques-unes d'entre elles ont manifestement dû être composées beaucoup plus tard que les autres.

Nous n'hésitons pas à accorder à la composition des élégies une date postérieure à celle de presque tous les sonnets. Si l'on nous demande pourquoi notre auteur aurait placé au commencement de son livre des poésies qui, par ordre chronologique, devraient venir après, et non avant, les sonnets, nous répondrons que dans ses trois élégies Louise a voulu, par l'aperçu qu'elle nous y donne de sa vie amoureuse, engager d'abord nos sympathies, avant de nous ouvrir son cœur dans les sonnets. Les élégies sont, on le sent bien, le préambule nécessaire et presque indispensable des sonnets. Mais aux yeux de Louise elles étaient plus encore qu'un récit biographique : elles étaient une apologie, une excuse. Dans le premier et le troisième de ces poèmes c'est comme si elle voulait aller au-devant des reproches que certains de ses sonnets pouvaient lui attirer. Ainsi, aux dames qui liront ses poésies elle dit :

> De mes regrets avec moi soupirez...
> N'estimez point que lon doive blâmer
> Celle qu'a fait Cupidon enflamer[3].

1. *Histoire de la littérature française*, Paris, 1900, in-8°, t. I, p. 387.
2. Voir p. 96.
3. Boy I, 82.

et

>   Quand vous lirez, ô Dames Lionnoises,
>   Ces miens escrits pleins d'amoureuses noises,
>   Quand mes regrets, ennuis, despits et larmes
>   M'orrez chanter en pitoyables carmes,
>   Ne veuillez pas condamner ma simplesse
>   Et jeune erreur de ma folle jeunesse,
>   Si c'est erreur... [1]

Il ressort des allusions qu'elle fait ici à ses « regrets », à ses « escrits pleins d'amoureuses noises », à sa « folle jeunesse », que les deux élégies que nous venons de citer ont été composées longtemps après les « escrits » dont elle parle, et que Louise elle-même n'est plus si jeune que lorsqu'elle les imagina. Les poésies qu'elle composa au temps de sa « folle jeunesse » seraient donc ses sonnets, et elle aurait déjà, à l'époque où elle écrivit ses élégies, atteint à un âge plus mûr.

L'une de ces élégies nous permet d'être plus précis. Dans la troisième élégie se trouvent ces vers dont nous avons déjà parlé [2] :

>   Je n'avois vu encore seize hivers
>   Lorsque j'entrois en ces ennuis divers ;
>   Et jà voici le treizième esté
>   Que mon cœur fut par amour arresté.

On voit que notre poétesse avouait vingt-neuf ans quand elle composa cette troisième élégie ; celle-ci date donc, si Louise naquit, comme nous le pensons, vers 1520, de 1549 ou 1550 [3]. Elle serait, selon nous, par ordre chronologique, la première des trois élégies.

La deuxième élégie fut probablement adressée, comme nous l'avons vu ailleurs, à Olivier de Magny, et écrite en 1554 ou 1555 [4].

La première nous paraît avoir été composée après toutes les autres œuvres de la Belle Cordière, sauf peut-être le sonnet 24. Car ici le ton est plus calme que dans les élégies II et III. Les

1. Boy I, 88.
2. Voir pp. 51 et s.
3. Voir p. 53.
4. Voir p. 79.

« maus » sont « passez ». Louise chante plutôt un « piteus souvenir » qu'une douleur actuelle. Nous placerions volontiers en 1555 la date de cette élégie, c'est-à-dire peu de temps avant la publication des œuvres de notre poétesse.

Quant à ses sonnets, le deuxième et le dernier sont les seuls dont il soit possible de fixer approximativement la date. Celui-là fut probablement adressé à Olivier de Magny en 1554[1]. Celui-ci, qui sert d'« envoi » aux autres poésies, dut être composé en 1555.

On pourrait supposer en outre que les sonnets VI et VII aient été adressés à Olivier de Magny et par conséquent composés vers 1555, car celui-là parle du retour d'un amant, revenu d'une longue absence (ou d'une absence qui paraît longue à son amie), et celui-ci décrit les souffrances que cause à Louise cette même absence. Toutefois, les indications fournies à ce sujet par ces deux poèmes nous paraissent trop vagues pour justifier des affirmations décisives.

On peut être sûr cependant, que si quelques-unes des poésies de Louise Labé ne furent composées que peu de temps avant leur publication, la plupart d'entre elles étaient véritablement, comme elle les appelle elle-même, des « jeunesses ». Car si nous comparons leur style avec celui du *Débat de Folie et d'Amour*, nous trouvons que dans ses poésies Louise a des défauts qui sont bien souvent des défauts d'inexpérience, tandis que dans sa prose elle sait s'exprimer avec un art plus réfléchi, plus soigné. Dans ses poésies elle n'a pas encore atteint à cette souplesse, à cette netteté, à cette délicatesse qui prêtent à sa prose tant de charme, et qui lui donne, à nos yeux du moins, une valeur d'expression infiniment plus grande que celle des poésies.

La poésie de Louise Labé traite exclusivement de l'amour. La nature, la mythologie, l'astrologie, qui figurent si souvent dans la poésie de Pétrarque et de ses disciples français, n'y tiennent que très peu de place. Un joli sonnet où elle travaille un thème cher à tous les poètes, le retour du printemps ; un autre, moins bien réussi, où elle chante le « beau jour de lueur

1. Voir p. 74.

revêtu » qui vient remplacer l'obscurité d'une nuit de grêle et de tonnerre, voilà à peu près les seuls poèmes où elle se serve d'allusions puisées dans la nature. Quant aux expressions empruntées à la mythologie ancienne, si elle appelle le soleil « Phébus », si elle parle de Vénus, de nymphes, de zéphirs, c'est parce que ces termes étaient alors, et surtout dans le sonnet, genre « noble », presque de rigueur. Aux yeux de la Pléiade cependant, ses vers durent paraître nus, indoctes, dépourvus d'art[1]. Rendons-lui hommage d'avoir su dire son amour sans paraphrase !

Nous avons vu combien, dans sa prose, elle aime à esquisser des portraits, à décrire des scènes pleines de vivacité. De même dans sa poésie elle nous donne parfois des portraits et des scènes. C'est son amant, ceint du laurier vert et jouant du lut, c'est elle-même, la désespérée, qui passe la nuit à sangloter. Exprimer son amour en vers, c'est, pour Louise, énumérer tout carrément et sans détour les causes et les symptômes du mal qui la tourmente, ou ébaucher devant nous en quelques traits rapides, tel portrait, tel incident amoureux : ce n'est jamais s'engager en des subtilités psychologiques ou mystiques.

Nous ne pouvons croire avec Charles Boy qu'elle ait eu l'intention d'écrire une suite de poèmes dont chacun représenterait une phase spéciale dans l'éternel poème d'amour[2]. Ses sonnets nous paraissent des morceaux détachés, arrangés, sauf pour le premier et le dernier, assez au hasard.

Quels ont été, en matière de poésie, les modèles de Louise Labé ? En traitant le sujet des sources d'un poète, le critique court deux risques. D'un côté, s'il « explique » trop, s'il n'accorde pas sa part d'originalité au poète qu'il étudie, il risque de le réduire à un simple écho ; de l'autre, si, avant de se prononcer, il néglige de fouiller toutes les œuvres qui

1. « Ni Du Bellay, ni Ronsard, ni Daurat, nous dit M. Jasinski (op. cit., p. 66), ne lui envoyèrent leur hommage. Comme ils étaient alors en pleine fièvre de pétrarquisme et de pédantisme ils jugèrent sans doute l'œuvre trop nue, trop indocte, trop éloignée du grand art où ils s'étaient superbement haussés. Et la pauvre Louise ne fut pas admise en leur compagnie. »

2. II, pp. 9, 131 et s.

ont pu servir de modèles à son auteur, il risque de prendre pour original ce qui n'est qu'imité. Ainsi, tout en reconnaissant la part de l'imitation chez Louise Labé, évitons de lui couper les ailes en assignant aux autres ce qui est vraiment à elle.

Assurons tout d'abord que son imagination fut bien assez féconde, dans sa poésie comme dans sa prose, pour ne pas avoir besoin de se modeler exactement sur l'œuvre d'autrui. La poésie française, en premier lieu, semble avoir exercé sur elle très peu d'influence. Qu'elle ait choisi pour chanter son amour, non des rondeaux, des virelais, ni d'autres formes appartenant à la tradition du moyen-âge français, mais des élégies et des sonnets, cela montre qu'elle voulait en quelque sorte s'éloigner de cette tradition. En choisissant un titre pour son morceau de prose au contraire, ce fut justement à cette tradition du moyen-âge français qu'elle eut recours, en l'appelant un *Débat*. Peut-on voir dans cette circonstance des indications d'un changement d'attitude ? Serait-ce qu'à l'âge où elle écrivit la plupart de ses vers elle était sous la domination des idées que lui avait inculquées son éducation à l'italienne, tandis que plus tard, à l'âge où elle composait son *Débat*, ayant atteint à l'indépendance de la pensée, elle commença de goûter et d'apprécier la littérature de son propre pays ? Quoi qu'il en soit, il est clair que dans sa poésie elle ne doit rien, ou presque rien, ni aux poètes français des siècles précédents, ni à Marot, à ce représentant d'une époque de transition et qui semble si souvent ramasser en lui-même et les tendances diverses de l'ancienne poésie française et celles de la Renaissance[1]. Aux poètes de la

---

1. Ici nous ne sommes point d'accord avec M. S.-P. Koczorowski, qui dans son opuscule sur Louise Labé (Paris, 1925, in-8°, pp. 43, 47), écrit que notre poétesse s'inspire du *Temple de Cupido* de Clément Marot. Voici les passages sur lesquels M. Koczorowski fonde son assertion :

De Louise Labé : El. II. (Boy, I, 81.)

> Mais ces miens traits ces miens yeux me deffirent,
> Et de vengeance estre exempte me firent.
> Et me moquant, et voyant l'un aymer,
> L'autre bruler et d'Amour consommer :
> En voyant tant de larmes espandues,
> Tant de souspirs et de prieres perdues,
> Je n'aperçu que soudain me vint prendre
> Le mesme mal que je soulois reprendre.

Pléiade, au doux poète platonicien Antoine Heroët, même à
Maurice Scève, son illustre concitoyen, elle ne doit rien non
plus. Un quatrain du sonnet XII qui fait penser à Pontus du
Tyard [1], deux sonnets, le XIII et le XVIII, qui rappellent d'une

De Marot : « Le Temple de Cupido » (Œuvres, éd. Guiffrey, Paris, 1875,
in-4°, t. II, p. 69.)

> Mais ainsi est que ce cruel enfant
> Me voyant lors en l'aage triomphant,
> Et m'esjouir entre touts ses souldartz
> Sans point sentir la force de ses dartz ;
> Voyant aussi qu'en mes œuvres et dictz
> J'alloys blasmant d'Amour touts les edictz,
> Delibera, d'un assault amoureux,
> Rendre mon cœur pour une langoureux.

Entre ces deux passages nous ne voyons vraiment que bien peu de
rapport. Entre les passages que nous allons citer maintenant il y a
une réelle correspondance, et d'idée et de langage. Toutefois cette correspondance, qui nous paraît unique, ne justifie pas l'assertion de M. Koczorowski que « pour les élégies I et III Louise s'est fortement inspirée de
Marot » (op. cit., p. 47.) Au contraire, rien de plus dissemblable à nos
yeux, que la description diffuse et bizarre que donne Marot du Temple
d'Amour, description remplie de métaphores dans le style médiéval,
d'allusions à « Ferme Amour », à « Bel Accueil » etc., et l'inspiration toute
personnelle, pour ne pas dire autobiographique, des élégies de Louise
Labé.

De Louise Labé : El. III. (Boy, I, 90.)

> Ainsi parloit et tout eschaufé d'ire
> Hors de sa trousse une sagette il tire,
> Et decochant de son estreme force
> Droit la tira contre ma tendre escorce?

De Marot : (loc. cit.).

> Pas ne faillit : car par trop ardente ire
> Hors de sa trousse une sagette il tire
> De boys mortel, empenné de vengeance,
> Portant un fer forgé par desplaisance
> Au feu ardent de rigoureux refus ;
> Laquelle lors, pour me rendre confus,
> Il descocha sur mon cœur rudement.

Outre celle ci, la seule indication de l'influence de Marot sur la Belle
Cordière vient dans le *Débat de Folie et d'Amour*. La phrase : « Brief, le
plus grand plaisir qui soit après amour, c'est d'en parler » (Boy, I, 46)
rappelle ces vers de la VIe Élégie de Marot :

> Le plus grand bien qui soit en amitié...
> Est s'entrescrire ou se dire de bouche
> Soit bien, soit deuil, tout ce qui au cœur touche.

1. Nous nous attendions à trouver chez Louise Labé plusieurs souvenirs
de Pontus du Tyard, vu que celui-ci semble avoir connu fort bien Lyon et
les Lyonnais, qu'il a exercé de l'influence sur plusieurs poètes de son
époque, et qu'il a adressé des vers à la Belle Cordière. (Voir p. 163.) Cepen-

façon générale ce qu'on peut appeler la littérature du baiser, si en vogue au XVIe siècle [1], et plus précisément trois Baisers de Jean Second, voilà tous les emprunts faits par Louise à ses contemporains. Car nous ne pouvons traiter d' « emprunts » cette correspondance entre certains vers de Louise et de son amant Olivier de Magny, correspondance dont nous avons déjà parlé ailleurs, et qui vient plutôt d'une intimité de cœur que d'une sympathie artistique.

Notre poétesse ne doit donc presque rien à la tradition poétique française. Il n'en est pas ainsi cependant du langage qu'elle emploie dans ses vers, car ici, comme dans sa prose, on trouve bien des réminiscences du vieux français. On y trouve aussi, comme dans sa prose, une absence presque totale des mots d'origine grecque ou italienne et un emploi fréquent de mots d'origine latine.

---

dant nous n'avons pu trouver que ce seul quatrain qui relève de lui :

Louise Labé : S. XII.

> Lut, compagnon de ma calamité,
> De mes soupirs témoin irreprochable,
> De mes ennuis controleur véritable,
> Tu as souvent avec moy lamenté.

Pontus du Tyard : Erreurs amoureuses (publiées pour la première fois en 1549). Éd. Marty-Laveaux, Paris, 1875, in-8°, t. II, s. XXIII :

> Leut, seur braceing et fidelle confort
> De mes soupirs et travaux languissans;
> De qui souvent les accords ravissans
> M'ont fait souffrir en mourant double mort;
> Tu as longtemps avec moy pleint le tort
> De deux doux yeux...

Il est possible que ces deux passages soient imités d'un même modèle italien que nous n'avons pu découvrir.

Sur l'influence de Pontus du Tyard sur divers auteurs français de la Renaissance voir : H. Chamard : *Joachim du Bellay*, pp. 192-193 ; F. Flamini : « Le rôle de Pontus du Tyard dans le pétrarquisme français », *Rev. de la Renaissance*, 1901 ; J.-P.-A. Jeandet : *Étude sur le XVIe siècle. Pontus du Tyard, seigneur de Bissy, depuis évêque de Chalon*, Paris, 1860, in-8°.

1. On sait que tous les poètes du XVIe siècle, depuis Jean Second jusqu'à Ronsard, ont chanté *ad nauseam* les délices du baiser. Les sonnets XIII et XVIII de Louise Labé pourraient être rapprochés d'un sonnet de Ronsard (*Œuvres complètes*, éd. Vaganay, Paris, 1923, in-8°, t. II, p. 471.) Ils pourraient l'être aussi bien d'autres poèmes contemporains. Pour les passages des *Baisers* de Jean Second qu'ils rappellent plus particulièrement, qu'il nous soit permis de renvoyer le lecteur aux pp. 53 et s. de l'étude de M. Koczorowski déjà citée.

Si nous en venons aux dettes de Louise Labé envers la littérature ancienne, nous devons signaler d'abord l'emploi par elle de la forme poétique de l'élégie[1].

Or dans le « privilège du roi », nous l'avons vu, les élégies sont qualifiées d' « odes et d'épîtres »[2]. Si c'est là un changement de titre effectué par Louise elle-même, et non une faute imputable à quelque greffier de Fontainebleau, on peut conclure que notre poétesse partageait l'opinion de Du Bellay quand il dit que la différence entre les deux genres, c'est que l'élégie est plus noble, en même temps que plus grave, plus « triste et flebile » que l'épître[3].

L'influence des Anciens sur ces élégies se borne cependant au titre. Si elles sont en effet « pitoyables », selon l'expression de Du Bellay, elles ne sont point « entremeslées de fables anciennes[4] ». De même dans les sonnets l'influence des Anciens est aussi rare que dans le *Débat de Folie et d'Amour* elle est fréquente[5].

Il en est tout autrement de l'influence italienne, qui est très

1. *Deffence*, chap. XII. M. Chamard, dans son édition (Paris, 1904, in-8°, p. 334, n. 3) fait remarquer que Du Bellay s'est trompé en disant que le mot *élégie* fut introduit en France par Lazare de Baïf. On sait que Clément Marot aima beaucoup ce genre poétique.

2. La désignation « épître » convient, à vrai dire, assez bien à ces poésies, qui toutes sont adressées à des individus particuliers : les élégies I et III aux « Dames Lyonnaises », l'élégie II à un amant, probablement à Olivier de Magny. Cf. le texte du « privilège », p. 1 de l'*Appendice*.

3. *Deffence*, édition Chamard, pp. 215-217.

4. *Deffence*, p. 207.

5. Il est vrai que dans ses poésies Louise se sert assez souvent de termes puisés dans la mythologie ancienne. Cependant le seul de ses poèmes qui soit vraiment « entremeslé de fables anciennes » est le sonnet XIX : « Diane estant dans l'espaisseur d'un bois... », charmante poésie où elle s'imagine une rencontre entre elle-même et la déesse. A propos de ce sonnet Jean Moréas a écrit : « En voici un qui fait songer à cet Anacréon à peine tiré alors du tombeau par Henri Estienne ». C'est sans doute à l'édition latine des Odes d'Anacréon donnée par Henri Estienne en 1554 que pense cet auteur : la première traduction française de ces odes, celle de Remy Belleau, parut en 1555 (à Paris chez Wechel, voir Brunet I, 254), la même année que les œuvres de Louise Labé. Or si le XIXe sonnet de notre poétesse rappelle Anacréon par le fini de son exécution et la grâce de son langage mythologique, on n'y trouve point de souvenirs plus directs du poète en question. Voir : Jean Moréas : *Réflexions sur quelques poètes*, Paris, 1912, in-8°, p. 34.

apparente dans les poésies de Louise Labé, surtout dans ses
sonnets. Toutefois, il faut distinguer entre l'imitation servile
pratiquée par la plupart des sonnetistes français de cette époque
et l'attitude indépendante adoptée par la Belle Cordière. A
l'encontre de presque tous ses contemporains, Louise ne plagie
à peu près jamais. Nous n'avons pu trouver chez elle qu'un
seul sonnet dont on puisse dire qu'il a été modelé exactement
sur un poëme italien[1]. Et encore s'agit-il ici plutôt d'une
adaptation que d'une traduction. Afin de montrer la différence

1. Dans l'idée que Louise ressemblerait en ceci à ses contemporains, et
qu'il ne s'agissait, pour lui trouver des modèles italiens, que de les chercher avec assez de persévérance, nous avons dépouillé une foule de recueils
de poésies et d'anthologies italiennes de cette époque. Nos efforts sont restés
à peu près sans résultat. Car, outre le poëme de Sannazar que nous citons
dans le texte, nous n'avons pu trouver, ni dans les œuvres des pétrarquistes italiens eux-mêmes, ni dans les nombreux recueils de Giolito de
Ferrare, aucun trait « pétrarquiste » qu'elle n'eût pas pu puiser directement chez Pétrarque. Ce qui revient à dire qu'elle ne ressemble aux disciples
de Pétrarque qu'en tant que ceux-ci ressemblent au maître. On trouve par
exemple dans un recueil de *Rime di diversi autori*, publié en 1517, un
poëme qui commence :

> Et mi nuoce, et mi giova, e m'arde et agghiaccia,
> Et mi punge, et mi sana, et stringe et scioglie, etc.

et qui rappelle en quelque sorte le VIIIe sonnet de Louise[t] :

> Je vis, je meurs, je me brûle et me noye,
> J'ay chaut extreme en endurant froideur...

Pourtant l'idée fondamentale de ces vers : les extrêmes de sentiments
opposés où l'amant se plonge, revient souvent dans Pétrarque, comme
aussi l'artifice poétique qui consiste à entasser antithèse sur antithèse. Cp.
par exemple le sonnet de Pétrarque :

> Amor mi sprona in un tempo ed affrena,
> Assecura e spaventa, arde ed agghiaccia,
> Gradisce e sdegna, a sè mi chiama e scaccia.   (I, 136.)

ou cet autre :

> Pace non trovo e non ho da far guerra,
> E temo e spero, ed ardo e son un ghiaccio.   (I, 90.)

Cette même idée fondamentale, ce même artifice poétique reviennent
souvent chez Ronsard, e. g. :

> J'espère et crains, je me tais et supplie...

(*Amours*, I, 12.)

et chez Du Bellay :

> Ores je chante et ores je lamente...   (*Olive*, 90.)

Le S. VIII de Louise Labé rappelle à Sainte-Beuve « un très beau frag-
ment de Sophocle que nous a conservé Stobée ». (*Portraits contemporains*,
Paris, 1876, in-12, t. V, p. 28). Il nous semble pourtant plus probable que
Louise se soit modelée sur Pétrarque que sur Sophocle.

entre les méthodes de notre poétesse et celles de ses contemporains, nous reproduisons ici deux versions d'un même sonnet
de Sannazar, dont l'une est de Louise Labé, l'autre d'Olivier de
Magny. On verra que celle de Magny est une traduction à peu
près littérale, tandis que celle de Louise a sa valeur propre.
Voici d'abord le sonnet de Sannazar[1] :

> Interdette speranze e van desio,
> Pensier fallaci, ingorde e ciechi voglie,
> *Lagrime triste, e voi sospiri e doglie,
> Date omai pace al lasso viver mio.
>
> E s'al mio mal non val forza d'obblio,
> Ne per disdegno il nodo si discoglie ;
> Prenda morte di me l'ultime spoglie,
> Pur ch'abbia fin mio fato acerbo e rio.
>
> Usin le stelle e'l ciel tutte lor prove ;
> Ch'a quel ch'io sento mi parrano un gioco :
> Da sì profonde parte il duol si move.
>
> Gitta, Amor, l'arco, le saett'e'l foco,
> Drizza il tuo ingegno e le tue forze altrove ;
> Che nuova piaga in me non ha più loco.

Voici la traduction de Magny[2] :

> Inutille desir, interditte espérance,
> Cauteleuse pensée et vouloir avenglé,
> Larmes, plainctes, souspirs et tourments dereiglé,
> Donnez ou paix ou tresve à ma longue souffrance.
>
> Et s'au mal le dédain ny l'oubli n'a puissance,
> Et que je doive ainsi sans fin estre comblé :
> De tant et tant d'ennui dans mon âme assemblé,
> Face la mort sur moy sa dure violence ;
>
> Ou le ciel promptement me foudroie le chef
> Car je n'ay point de peur de nul mortel meschef,
> Pourveu qu'en trespassant ma peine ne me suive,

---

1. *Opera volgare di M. Jacopo Sannazaro*. Venezia, 1741, in-8°, t. II,
2° partie, p. 33.

2. *Souspirs*, édition Courbet, Paris, 1874, in-12, s. lxvi.

> Sus donc, Amour, va-t-en, retire toy, a dieu,
> Ta force en mon endroit demeure ores oisive,
> Puis que nouvelle playe en moy n'a plus de lieu.

Et la version de Louise[1] :

> O longs desirs, ô esperances vaines,
> Tristes soupirs et larmes coutumieres
> A engendrer de moy maintes rivieres
> Dont mes deux yeux sont sources et fontaines :
>
> O cruautez, ô durtez inhumaines,
> Piteus regars des celestes lumieres :
> Du cœur transi ô passions premieres,
> Estimez-vous croître encore mes peines ?
>
> Qu'encore Amour sur moy son arc essaie,
> Que nouveaus feus me gette et nouveaus dars ;
> Qu'il se despite et pis que pourra face :
>
> Car je suis tant navree en toutes pars
> Que plus en moy une nouvelle plaie
> Pour m'empirer ne pourroit trouver place.

C'est là le seul emprunt digne de mention que Louise ait fait à Sannazar. A Cariteo, à Tebaldeo, à Séraphin, même à Bembe[2], elle ne doit presque rien non plus. Elle méprisa les ornements des strambottistes. Ses sonnets ne se terminent que rarement dans une « pointe ». Son maître fut, en matière de poésie, non pas les poëtes pétrarquisants, mais Pétrarque lui-même[3].

1. Boy I, 94.
2. Voir p. 113.
3. G. Tracconaglia : *Une page de l'histoire de l'Italianisme à Lyon à travers le Canzoniere de Louise Labé*, Lodi, 1917, in-8°, chap. III, traite de la question des dettes de Louise envers Pétrarque et ses disciples. Cet auteur pense comme nous que la Belle Cordière ne doit pas grand'chose aux pétrarquistes. Cependant nous allons plus loin que lui, et nous sommes portés à lui disputer même les quelques trouvailles qu'il pense avoir faites. Car il nous semble que les vers qu'il dit avoir été puisés chez l'un ou l'autre des pétrarquistes peuvent généralement être attribués autant au maître qu'aux disciples. Ou bien ils sont du propre de Louise elle-même. A quoi bon rapprocher, par exemple, du passage dans sa II° élégie où Louise soupire après le retour de son amant, tantôt un poème de Gaspara

Louise doit beaucoup à Pétrarque, bien qu'elle lui prenne textuellement et littéralement très peu[1]. Elle lui doit d'abord une partie de l'inspiration générale de son œuvre. Car si ses vers respirent parfois un amour purement charnel, cet amour est comme mêlé inextricablement à une passion plus noble, à l'amour platonique chanté par Pétrarque. Ainsi dans son XVIIIe sonnet, où, plus que dans aucun autre de ses poèmes, Louise s'abandonne à la contemplation de l'amour sensuel, on retrouve cependant cette idée si chère aux néo-platoniciens : celle de deux âmes devenues une par la puissance du sentiment qui les unit[2] :

> Lors double vie à chacun en suivra,
> Chacun en soy et son ami vivra.

Et dans le sonnet VII, l'un des plus beaux qu'elle nous ait laissés, elle se sert d'une figure familière à tous les poètes platoniciens, celle du corps d'où l'âme s'est envolée. Voici le sonnet dont nous parlons :

> On voit mourir toute chose animee,
> Lors que du corps l'ame sutile part :
> Je suis le corps, toy la meilleure part :
> Ou es-tu donc, ô ame bien aymee ?

Stampa, tantôt une épître de Séraphin, tantôt un passage de la Fiammette de Boccace ? Il est vrai que l'absence du bien-aimé, les promesses de son retour et la mention de lettres reçues de lui, figurent dans ces trois écrits aussi bien que dans l'élégie de la Belle Cordière. Mais ce sont là des circonstances communes à toute histoire d'amour, et nous ne doutons pas que notre poétesse se fût exprimée exactement de la même façon si les œuvres de Boccace, de Sérafin et de Gaspara Stampa n'avaient jamais paru.

1. N'oublions pas que dans son *Débat* Louise parle en termes fervents de Pétrarque, qui, « en son langage ha fait sa seule afeccion aprocher à la gloire de celui qui ha representé toutes les passions, coutumes, façons et natures de tous les hommes, qui est Homère. » (Boy, I, 47.)

2. De même Héroet écrit :

> O cœurs heureux ! o felicité d'eulx,
> Quand pour ung seul on en recouvre deux.
> O beau mourir pour en celluy revivre
> La mort duquel double vie delivre.
>
> *La Parfaicte Amye.* (Œuvres, édition Gohin, Paris, 1908, p. 14.)

> Ne me laissez pas si longtemps pamee,
> Pour me sauver apres viendrois trop tard.
> Las, ne mets point ton corps en ce hazart :
> Rens lui sa part et moitié estimee.
>
> Mais fais, Ami, que ne soit dangereuse
> Cette rencontre et revuë amoureuse,
> L'accompagnant, non de severite,
>
> Non de rigueur : mais de grace amiable,
> Qui doucement me rende ta beauté,
> Jadis cruelle, à present favorable[1].

Pourtant Louise, quand elle prend à Pétrarque des idées ou des images, ne renchérit jamais sur le caractère de ses emprunts de façon à les rendre bizarres ou forcés : elle n'appartient pas au genre de « pétrarquisants » visés par Du Bellay quand il écrit :

> J'ay oublié l'art de Petrarquizer,
> Je veulx d'Amour franchement deviser,
> Sans vous flatter et sans me desguiser :
>   Ceux qui font tant de plaintes
> N'ont pas le quart de vraye amitié,
> Et n'ont pas tant de peines la moitié,
> Comme leurs yeux, pour vous faire pitié,
>   Jettent de larmes feintes[2].

Tout en « pétrarquisant », Louise ne verse jamais « des larmes feintes ». Elle ne fait jamais de ses images ou de ses pointes la seule raison d'être d'un poème. Elle évite de prendre à son maître tout ce qui sent trop la rhétorique ou l'exagération[3]. Elle laisse les jeux de mots, elle se méfie de l'hyper-

---

1. Boy 1, 96.

2. *Contre les Pétrarquistes*, dans *Jeux Rustiques* (1558). Voir H. Chamard : *Joachim du Bellay*, p. 195.

3. Nous ne pouvons nous mettre d'accord avec A. Farinelli (*Dante e la Francia dall' età media al secolo di Voltaire*, Milano, 1908, in-8°, t. I, p. 395) lorsqu'il dit que les vers de Louise Labé sont pleins des « froideurs » des Pétrarquistes. Cet auteur ajoute cependant : « mais quand son cœur déborde de rimes, elle... sait mettre dans ses vers quelque chose de tout nouveau alors dans la poésie lyrique : l'ardeur, la lutte, l'angoisse et le tourment de son âme ». Ces deux remarques nous paraissent quelque peu contradictoires.

bole. Ainsi, bien que l'on trouve chez elle à peu près tout le
répertoire de métaphores si chères au chanteur de Laure :
flèches, flammes, étincelles, astres, soleils, lunes, orages,
zéphirs, fontaines, etc., on ne peut lui reprocher ces combats
entre le feu et l'eau (c'est-à-dire entre l'amour et les larmes),
entre le soleil et la neige (mettez l'amour et l'indifférence), ces
soupirs devenus tempêtes, ces sanglots qui sont tantôt des
océans, tantôt du tonnerre, tout cet appareil d'exagérations qui
distingue la poésie des quattrocentistes [1]. Elle est en ceci bien
supérieure à Maurice Scève, dont les *concetti* ont valu à toute
l'école lyonnaise une réputation de préciosité. Celui-ci, quand
il veut démontrer l'intensité de sa douleur, défie le canon de
faire un bruit aussi terrifiant que le son de ses sanglots [2].
Louise, elle, nous dit simplement, naïvement :

> Crier ne faut mon mal toute la nuit,   (s. V.)

et parle du « bien » qu'elle a tant désiré

> Que de sanglots ay souvent cuidé fendre.   (s. IX.)

Une image surtout, très usitée chez Pétrarque, revient
souvent dans les vers de notre poétesse : la comparaison de la
personne aimée avec le soleil [3]. Comme Pétrarque, Louise
chante le soleil qui l'échauffe, qui apporte de la lumière dans
ses ténèbres et qui la fait resplendir d'une beauté nouvelle. Elle
le chante simplement, d'une façon qui ne détruit pas le charme
de l'image employée.

On remarque en outre chez elle les procédés de rhétorique
qui caractérisent le poète italien : tel un développement par

---

1. Le seul exemple chez Louise d'une telle façon de parler précieuse se
trouve au sonnet XVI :

> Mais maintenant que tu m'as embrasée
> Et suis au point auquel tu me voulois,
> Tu as ta flame en quelque eau arrosée
> Et es plus froid qu'estre je ne soulois.

2. *Délie*, diz. 360. Voir Vianey : *Le Pétrarquisme en France au XVIe siècle*
(*Publications de la société des langues romanes*, t. XXIII) Montpellier, 1909,
in-8°, pp. 65 et s.

3. Voir *Canzoniere* XV, LXIV, LXVIII, LXXIV, XCIV, CXXIII, CXXXVI,
CLXIV, CLXVIII, CXCVII ; Louise Labé : Sonnets VI, XV, XVI, XXII.

exclamations [1], par interrogations [2], par énumérations [3], par
antithèses. C'est dans l'emploi des antithèses que Louise
risque le plus de devenir précieuse [4]. Ainsi, dans le sonnet VIII,
qui rappelle d'ailleurs, par le langage aussi bien que par la
forme, deux sonnets de Pétrarque [5], on trouve une suite d'antithèses qui se prolonge jusqu'au dernier vers, et qui donne à ce
poëme un air de postiche étranger à la plupart de ses compositions. Voici le sonnet dont il s'agit :

> Je vis, je meurs, je me brule et me noye,
> J'ay chaut estreme en endurant froidure :
> La vie m'est et trop molle et trop dure,
> J'ay grans ennuis entremeslez de joie :
>
> Tout à un coup je ris et je larmoye,
> En un plaisir maint grief tourment j'endure :
> Mon bien s'en va, et à jamais il dure :
> Tout en un coup je seiche et je verdoye.

1. E. g. les sonnets II et XI de Louise Labé. Les huit premiers vers du
2. II commencent par « O ».

> O beaus yeus bruns, ô regars destournez... etc.

Boy (I, 192) a cru voir dans cette circonstance une allusion à l'initiale
d'Olivier de Magny. Il oubliait combien ce procédé de rhétorique est commun chez tous les poëtes du Quattrocento.

2. E. g.   Quelle grandeur rend l'homme venerable ?
            Quelle grosseur ? quel poil ? quelle couleur ?
            Qui est des yeus le plus emmiellleur ? etc.   (s. XXI.)

Les quatrains de ce sonnet sont composés entièrement d'interrogations
auxquelles les réponses se trouvent dans les tercets.

3. Le s. II. ne consiste qu'en une longue énumération. C'est ici cependant le seul exemple chez Louise Labé de l'abus de ce procédé.

4. Voici par exemple des vers où l'emploi d'antithèses donne lieu à des
concetti :

> Donques, mes yeus, tant de plaisir avez,
> Tant de bons tours par ses yeus recevez :
> Mais toy, mon cœur, *plus les rois t'y complaire*
> *Plus tu languis, plus en as de souci,*
> Or devinez si je suis aise aussi,
> *Sentant mon œil estre à mon cœur contraire.*   (s. XI.)
>
> Si jamais ma povre ame amoureuse
> Ne doit avoir du bien *en verité*
> *Faites au moins qu'elle en ait en mensonge.*   (s. IX.)

5. Voir p. 143, n. 1.

> Ainsi Amour inconstamment me meine :
> Et quand je pense avoir plus de douleur,
> Sans y penser je me treuve hors de peine.
>
> Puis quand je croy ma joye estre certeine
> Et estre au haut de mon desiré heur,
> Il me remet en mon premier malheur.

Notre aimable Lyonnaise a pris à Pétrarque plus que l'inspiration générale de son œuvre, le goût de certaines images et quelques procédés de rhétorique. Elle le rappelle bien souvent par la façon dont elle raconte son roman d'amour. Comme lui, elle présente ses poèmes au lecteur en implorant pitié et pardon [1]. Comme lui elle compte les années qui se sont écoulées depuis qu'elle est tombée amoureuse [2]. Comme lui elle « fuit la vile et temples », leur préférant la solitude de la campagne, où elle peut s'abandonner à la contemplation de l'image de son ami [3]. Comme lui elle prend plaisir à reconstruire, trait par

---

1. Louise écrit :

> Quand vous lirez, ô Dames Lionnoises,
> Les miens escrits pleins d'amoureuses noises, ...
> Ne veuillez pas condamner ma simplesse,
> Et jeune erreur de ma folle jeunesse...   (El. III.)

ou bien :

> Ne reprenez, Dames, si j'ai aymé...   (s. XXIV.)

Et Pétrarque :

> Voi ch'ascoltate in rime sparse il suono
> De' quei sospiri ond' io nudriva il core,
> In sul mio giovenile errore...
> Del vario stile in ch' io piango e ragiono,
> Fra le vane speranze e 'l van dolore...
> Spero trovar pietà non che perdono.

Voir : G. Trarconaglia : op. cit., p. 55.

2. *Louise Labé* :

> Et ja voici le troizième esté
> Que mon cœur fut par amour arresté.   (El. III.)

Pétrarque :

> S'al principio risponde il fine e 'l mezzo
> Del quartodecimo anno ch'io sospiro.   (s. LI.)

Celle-ci est loin d'être la seule occasion à laquelle Pétrarque se livre au plaisir mélancolique de « compter les années ».

3. *Louise Labé* :

> Je fuis la vile et temples et tous lieus...
> Des bois espais sois le plus solitaire.   (s. XVII.)

trait, cette image dans sa pensée [1]. Comme lui enfin, elle se
déclare prête à mourir, si en mourant elle peut retrouver son
bien-aimé [2].

Bien qu'elle n'ait jamais traduit mot à mot un poème de
Pétrarque, Louise fait parfois d'une partie de poème de celui-ci
d'un vers, d'un quatrain, même de deux quatrains, une paraphrase rapprochée. Voici les passages des deux poètes qui se
ressemblent le plus [3] :

Louise Labé :	*Pétrarque :*
Qu'encor n'en suis apres long- temps guerie. *El. I.*	Fece la piaga ond'io non guario mai. *S. LXVI.*
Avec toy tout et sans toy je n'ay rien,	Ma io che debbo altro che pianger sempre
Et n'ayant rien qui plaise à ma pensee,	Misero e sol, che senza te son nulla ? *C. VI. M.*
De tout plaisir me trouve delais- see. *El. II.*	
Mais si en moy rien y ha d'impar- fait	In te vaghi pensier s'arman d'er- rore
Qu'on blame Amour : c'est lui seul qui l'a fait. *El. III.*	Per che d'ogni mio mal te solo incolpo. *S. VI. M.*
Il ne me chaut de soleil ni d'om- brage. *El. III.*	Piu non mi puo scampar l'aura ne'l rezzo. *S. LI. M.*

Pétrarque :

  Solo e pensoso i piu deserti campi
  Vo misurando a passi tardi e lenti.   (s. XII.)

  Le cita sou nemiche, amici i boschi
  A miei pensier...   (ses. VII.)

1. Comme lui elle chante les yeux de son ami, ces « beaus yeus bruns »
(s. II), ces « dous regars », ces « yeus pleins de beauté » (s. XI) où sont
« d'amour les flesches dangereuses » (ib.). Elle nous esquisse un portrait
de son ami jouant du lut, son « blond chef » couronné d'un « laurier
verd » (s. X). « Quelle grandeur rend l'homme vénérable ? demande-t-elle
ailleurs. Quelle grosseur, quel poil ? » Amour ayant forcé son jugement,
elle se trouve incapable de donner à ses propres questions une réponse
impartiale.

2. « M'e piu caro il morir che'l viver senza », dit Pétrarque (C. VI).
« Bien je mourrais, plus que vivante heureuse » déclare Louise (s. XIII).

3. Ces passages se trouvent aussi dans le livre de G. Tracconaglia : op.

Louise Labé :	*Pétrarque :*
Je n'ay qu'amour et feu dans mon courage Qui me desguise et fait autre paroitre, Tant que ne peux moymesme me connoître. *El. III.*	E sono in non molt'anni si di-messo Ch'a pena riconosco omai me stesso. *S. LXXVII M.*
Car je suis tant navree en toutes pars, Que plus en moy une nouvelle playe Pour m'empirer ne pourroit trou-ver place. *S. III.*	Non prego gia, ne puote aver loco Che misuratemente il mio cor arda. *S. XLII.*
J'endure mal tant que le soleil luit, Et quand je suis quasi toute cassee, Et que me suis mise en mon lit lassee, Crier me faut mon mal toute la nuit. *S. V.*	Tutto'l di piango : e poi la notte quando Prendon riposo i miseri mortali. Trovomi in pianto e raddiopiarsi i mali. *S. CLXI.*
Puis quand je croy ma joye estre certeine Et estre au haut de mon desiré heur, Il me remet en mon premier mal-heur. *S. VIII.*	Che quando speranza che'l cor n'esca Allor piu nel bel viso me rinvesca. *B. III.*
Et d'un dous mal douce fin espe-rer. *S. XII.*	Dolce mal, dolce affanno... *S. CLIII.*
... quelque part que tu sois Qu'autant que moy tu soufres de martire. *S. XXIII.*	Che fai tu lasso ? forse in quella parte Or di tua lontananza si sospira : E in questo pensier l'alma res-pira. *C. XIII.*

cit., ch. II. Nous n'avons pas pu ajouter au nombre de correspondances données par cet auteur ; au contraire, nous en avons cru devoir retrancher plusieurs. Cp. p. 145, n. 3.

Il y a, outre Pétrarque, un poëte italien que Louise semble avoir lu avec intérêt et profit : c'est l'Arioste. Elle ne lui prend rien textuellement cependant : aux caractères créés par lui elle ne consacre que la plus courte des mentions [1]. Elle lui doit pourtant l'un des aspects les plus importants de son « féminisme », l'idée de la femme forte, rompue à tous les exercices physiques et capable de porter les armes

> ... en armes fiere aller.
> Porter la lance et bois faire voler [2].

Le savant A. Farinelli, dans son livre *Dante e la Francia* [3], semble être d'opinion que l'auteur de la *Divina Commedia* a exercé sur Louise Labé quelque influence. Selon lui, le XIIIe sonnet aurait été inspiré par l'épisode de Paolo et Francesca. Nous avouons que nous ne pouvons voir aucun rapport entre les deux. Il nous semble plutôt probable qu'une partie au moins du sonnet en question ait été suggérée par l'œuvre de Jean Second [4].

Considérée du point de vue historique, la versification de la Belle Cordière fournit des détails intéressants. Non que ses vers soient des modèles de technique : bien qu'ils montrent parfois une grande habileté d'artiste, ils sont loin d'être toujours irréprochables, littérairement parlant. Le mérite de Louise c'est qu'à une époque où ce genre de poésie était encore tout neuf en France, elle sut écrire des sonnets, des sonnets originaux et non calqués sur des poèmes italiens.

Il a toujours existé une espèce de tradition qui donne au sonnet français la ville de Lyon pour berceau. Les uns attribuent à Clément Marot l'honneur d'avoir introduit le sonnet

> Qui m'eust vû alors en armes aller...
> Pour Bradamante, ou la haute Marphise,
> Sœur de Roger, il m'ust, possible, prise.
>
> El. III (Boy, I, 90).

2. El. III. Boy, I, 89. Voir p. 54.

3. Cet auteur hésite à affirmer cependant, que Louise ait lu la *Divina Commedia* !

4. Les vers :

> Si de mes bras le tenant accollé,
> Comme du pierre est l'arbre encercelé,
> La mort venoit, de mon aise enrieuse...

rappellent assez exactement l'idée et le langage employés par Jean Second dans le IIe des *Baisers*.

en France, les autres disent que c'est à Mellin de Saint-Gelais
que cet honneur revient [1]. Quoi qu'il en soit, il nous semble
indubitable que Louise Labé fut parmi les premiers à acclimater
le sonnet dans son pays natal. Si elle naquit, comme nous le
pensons, vers 1520 ou 1522, il est permis de croire qu'une partie
de ses vers, ces « jeunesses » dont elle parle [2], ait été composée
quand elle avait environ vingt ans, c'est-à-dire vers 1540 ou
1542 [3], époque à laquelle le sonnet français était encore en son
enfance [4]. L'analyse de sa versification ne fait qu'appuyer cette
opinion.

Il est à noter que dans l'arrangement des tercets elle emploie,
pour vingt sonnets sur vingt-quatre, la suite française ou
marotique, non la suite italienne. C'est-à-dire qu'elle se sert
des formules CCDEED ou CCDEDE, au lieu de combinaisons
plus libres et plus variées [5]. Or la combinaison CCDEED était,
selon M. Jasinski, « sûrement la première, puisqu'elle existe
seule dans les premiers sonnets » [6]. Cette disposition des tercets,
M. Jasinski l'appelle « la disposition lyonnaise ». Elle est celle
que la Pléiade finit par adopter presque à l'exclusion de toute

---

1. H. Vaganay : *Le sonnet en Italie et en France au XVIe siècle*, Lyon,
1903, in-8°, fait mention d'un sonnet écrit par Marot en 1529 et intitulé :
« Pour le may planté par les imprimeurs de Lyon devant le logis du seigneur Trivulse », tandis que l'abbé H. J. Molinier : *Mellin de Saint-Gelays*,
Rodez, 1910, in-8°, pp. 390-394, 596, affirme que les premiers sonnets de
Saint-Gelays, publiés sans date, remontent à 1525, ou même à une époque
antérieure à 1525. M. Jasinski : op. cit., p. 41, sans se prononcer définitivement, ne paraît pas partager cette dernière opinion, car il dit que Saint-
Gelays n'est que « le parrain » du sonnet français. Voir aussi : H. Chamard : *Joachim du Bellay*, p. 169 ; M. Piéri : *Le Pétrarquisme au XVIe siècle*,
Marseille, 1896, in-8°, p. 53 et s.

2. Voir p. 135.

3. Un érudit allemand, M. Pflaenzel : *Ueber die Sonette des Joachim du
Bellay*, Saalfeld, 1898, in-8°, pp. 4-6, a cru pouvoir affirmer que les premiers sonnets de Louise Labé furent composés entre 1533 et 1540. Nous ne
pouvons être de cet avis, car Louise nous dit elle-même qu'au temps où
premièrement elle tomba amoureuse, savoir à l'âge de seize ans (en 1536
ou 1538 au plus tôt), « Phebus n'avait pas encore permis » qu'elle fît des
vers. (El. I, Boy I, 8o).

4. Voir n. 1.

5. Douze ont CCDEED, huit CCDEDE. Une fois, au sonnet VIII, Louise
emploie deux rimes seulement dans les tercets, qu'elle arrange alors
CDCCDD.

6. Op. cit., pp. 40, 41.

autre[1]. Pour trois sonnets seulement, dont un est en langue italienne, Louise se conforme à la pratique de Pétrarque[2]. Ces trois sonnets ont CDCEDE (s. I), CDEDCE (s. III), CDCCDC (s. IX). On voit qu'aucun d'eux ne montre la suite CDCDCD, qui fut, d'après Vianey[3], comme stéréotypée par les poètes du Quattrocento.

Quant à la disposition des rimes dans les élégies, elle est très simple : l'on n'y trouve que des rimes plates. Ces longs poèmes décasyllabiques n'ont, en fait de versification, rien de remarquable.

Il n'est pas étonnant que l'on ne trouve pas chez Louise une rigoureuse observation de l'alternance des rimes masculines et féminines, car ce ne fut qu'après la publication de ses œuvres que cette alternance devint obligatoire[4]. Dans ses élégies elle n'y fait point attention. Dans ses sonnets cependant, il est évident que si elle ne l'érige pas en règle absolue, elle est du moins convaincue de l'heureux effet que produit un tel arrangement des rimes, car, sur vingt-quatre sonnets, douze de suite ont l'alternance, et cinq l'ont sauf du huitième au neuvième vers, où elle est suspendue.

La rime dite « riche »; celle de la voyelle finale accentuée

1. Vianey : op. cit., p. 102.

2. Selon Vianey : op. cit., pp. 99, 101. Pétrarque et après lui Bembe, avaient employé des types très divers. M. Jasinski cependant : op. cit., p. 49, signale comme formes préférées de ces deux poètes CDEDCE ; CDECDE ; CDCDCD.

3. Op. cit., p. 102.

4. En 1549, Du Bellay trouve « cette diligence fort bonne, pourveu que tu n'en faces point de religion ». Plus tard il en fit lui-même une « religion ». Voir *Deffence*, édition Chamard, pp. 290-291, n. ; 293 et s. Voir aussi : Max Banner : *Ueber den regelmaessigen Wechsel maennlicher und weiblicher Reime in der französischen Dichtung*, Marburg, 1883, in-8° ; L.-E. Kastner : « L'alternance des rimes depuis Octavien de Saint-Gelais jusqu'à Ronsard » dans *Rev. des langues romanes*, 1904. Jasinski : op. cit., pp. 101-103, nous dit que l'alternance des rimes fut connue avant 1549, mais que « si le principe leur semblait excellent, ils gardaient dans l'application certaines tolérances : ils croyaient permis de faire des sonnets sur des féminins ou sur des masculins exclusivement. Ils croyaient également permis de suspendre l'alternance entre le deuxième quatrain et le premier tercet ; les deux parties du sonnet étaient si nettement tranchées qu'ils les considéraient comme deux strophes indépendantes. »

plus la consonne d'appui, se trouve assez souvent chez Louise Labé. Ainsi nous avons : *assaillir, recueillir* (s. IV), *chantera luira, getera, baignera,* (s. V), etc. Cette rime cependant n'est pas si fréquente que la rime dite « suffisante », celle d'une seule syllabe sans consonne d'appui, comme dans *encore, honore, Flore, aurore* (s. VI.).

Nous devons noter ensuite que Louise rime très souvent ensemble des simples et des composés : *jour, séjour* (s. XIV), *batu, combatu* (s. XVI), ce qui aurait attiré sur elle les reproches de Du Bellay [1], et qu'elle emploie parfois des rimes assez médiocres, telles des adverbes en -ment : *fermement, première-ment, fatalement, ardentement* (s. XX), *parfaitement, finement* (s. XXIII.), etc.

A une seule exception près, Louise a surmonté les difficultés de la « coupe féminine », de ce « fâcheux et rude geolier et incogneu des autres vulgaires » dont parle Du Bellay [2]. C'est-à-dire que lorsqu'elle se trouve obligée d'employer à la place de la césure un mot terminé par e muet, elle fait suivre cet e muet d'un mot commençant par une voyelle [3]. Ainsi elle écrit :

> Tant que la face au haut ciel luira. (s. V.)

> Et quand je pense avoir plus de douleur. (s. VIII.)

Une fois cependant elle nous donne :

> Mais je m'assure, quelque part que tu sois... (s. XXIII.)

Il est possible que ce soit là une faute d'impression et qu'elle

---

1. « Ces simples rymez avecques leurs composez, comme un *baisser* et *abaisser*, s'ilz ne changent ou augmentent grandement la signification de leurs simples, ne soient chassez bien loing. » *Deffence*, éd. Chamard, pp. 263 et s.

2. Ib., p. 262.

3. Au sujet de la « coupe féminine » voir la note de M. Chamard, *Deffence*, p. 262 : « La césure devant tomber sur une syllabe pleine (et ne pouvant, depuis Jean Lemaire, tomber sur une muette) il faut au cin-quième pied, dans les vers de ce genre, pour que l'élision soit possible, un mot commençant par une voyelle ».

voulût supprimer l'*e* à la fin du mot *assure*, nous donnant
ainsi :

> Mais je m'assur' quelque part que tu sois[1].

Autrement il y aurait dans ce vers onze syllabes au lieu de dix.

L'enjambement est assez fréquent dans ses vers, ce qui ne
les empêche pas d'être souvent abrupts et décousus. Ce décousu,
ce manque de souplesse et de rythme qui nous choquent dans
plusieurs de ses poèmes vient en partie d'un usage excessif des
monosyllabes. On trouve chez elle un grand nombre de vers
soit composés entièrement de mots d'une seule syllabe, soit
faits de huit monosyllabes plus un mot de deux syllabes. C'est
là un abus qui sera blâmé plus tard avec justesse par Ronsard[2]. Il étonne chez une poétesse qui fut en même temps, nous
l'avons vu, une musicienne. Quelquefois, il est vrai, on peut
dire que ces vers monosyllabiques ont été amenés à dessein,
pour produire un effet intentionnellement forcé ou heurté, ou
pour prêter à une certaine phrase de la lenteur, de la pesan-
teur : tel un vers du sonnet VII :

> Las, ne mets point ton corps en ce hazart,

où Louise, par l'emphase que donne l'emploi de monosyllabes,
symbolise, pour ainsi dire, la difficulté et le danger auxquels
son ami se trouve exposé.

Ce n'est cependant que rarement que les vers monosyllabiques sont capables d'une telle interprétation, car la plupart du
temps ils sont dûs, avouons-le, au hasard. En voici encore quelques exemples :

> Je vis, je meurs, je me brule et me noye...
> La vie m'est et trop molle et trop dure...
> Tout à un coup je ris et je larmoye...
> Mon bien s'en va et à jamais il dure...
> Tout en un coup je seiche et je verdoye...

---

1. Ronsard : *Abrégé d'Art poétique*, éd. citée, p. 15 et s.
2. « Tu éviteras aussi l'abondance des monosyllabes en tes vers, pour
estre rudes et mal-plaisans à ouïr. » Ib., p. 27.

Ces cinq vers, dont deux sont monosyllabiques et trois quasi-monosyllabiques, se trouvent tous dans un même sonnet, le huitième.

Sainte-Beuve, entre autres, a critiqué la dureté de vers [1] tels que :

> Et estre au haut de mon désiré heur… (s. VIII.)

« Mon désiré heur » au lieu de « mon bonheur » est bien dur et heurté, dit-il. N'aurait-il pas pu remarquer en outre, ici comme ailleurs chez Louise, un effet de bégaiement, si j'ose l'appeler ainsi, choquant à l'oreille sensible et que produit la répétition inutile de certains sons, tels *e*, *au* :

> *Et estre au haut* de mon désiré heur,

ou bien dans :

> La vie m'*est et* trop molle et trop dure.

Cependant chaque poëte a son côté faible. N'appuyons pas sur les défauts de Louise Labé, par peur de perdre de vue ses mérites. Pour donner une idée de l'excellence de forme et de structure où elle atteint parfois, de cette perfection d'art où la beauté de l'expression correspond à la richesse de la pensée, nous ne pouvons faire mieux que de citer son XIVe sonnet, son meilleur selon nous :

> Tant que mes yeus pourront larmes espandre,
> A l'heur passé avec toy regretter :
> Et qu'aus sanglots et soupirs resister
> Pourra ma voix et un peu faire entendre :
>
> Tant que ma main pourra les cordes tendre
> Du miguart Lut, pour les graces chanter :
> Tant que l'esprit se voudra contenter
> De ne vouloir rien fors que toy comprendre :
>
> Je ne souhaitte encore point mourir.
> Mais quand mes yeus je sentiray tarir,
> Ma voix cassee, et ma main impuissante,

---

1. *Nouveaux Lundis*, t. IV, p. 408 (édition Paris, 1865, in-12).

> Et mon esprit en ce mortel séjour
> Ne pourrant plus montrer signe d'amante :
> Priray la mort noircir mon plus cler jour.

Ce sonnet si beau, si poignant, qui coule d'un seul jet harmonieux du premier jusqu'au dernier vers, n'est-il pas digne d'être mis à côté des meilleurs de Ronsard ?

La prose de Louise Labé, son *Débat de Folie et d'Amour*, a eu, nous l'avons vu, ses imitateurs et ses traducteurs, et dès le seizième siècle. Malgré leur popularité, on ne peut pas dire que ses poésies ont exercé pareille influence. L'imitation n'est pas la seule marque de l'admiration cependant, et les cris qui viennent du cœur ne se jettent pas deux fois. Cette même simplicité charmante, cette même sincérité vibrante et passionnée qui touchaient, et qui touchent encore ses lecteurs, rendaient ses vers d'autant plus impropres à l'imitation. La poésie de la Belle Cordière reste, dans la belle phrase de M. Jasinski, « unique en ce xvi⁰ siècle qui, de l'amour, n'a guère voulu exprimer que des élégances convenues ou la joie reconnaissante de la volupté ». Cela explique pourquoi, même en Angleterre, où, aux seizième et dix-septième siècles, les poètes de la Renaissance française furent pillés et imités comme plus tôt ils avaient pillé et imité les poètes italiens, les vers de Louise Labé ne paraissent avoir laissé aucune trace dans la littérature. Qu'elles étaient lues, les nombreuses éditions qui ont paru d'elles l'attestent, mais elles n'ont été ni imitées ni traduites, à notre connaissance du moins, avant le commencement du dix-neuvième siècle. En 1810 ou environ [1], Madame de Montenclos publia un court poème intitulé *Plaintes amoureuses d'Orphélie, imitation de Louise L'Abbé de Lyon*, où rien ne rappelle Louise que le titre et l'ardeur sensuelle. En 1835 Mademoiselle L. S. Costello donna une traduction en anglais des sonnets VII et XIV et de la deuxième élégie. Cette traduction, qui parut dans un recueil intitulé *Specimens of the early poetry of France from the time of the troubadours and trou-*

---

1. Cette brochure, dont un exemplaire se trouve au British Museum, ne porte pas de date.

vères to the reign of Henri Quatre [1], ne manque pas de mérite, bien que le langage dans l'élégie, et la forme du *heroïc couplet* qu'elle y emploie, soient un peu raides. Nous avons déjà signalé une traduction allemande des vingt-quatre sonnets de la Belle Cordière [2]. Nous n'osons pas exprimer une opinion sur les mérites littéraires de cette traduction, mais il nous semble que notre poétesse ne se laisse pas facilement traduire en allemand : de sensible elle devient sentimentale. Une traduction hollandaise de 1924 [3] nous semble bien supérieure.

De la brève étude que nous venons de faire de l'œuvre poétique de Louise Labé, étude qui n'a été si brève que parce que le sujet étudié était de peu d'étendue, il est facile de tirer deux conclusions générales. L'une est que notre poétesse a fait preuve d'originalité à une époque où l'originalité, en matière de vers, n'était pas tenue en grande estime. Dans un temps où les traductions et les plagiats étaient fort en vogue, où les « pointes » et les *concetti*, les jeux de mots venus d'Italie étaient presque de rigueur, elle dédaigna, comme dit Du Bellay, de « se parer des plumes d'autruy ». Nous voyons ensuite qu'elle a été parmi les premiers à écrire des sonnets en français, et que, pour l'époque où elle vivait, elle les écrivait, somme toute, extrêmement bien. Toutefois, son plus grand mérite sera toujours celui d'avoir fait de ses vers les secrétaires de son cœur. Ses vers, c'est elle-même, rapportée avec une fidélité et une intensité passionnée et douloureuse. De ce point de vue, nous n'avons qu'un seul reproche à leur faire : celui d'être trop peu nombreux.

1. London, in-8°.
2. Voir p. 133.
3. Voir p. 134.

Il est temps maintenant de nous occuper des « poètes de Louise Labé », comme les appelle M. Alfred Cartier dans un article de la *Revue d'Histoire littéraire de la France* [1], c'est-à-dire des poètes qui ont adressé à Louise des éloges poétiques.

On sait que les compliments en vers étaient fort en vogue au xvi⁰ siècle. Presque tous les poètes de cette époque joignent à leurs œuvres des poèmes élogieux. Peu d'entre eux cependant vont jusqu'à publier des suites d'éloges aussi longues que celle-ci.

Les *Escriz de divers poètes à sa louenge* occupent, dans la première édition de ses œuvres, une cinquantaine de pages. Pourquoi la Belle Cordière a-t-elle usé de tant de réclame? Craignait-elle une froide réception pour son livre ? Non certes, si elle était vraiment, comme elle nous le dit dans sa deuxième élégie, connue et admirée de tout le monde, en France et ailleurs :

> Non seulement en France suis flatee,
> Et beaucoup plus que ne veus exaltee.
> La terre aussi que Calpe et Pyrenee
> Avec la mer tiennent environnee
> Du large Rhin les roulantes areines,
> Le beau païs auquel or te promeines [2]
> Ont entendu, (tu me l'as fait à croire)
> Que gens d'esprit me donnent quelque gloire [3].

Avant de publier ses œuvres Louise pouvait déjà compter au moins sur un succès d'estime. Nous ne croyons pas qu'en

1. T. I, 1894, p. 433.
2. Au moment où elle écrivait ces vers, l'amant qu'elle y chante était en Italie. On voit qu'elle se vante ici d'être connue en Espagne et en Suisse aussi bien qu'en Italie et en France.
3. Boy, I, 86.

publiant une si longue suite d'éloges elle voulût se recommander au public, ni qu'elle eût besoin, pour faire valoir son
livre, d'aller quémander des vers aux différents auteurs. Sans
doute tous ses adorateurs lui ont adressé des vers de temps en
temps : (elle pouvait bien être fière d'avoir été chantée par un
Maurice Scève, un Pontus du Tyard, un Antoine Fumée, par
une foule de poètes plus ou moins célèbres,) donc elle voulait
faire voir ce qu'ils avaient dit d'elle ; voilà tout. Il nous paraît
qu'elle aurait pu, si elle avait voulu, rendre encore plus volumineuse cette suite d'éloges, car nous savons qu'elle a été
chantée par des poètes dont les vers ne semblent pas avoir été
inclus dans les *Louenges* [1].

Les *Escriz de divers poètes à sa louenge* sont de formes très
diverses et diffèrent beaucoup en valeur littéraire. On y trouve
des sonnets, des odes, des madrigaux. Bien que la plupart
d'entre eux soient en français, il y en a qui sont écrits
en latin, en italien, en grec. Ceux qui, du point de vue
littéraire, sont les plus mauvais, ont en général le mérite de
nous fournir le plus de détails biographiques : c'est peut-être
la seule raison de leur inclusion dans le livre. Tous épuisent
les ressources de l'hyperbole et de la rhétorique.

Si nous ne savions pas qu'il ne faut pas prendre au pied de
la lettre les propos ardents qui figurèrent au seizième siècle
dans toutes les poésies de ce genre, nous serions étonnés que les
poètes qui se déclarent ici les admirateurs de la Belle Cordière ne
lui ont pas, à notre connaissance du moins, consacré dans leurs
propres œuvres quelques pages [2]. Comment tant de poètes
ont-ils su comprimer tant de ferveur en si peu d'espace ? Voilà
une question malicieuse peut-être, mais utile. La Louise des
Escriz n'est pas une maîtresse respectée, idolâtrée de loin par
ni même par deux ou trois amants éplorés et fidèles. Elle est

---

1. Voir p. 171. Jacques Peletier l'a chantée dans une ode. Voir p. 37 n. 6.
2. Les recherches très minutieuses que nous avons entreprises dans les
œuvres de tous ceux qui ont pu connaître Louise ne nous ont révélé que
des quelques poèmes de Magny dont nous avons parlé à la page 76 et ceux
dont nous parlons ici dans le texte, dont on puisse assurer avec confiance
qu'ils ont été adressés à notre héroïne. Il est pourtant possible que celle-ci
ait évoqué, chez l'un ou l'autre de ses contemporains, des vers où l'auteur
ne l'a ni nommée par son nom, ni indiquée de quelque autre manière.

connue d'une foule de poètes qui la chantent une fois et passent
outre. Le seul Olivier de Magny éprouva pour elle des sentiments assez forts pour évoquer de lui plusieurs poèmes qu'il
publia plus tard. Or, pour être chantée de tout le monde il
fallait, en général, au seizième siècle, être ou un personnage
d'un rang très élevé, ou une courtisane. Pour être chantée de
tout le monde, non sur un ton de déférence et de soumission,
mais dans des termes qui respirent tantôt une bonhomie
enjouée, tantôt la galanterie la plus verte et la plus effrontée,
surtout pour publier soi-même des vers de cette espèce, il n'y
avait, croyons-le, qu'une seule alternative.

L'identité de plusieurs d'entre les « poètes de Louise Labé » a
été définitivement établie, soit par les éditeurs de 1824, soit par
M. Cartier dans l'article déjà signalé. Dans le cas des poèmes
signés d'initiales ou de devises, la tâche des chercheurs a été
relativement facile. Les initiales P. D. T. par exemple, en bas
du cinquième poème des *Escriz* (le quatrième qui ait la forme
du sonnet), sont celles de Pontus du Tyard, qui fit publier ce
poème dans le troisième livre de ses *Erreurs Amoureuses* [1].

On ne sait pas grand'chose de la maîtresse de Pontus, mais
il est très peu probable qu'elle ait été Louise [2]. Nous n'avons

---

1. Ce troisième livre fut publié à Lyon en 1555, la même année que les
œuvres de la Belle Cordière. Le sonnet dont il s'agit n'y porte pas de
titre. Dans les *Escriz* il est intitulé *En contemplacion de D. Louize Labé*.

2. Voir à ce sujet la préface de Marty-Laveaux en tête des *Œuvres Poétiques de Pontus du Tyard, seigneur de Bissy*, Paris, 1875, in-8°, pp. xv et s.
L'auteur de cette préface réfute dans les termes suivants l'opinion exprimée
par J. P. Abel Jeandet (*Pontus du Tyard*, Paris, 1860, in-8°, p. 210) que
Louise était la maîtresse de Pontus : « Il en coûte de s'écarter du sentiment
de M. Jeandet, qui a si profondément creusé tout ce qui touche à la biographie de Pontus, mais ici nous ne saurions être de son avis. Nous avons
pour cela plusieurs motifs qui nous semblent décisifs. D'abord l'ombre
(c.-à-d. la gravure) de la dame de Pontus, comparée au portrait authen-
tique et contemporain de Louise Labé, ne présente aucune conformité de
traits, ensuite Pasithée (pseudonyme de la maîtresse de Pontus), nous
l'avons vu, est pleine d'admiration pour les femmes poètes et se reconnaît
elle-même fort incapable de les imiter, ce qui n'était pas le cas de Louise
Labé, qui au contraire pouvait être considérée comme le meilleur modèle
qu'on eût alors à se proposer dans ce genre ; enfin ce sonnet « en contemplacion de Louise Labé » invoqué comme indiquant qu'elle était la dame
de Pontus, nous paraît prouver le contraire ; car, à la fin, le poète indique
avec beaucoup de galanterie, mais non moins de netteté, que la Belle Cor-

pu retrouver, dans les œuvres de l'évêque de Châlon, aucune autre des pièces faisant partie des *Escriz*.

Il y a encore deux autres poèmes signés d'initiales. Le premier est l'*Ode en faveur de D. Louize Labé à son bon Signeur*, qui porte la signature D. M. Cette ode se retrouve divisée en deux poèmes dans le volume des odes d'Olivier de Magny qui fut publié en 1559, le même qui contient des vers injurieux adressés au mari de notre poétesse. Les vingt-deux premières strophes y figurent sous ce titre : *A Antoine Fumée Grand Rapporteur de France*, et les six dernières sous celui-ci : *Ode du Temps et de l'occasion présentée en une mommerie à Monsieur d'Avanson*. Il est impossible d'expliquer pourquoi ces deux poèmes ont été fondus en un dans les *Escriz* ; celui-ci personnifie, comme le titre l'annonce, le temps et l'occasion, celui-là décrit d'une façon très explicite et très détaillée les charmes physiques de la maîtresse du poète. Tout ce qu'on peut savoir c'est que cette ode est certainement de la main du poète quercinois et que les initiales D. M. signifient De Magny.

Le seul autre poème des *Escriz* qui soit signé d'initiales est le sonnet, *A. D. L. L. par A. F. R.*, attribuable, selon toute apparence, à Antoine Fumée Rapporteur (ou Rochois), le « bon Signeur », le « docte et gentil Fumée » qui figure dans le poème dont nous venons de parler [1]. Les derniers vers de ce sonnet sont surtout intéressants : ils donnent raison à ce que Louise nous dit elle-même au sujet de la circulation de ses vers avant leur publication [2]. Les voici :

dière, malgré tous ses charmes, ne peut rien sur un cœur « jà en cendre ». Pontus nous dit ailleurs que le nom de sa maîtresse était composé de quatre lettres. »

1. Voir Cartier : art. cité ; Boy I, 137 et 195 ; Blanchemain, édition 1875 des œuvres de Louise Labé, préface p. 2. Ce dernier confond ensemble Adam et Antoine Fumée. C'est celui-ci, frère cadet d'Adam, qui fut Rapporteur de France et ami d'Olivier de Magny. Le Père Anselme : *Histoire générale et chronologique de la Maison Royale*, Paris, 1730, in-fol., pp. 420-424, nous apprend qu'il était en même temps Conseiller du Conseil Privé du roi, qu'il fut envoyé en ambassade vers l'empereur Charles-Quint, fait chevalier de Saint-Michel et employé pour la pacification des troubles de Languedoc, enfin pourvu de l'office de maître des requêtes en 1574. Louise Labé pouvait bien être fière de posséder un ami aussi distingué.

2. Dans son épître dédicatoire, voir Boy I, 6.

> *Tant les vers l'ont donné los et bruit,*
> *Qu'heureus me sens t'avoir non le premier aymee,*
> *Mais prisé ton savoir avant la renommee.*

On voit que déjà avant 1555 Louise était une poétesse célèbre.

Prenons maintenant les poèmes signés de devises. Il y en a quatre. Le premier par ordre d'inclusion dans les *Escriz* est le sonnet *En grace du Débat d'Amour, et de Folie, Enure de D. Louize Labé Lionnoize*, en bas duquel se trouve la devise NON SI NON LA [1]. Cette devise est de Maurice Scève, qui en a signé le premier et le dernier sonnet du *Microcosme* [2]. Ce fut peut-être le titre de ce sonnet qui a fait attribuer parfois à Maurice Sève une main dans la composition du *Débat* [3].

Viennent ensuite deux poèmes signés de la devise DEVOIR DE VOIR employée par Claude de Taillemont dans son *Discours des champs faez à l'honneur et exaltation des dames* [4], et un qui porte la marque d'un des Vauzelle : D'IMMORTEL ZÈLE [5].

Il y a ensuite un poème qui, bien qu'il ne soit signé ni d'initiales ni de devise, révèle d'une façon assez claire sa parenté. C'est l'*Epitre à ses amis des gracigusetez de D. L. L.* Puisque l'auteur de ce poème parait se nommer dès le quatrième vers :

1. L'origine de cette devise est aussi ténébreuse que les vers auxquels elle est jointe. En choisissant leurs devises, les poètes du XVI° siècle avaient quelquefois l'habitude de jouer sur leurs propres noms, comme par exemple Jean de Vauzelles, lorsqu'il se servait de la devise D'UNG VRAY ZELE. Cette pratique rendait naturellement l'identification beaucoup plus facile.

2. Lyon, 1562, in-4°.

3. Voir p. 117.

4. Lyon, 1553. Du Verdier ne nous dit rien sur la personne de Claude de Taillemont. Voici les œuvres qu'il signale de lui : *Discours des champs faez à l'honneur et exaltation des dames*, Lyon, 1553, in-8° ; *La Tricarite, Ombre de plus rare triple beauté*, contenant cent deux épigrammes, Complainte d'Alceste, etc., Lyon, 1556, in-8°.

5. Cartier nous dit à ce sujet : « La devise d'*immortel zèle* n'étant pas au nombre de celles que l'on sait avec certitude avoir été employées par Jean de Vauzelles, il se pourrait que l'auteur du sonnet à Louise fût Mathieu, frère aîné de Jean ». Nous sommes d'autant plus disposé à lui attribuer le sonnet des *Escriz* que cette pièce rappelle de près le goût et le style de Maurice Scève ; or, on sait que Mathieu de Vauzelles avait épousé l'une des sœurs de celui-ci », art. cité, p. 436.

> Que faites vous, mes compagnons,
> Des cheres Muses chers mignons ?
> Av' ous encore en notre absence
> *De votre Magny souvenance ?*

on aurait cru son identité établie sans conteste, si M. Cartier, dans l'article que nous avons déjà cité plusieurs fois, n'avait pas remarqué que cette même Epître se retrouve au troisième livre des *Amours de Francine* de Jean Antoine de Baïf [1]. Lequel des deux poètes, de Magny ou de Baïf, en fut vraiment l'auteur ?

Cartier l'attribue à ce dernier [2]. M. Augé-Chiquet, dans son livre *La vie, les idées et l'œuvre de Jean Antoine de Baïf* [3], trouve plus vraisemblable que Baïf en ait fait cadeau à Magny, avec qui il était lié d'amitié, et que celui-ci, après y avoir opéré plusieurs changements [4], l'ait inséré dans le recueil des louanges de Louise Labé. Nous pensons avoir trouvé une conclusion qui concilie ces opinions contraires.

Quand on examine de près le poème dont nous parlons, on trouve qu'il se divise, chez Baïf comme chez Magny, presque inévitablement en deux parties. La première partie, qui comprend environ le tiers du poème et va jusqu'au vers

> Encores enfant tendrelet... [5],

est écrite à la troisième personne. La deuxième partie, qui comprend le reste du poème, est à la première personne et nous semble fournir une réponse à l'autre. Voici comment nous reconstituons l'histoire de ce poème : Il paraît que nos deux poètes, Baïf et Magny, étaient ensemble à Paris en 1553.

---

1. Aux feuillets 69 et suivants des *Quatre livres de l'Amour de Francine*, Paris (Wechel), 1555.
2. Blanchemain dans son édition des œuvres de Louise Labé, Paris, 1875, in-8°, p.
3. Paris, 1909, in-8°, p. 98.
4. Il y substitue naturellement son propre nom à celui de Baïf, et le nom d'un de ses amis, de Glvès, à celui de Tahureau, ami de Baïf. L'on y trouve aussi plusieurs changements de texte sans importance.
5. Boy I, 121.

et que ce fut Baïf qui le premier quitta la ville et la joyeuse
vie d'étudiant qu'il y menait. Il se rendit à Poitiers au commencement de 1554 et ne revint à Paris qu' « après-neuf lunes
pleines »[1]. Peu de temps après le retour de Baïf, ce fut à Magny
de quitter la capitale pour se rendre en Italie en passant par
Lyon. Or la première partie du poème aurait été écrite, selon
nous, par Baïf, qui y raconterait à ses confrères de la « Brigade »
les nouvelles qu'il vient de recevoir de Magny, leur ami commun,
alors à Lyon. Il parle naturellement à la troisième personne et il
leur fait savoir que Magny s'est consolé des peines de son premier
amour, (sans doute son amour pour la maîtresse qu'il chanta
sous le pseudonyme de « Castianire »), avec un second. La
« douce maîtresse nouvelle » dont il parle ne saurait être autre
que la Belle Cordière. Ensuite Baïf envoie le poème à Magny,
(ne l'appelle-t-il pas une Epître ?), qui y répond à la première
personne et en vers du même nombre de syllabes. Dans cette
partie du poème, l'auteur parle du Rhône et de la Saône comme
si, au moment d'écrire, il les voyait devant lui[2]. L'entière
correspondance appartient dès lors aussi bien à l'un qu'à l'autre
des deux poètes. Mais Baïf, lorsqu'il la publie, pense la rendre
plus intelligible au public en substituant son propre nom à
celui de Magny. Il y opère aussi plusieurs légers changements
qui pour une raison ou une autre lui semblent bons.

Un poème attribuable à Magny est le sonnet: *Où print
l'enfant Amour le fin or qui dora...*[3], qui se retrouve dans les
Soupirs (S. XXXII).

Il est suivi dans les *Escriz* par de charmants vers dans la
manière de Jean Second : *O ma belle rebelle...* Cette ode reparaît
au troisième livre des *Amours de Francine* de Baïf[4]. Serait-elle
une preuve que Baïf connaissait la Belle Cordière ? Aurait-il
fait un séjour à Lyon ? M. Augé-Chiquet n'hésite pas à donner
à cette question une réponse négative. Non seulement il n'y a
point de preuve, dans l'œuvre de Baïf, d'un tel séjour : on ne

1. Augé-Chiquet : op. cit., p. 71.
2. Boy I, 122.
3. Boy I, 124. C'est une traduction d'un sonnet de Pétrarque : *Onde tolse
Amor l'oro...* (C. CLXXXIV).
4. P. 75 et s. de l'édition de 1555.

peut non plus suggérer qu'il s'y soit arrêté en route pour l'Italie[1]. L'explication de la présence parmi les *Escriz* d'un poème par un auteur qui chanterait la Belle Cordière sans jamais l'avoir vue, nous semble que Magny aurait écrit à son ami des lettres si pleines d'admiration pour Louise que Baïf se sentit poussé, lui aussi, à adresser des vers à celle-ci. On sait d'ailleurs que, pendant les années qu'il passa à Paris, Baïf ne briguait les faveurs d'aucune dame spéciale : il ne chantait que pour l'amour de l'amour[2].

Nous avons parlé des dix poèmes des *Escriz* dont l'origine a été établie avec plus ou moins de certitude. Passons à ceux dont la parenté a été jusqu'ici douteuse ou complètement ignorée.

C'est à Peletier du Mans que, selon M. Cartier, doit être attribué le sonnet *Aux poètes de Louize Labé* qui ouvre la suite des *louenges*. Bien que nous trouvions assez mal fondée l'idée que Peletier ait édité les œuvres de la Belle Cordière[3], il est du moins possible que ce sonnet soit de lui. Pourtant il pourrait aussi bien être de Jean de Tournes, qui imprima le livre de notre poétesse. On sait qu'en publiant les vers de cette autre poétesse lyonnaise, de Pernette du Guillet, en 1545, il les fit précéder d'un huitain adressé aux lecteurs.

M. Cartier attribue également à Peletier l'ode grecque qui suit le sonnet d'introduction, « car, dit-il, seul parmi les membres du cénacle, le futur principal du collège du Mans savait assez le grec pour se hasarder en une telle entreprise.[4] »

---

1. Jean-Antoine de Baïf ne semble avoir visité l'Italie, pays de sa naissance et de sa première jeunesse, que vers 1563. Augé-Chiquet : op. cit., p. 129.

2. Ib., p. 61.

3. Il paraît qu'en 1555 Peletier était à Lyon, dans la maison de Jean de Tournes. Il y était du moins en 1554, car Jean II de Tournes, écrivant en 1611, parle de l'époque où « à l'aage de quatorze ans (il était né en 1539), Peletier me lisoit en la maison de mon père, les démonstrations de Theon et de Champagne. » De là, et du fait que Peletier confia au célèbre typographe la publication de ses livres, on a conclu que ce fut en qualité de collaborateur qu'il se trouvait chez de Tournes. Cela est possible, mais il nous semble que s'il avait pris part à la publication des œuvres de Louise Labé, il y aurait certainement laissé de fréquentes traces de ses bizarres théories d'orthographe. Or, quoi qu'en dise M. Cartier, nous les en trouvons singulièrement exempts.

4. Op. cit., p. 433.

Selon Blanchemain, d'autre part, ce serait Baïf qui en fut l'auteur [1]. Un troisième nom nous semble digne d'être mentionné : celui d'Antoine du Moulin, qui, s'il ne savait pas le grec aussi bien que Peletier, fut néanmoins assez versé dans cette langue pour savoir traduire en français des opuscules de Plutarque et quelques œuvres des philosophes grecs [2]. Or le poète des *Louenges de Dame Louize Labé Lionnoize* nous dit que celle-ci a été chantée par Du Moulin [3].

L'ode latine *De Aloysæ Labæ osculis* est en général attribuée à Antoine Fumée, à cause d'un passage de l'*Ode en faveur de D. Louize Labé à son bon Signeur* qui fait allusion à « ce docte et gentil Fumee »; lequel se trouvait, au moment où Magny écrivait le poème :

> En un aussi plaisant emoy
> Pour faire son *Ode latine* [4].

---

1. *Œuvres de Louize Labé*, p. 215. Cet éditeur ne nous donne aucune raison pour cette assertion.

Qu'il nous soit permis de reproduire ici, au lieu d'une traduction exacte de ce poème, la traduction libre mais fort jolie qu'on trouve dans les notes de l'édition de 1824, p. 199 :

> Le temps, belle Sappho, nous a ravi tes vers;
> Mais la jeune Labé que sa tendresse inspire,
> Que Paphos a nourrie en ses bocages verts,
> Fait revivre tes chants et ton brillant délire.
>
> Son cœur s'est enflammé pour un autre Phaon,
> Hélas ! et comme toi chérit un infidèle;
> Louise pleure en vain sa noire trahison,
> Ses dédains, ses refus, sa fuite criminelle.
>
> Mais lorsque de son cœur elle peint les tourments,
> Lorsqu'elle rend la vie à ta lyre sonore,
> Ses lecteurs enchantés deviennent ses amants,
> Et voudraient remplacer un ingrat qu'elle adore.

2. Plutarque : *De ne prendre à usure*, trad. 1546 (Lanson : *Manuel Bibliographique*, n° 1485). *Le manuel d'Epictète*, traduction anonyme, publiée avec les *Sentences des philosophes de Grèce*, traduction d'Antoine du Moulin, Lyon, 1544, in-8° ; Anvers, 1558, in-16. (Ib., n° 1250, 1256).

3.
> Et lors moints nobles poëtes
> Pleins de celestes esprits,
> Diront les graces parfaites
> En leurs tresdoctes escriz :
> Marot, Moulin, la Fontaine...
>
> (*Des louenges de D. L. L.* Boy I, 157).

4. Boy I, 128.

Si cette « ode latine » est la même qui se trouve parmi les *Escriz*, remarquons seulement que le ton en est beaucoup plus hardi que celui du sonnet que nous avons déjà attribué à Fumée[1]. Comme le poème qui le suit il montre l'influence de Jean Second.

Ce poème, un sonnet intitulé *A. D. Louize Labé, sur son portrait*, est peut-être de Pierre Woüeriot, célèbre graveur lyonnais et auteur, nous l'avons vu, d'un portrait de notre héroïne[2].

Le sonnet *Autre à elle-même* a été jusqu'ici passé sous silence par les écrivains qui ont traité de l'origine des *Escriz*. Ces vers, qui sont d'ailleurs fort médiocres, nous paraissent être de Claude de Taillemont, puisqu'ils contiennent l'anagramme de Loyse Labe : BELLE A SOY, dont ce poète seul fait usage[3].

Il est impossible de discerner l'origine des quatre poèmes italiens qui font partie de ces éloges. On a suggéré que Luigi Alamanni pouvait avoir eu part dans leur composition, car on sait que ce poète fit à Lyon plusieurs séjours prolongés[4], et que certain Claude Alamanni, parent peut-être de Luigi, fut l'un des témoins du testament de Louise[5]. Il est possible aussi que Gabriel Simeoni y soit pour quelque chose, mais les preuves nous manquent[6]. Une note de M. Boy, qui a communiqué les poèmes en question à un professeur d'université et à un surintendant d'archives, Italiens tous les deux, nous apprend que

1. Voir p. 164.
2. Voir p. 67.
3. « O douce Mort, à tous plus qu'à *soy belle* ». Dans l'un des poèmes qu'il a signés de sa devise DEVOIR DE VOIR il est question de « BELLE A SOY, qui fait plus grand'chose ». (Boy I, 113.)

    Au sujet de la valeur littéraire des vers de Claude de Taillemont, Viollet le Duc écrit : « Toutes les poésies de Claude de Taillemont sont de la dernière médiocrité. » *Catal. des livres composant la Bibliothèque poétique avec des notes biographiques et littéraires*, Paris, 1843, in-8°, p. 212.
4. Voir p. 28.
5. Voir p. VI. de l'*Appendice*.
6. « Gabriel Symeon, Florentin, a écrit en langage François *Epitome* de l'origine et succession de la Duché de Ferrare etc. » (Du Verdier : *Bibliothèque*.) Hors quelques épigrammes il ne paraît pas, d'après Du Verdier, avoir publié des poèmes.

« les *sonnets*, dont l'auteur est inconnu, sont d'un poète toscan et dans le bon style du xv⁰ siècle. Les *épigrammes* semblent avoir été composées pour être mises en musique ; elles sont d'une autre main et d'un style plus moderne. Les sonnets pourraient bien être de Luigi Alamanni[1]. »

Nous avons déjà exprimé ailleurs notre opinion que le poème intitulé *Estreines, à Dame Louize Labe* est de Clément Marot[2]. Il daterait donc d'avant 1544, année de la mort de Marot, et serait peut-être, par ordre chronologique, le premier de tous les *Escriz*.

Le *Double Rondeau, à elle*, est, en matière de versification, le plus médiocre de tous[3]. Nous ne savons vraiment qui en a pu être l'auteur.

Pour l'ode qui commence : *Toute beauté abondante...* nous n'avons non plus aucune conjecture à hasarder.

Le morceau *A Dame Louize Labe Lionnoize, la comparant aus Cieus*, avec son bizarre enlacement de rimes, est une traduction, faite par une main inconnue, d'un poème de Jérôme Angerianus[4].

L'auteur des *Escriz*, qui nous apprend que Louise avait été chantée par Marot et par Du Moulin, joint à ces noms celui de « la Fonteine[5] ». Pensant qu'il s'agissait là de Charles Fontaine[6], nous avons cherché avec soin, dans les vers nombreux que nous a laissés sa plume facile, des allusions à la Belle Cordière. Nos efforts sont demeurés sans résultat.

Nous voilà arrivés au dernier des *Escriz*, au poème *Des louenges de Dame Louize Labé, Lionnoize*, et que nous avons déjà eu occasion de citer plusieurs fois à cause des détails biographiques qu'il renferme. Ce poème fut écrit probablement peu de temps avant la publication des œuvres de Louise, en tout cas après 1549, car on y trouve une allusion à l'*Olive* de

1. Boy I, 194.
2. P. 5o.
3. L'auteur de ce poème va jusqu'à rimer *ofense* avec lui-même, sans l'excuse d'avoir fait de ce mot une « rime équivoque ».
4. *Michael Tarch, Marullus, Hieron. Angerianus et Joannes Secundus, poetae elegantissimi*, Spirae Nemetum, 1595, pp. 221, 227. Voir Boy I, 195.
5. Boy I, 158.
6. Charles Fontaine, « parisien », passa à Lyon la moitié de sa vie.

Du Bellay, qui parut en cette année[1]. Pour ce qui est de l'auteur des *Louenges*, nous avons dû renoncer à l'espoir d'arriver à des conclusions nettes là-dessus. Détruire les hypothèses soutenues par nos devanciers sans pouvoir y substituer aucune certitude, voilà une tâche bien ingrate. Consolons-nous par la pensée que si, ici comme bien des fois ailleurs, nous avons péché par excès de précaution nous avons adopté une attitude rare chez la plupart des biographes de notre héroïne, et qui les aurait sauvés d'un grand nombre d'erreurs.

La seule indication de son identité que nous donne l'auteur de ce poème se trouve dans les vers :

> Et lors meints nobles Poetes
> Pleins de celestes esprits
> Diront tes graces parfaites
> En leurs tresdoctes escriz...
> Toutefois leur fantaisie
> Ton loz point tant ne dira
> *Comme d'un la poesie*
> *Qui de l'onde sortira*
> *Du petit Clan*, dont la rive
> Privez de flots irez
> Ha en tout temps l'herbe vive
> Autour des bors retirez.
> *De cil la Muse nouvelle*
> *Rendra ta grace immortelle,*
> *Qu'à lui le bruit de la gloire*
> *De l'avoir mise en memoire*
> *Entierement soit donnée.*[2]

Il paraît assez clair que c'est de lui-même que l'auteur veut parler ici. Comment ce poète du « petit Clan », ou Clain, se nomme-t-il ? Le Clain prend sa source, nous disent les dictionnaires géographiques, près d'Iliesse dans la Charente,

---

[1]
> Avant qui ton loz escrive,
> Mourir ne peus nullement :
> Ainsi Laure, ainsi Olive
> Vivent enternellement.

(Boy I, 158.)

[2] Boy I, 157-8.

entre ensuite dans le département de Vienne et passe à travers
plusieurs villes et villages avant de se jeter dans la rivière du
même nom. L'une de ces villes, la seule qui semble à retenir,
est Poitiers. Or il ne nous paraît pas qu'il y ait eu force
Poitevins à Lyon au moment où Louise était en train de publier
ses œuvres. Les éditeurs de 1824 sont d'opinion que les vers
que nous venons de citer se rapportent ou à Peletier, ou à Baïf,
ou à Guillaume du Peyrat. Aucune de ces alternatives ne nous
semble possible. Peletier ne fut pas Poitevin et, au moment
d'arriver à Lyon, il sortait, non du « petit Clain » mais de
Béziers ou de Bordeaux [1]. Baïf, nous l'avons vu, ne paraît
pas avoir été à Lyon avant 1562. Quant à Guillaume du Peyrat,
fiancé de Clémence de Bourges et qui fut tué en 1562, tout ce
que nous savons de lui, c'est qu'il était Lyonnais, qu'il publia
un recueil d'oraisons funèbres sur la mort d'Henri IV, et qu'il
composa des poèmes latins à la louange d'une dame qui
demeurait sur les bords du Clain [2]. Celle-ci ne fut donc pas
Louise Labé. La seule raison de la mention de Du Peyrat par les
éditeurs de 1824 semble être que dans l'une de ses poésies où
il est question du Clain, l'expression *quieto labens murmure* leur
rappelle le *privez de flots irez* de l'auteur des *Louenges*, coïnci-
dence peu digne des conclusions qu'ils en ont tirées.

L'impétueux Blanchemain s'est fondé encore moins solidement en affirmant que l'auteur dont il s'agit était certain Guillaume Aubert. Poitevin il est vrai, mais qui, d'après ce que
nous avons pu découvrir de son histoire, ne paraît pas avoir
été jamais à Lyon [3].

---

1. *Œuvres poétiques de Jacques Peletier du Mans publiées d'après l'édition
originale de 1547* par MM. Séché et Laumonier, Paris, 1904, in-8°, avec notice
bibliographique par M. Laumonier, p. xix.

2. La Croix du Maine, Du Verdier et Niceron sont tous muets à son égard.
C'est M. Lanson (*Manuel Bibliographique*, n° 3800) qui nous apprend l'existence du recueil d'oraisons funèbres rassemblé par lui. Les éditeurs de 1824
ont la notice suivante sur ses poésies : « Guillaume du Peyrat, de Lyon,
nous a laissé un assez mince volume de poésies latines intitulé : *Spicilegia
poetica et Amorum libri III*, Paris, 1601, in-12 » (*Œuvres de Louise Labé*,
p. 251) ; au l. I des *Amours* il célèbre une maîtresse née sur les bords du
Clain.

3. « A l'époque où Louise Labé écrivait, on trouve à Lyon Guillaume
Aubert, de Poitiers, qui fut l'éditeur des *Marguerites de la Marguerite des*

Ajoutons à la liste d'écrivains poitevins que nous venons de donner, le nom de Bertrand Berger, ami de Ronsard et de Du Bellay[1], mais avouons notre incapacité d'avancer aucune preuve qu'il ait connu la Belle Cordière, ni qu'il ait composé le poème des *Louenges*, dont, hélas ! l'origine nous reste encore inconnue.

Princesses (Lyon, Jean de Tournes, 1547, 2 vol. in-8°). C'est bien son style, sa manière, son genre d'esprit. Tout le désigne comme l'auteur des *Louenges de D. Louize Labé*. » (*Œuvres de Louise Labé*, p. 216).

Voici les détails que nous trouvons sur Guillaume Aubert. Né vers 1534, à Poitiers, il devint plus tard avocat en la cour de Parlement à Paris. Il fut l'auteur de plusieurs traités historiques et d'une traduction du 12ᵉ livre de l'*Amadis de Gaule*. Brunet. (*Manuel* I, 215). Selon Nicéron (*Mémoires des Hommes illustres dans la République des lettres*, t. XXXV, p. 264 et s.) il semble avoir passé la plus grande partie de son temps à Paris, où il fit imprimer tous ses livres. L'éditeur des *Marguerites* fut, non pas Aubert, mais Symon Silvius, dit de la Haye, qui écrivit l'Introduction. Selon Brunet cependant, il existe une édition postérieure de cette œuvre, qui contient quelques chants par Guillaume Aubert.

1. « Bertrand Berger, natif de Montembœuf en Poitou » (La Croix du Maine.) Cf. la note de M. Chamard, *Œuvres Poétiques* de Du Bellay, t. III, p. 26 ; t. IV, p. 184.

CONCLUSION

Nous voilà arrivés à la fin de notre étude sur Louise Labé.
Nous avons raconté son histoire telle que nous avons pu la
saisir à travers les quatre siècles qui nous séparent d'elle. Nous
avons vu la Belle Cordière dans toute la fleur de sa beauté et
de son talent ; dix ans plus tard nous l'avons revue, malade
cette fois, et presque sans amis, quoique riche et douée de beaucoup des biens de ce monde. Dans sa vie littéraire nous l'avons
vue qui, au seuil de l'ère nouvelle qu'inaugura pour ses
compatriotes la Renaissance française, regarde quelquefois en
arrière, refusant de rompre complètement avec la tradition du
moyen-âge.

Ces deux influences, l'ancienne et la moderne, la française
et l'italienne, sont mêlées indissolublement dans son œuvre.
Poétesse, elle emploie tantôt le sonnet nouvellement venu
d'Italie, tantôt le long poème décasyllabique à rimes plates
qu'ont de tout temps connu les poètes français. Tout en
s'inspirant de Pétrarque elle sait garder son originalité, sa
simplicité natives. Dans sa prose, en vraie fille de la
Renaissance, elle montre une connaissance étendue de la littérature ancienne, elle fait preuve d'un sentiment de style alors
tout nouveau et qu'elle doit à l'influence de l'Italie, en même
temps que dans son langage elle reste fidèle au bon français de
ses pères.

Les deux agents, l'italien et le français, qui influent sur son
œuvre, se réunissent aussi dans sa vie. Si elle avait vécu
cent ans, même cinquante ans plus tôt, que serait-elle
devenue ? Aurait-elle chanté ? aurait-elle fait des vers ? aurait-
elle pris part à la vie littéraire à Lyon ? aurait-elle brillé, gentille figure équestre, dans l'éclat du tournoi ? Assurément non.
Plutôt elle serait restée cachée au fond de son ménage de
bonne bourgeoise française, soupirant en vain après des hori-

zons plus libres. Petit être frémissant d'intelligence et de sensibilité, elle aurait été privée des droits et de l'indépendance
que nous lui connaissons et qu'elle devait à l'influence de
l'Italie.

Son éducation à l'italienne lui enseignait des goûts de liberté
et de virilité, un souci de physique qui côtoyaient le paganisme
et qui durent choquer parfois ses parents plus stricts et moins
intelligents. Nous avons parlé du milieu peu sympathique où
elle vivait : un milieu de cordiers et de bouchers. Italienne,
même aristocrate italienne, d'éducation, elle fut française et
bourgeoise de naissance. Elle qui faisait des vers, qui lisait et
qui parlait l'italien, qui savait le latin et qui était capable
d'apprécier les trésors de l'antiquité, qui avait des idées très nettes
sur l'émancipation de la femme, qu'avait-elle en commun avec
ses parents? Pourtant son père, aux soins de qui elle devait son
instruction, et son frère François la comprenaient. Elle-même,
si elle dut s'irriter parfois de la stupidité, de la grossièreté, de
son entourage, avait trop de bonté, trop d'indulgence dans le
cœur, pour lui garder rancune. Elle ne fut pas de ces poëtes qui
s'érigent en prophètes ou en professeurs de l'humanité, elle n'eut
point cette fierté artistique qui caractérise un Du Bellay, elle ne
mit pas la poésie au-dessus de la vie, surtout elle ne la mit pas
au-dessus de l'amour.

On lui a reproché quelquefois une humeur fanfaronne et
vantarde : pour nous au contraire, c'est justement son humi-
lité qui nous frappe et qui nous touche. A un seul passage près,
ces vers où elle exalte sa « beauté, grace et faconde [1] », elle
ne se vante point. Et encore ici si elle se loue, ce n'est que pour
faire ressortir davantage « la grand'cruauté d'amour » : elle
ajoute vite que c'est « a tort, ce croy-je » que les gens
l'estiment. Ses sonnets sont pleins d'une abnégation passionnée. Notons d'ailleurs qu'elle est plus fière de sa beauté, de son
empire sur les hommes, que de ses connaissances intellectuelles. Vraiment elle n'est point un bas-bleu ! Elle veut « jouir
loyallement de son être », comme dit Montaigne. Si le
temps lui semble « court pour la rudesse de son entende-

---

1. El. II, Boy I, 86.

ment [1] », si dans sa « librairie » elle cherche, plus qu'un « honnête passe-tems », ce « contentement de soy qui demeure plus longuement, cet honneur que science nous procurera et qui ne nous pourra estre osté, ne par finesse de larron, ne force d'ennemis, ne longueur du tems », elle est loin de mépriser, quoi qu'elle en dise, les attraits de « chaines, anneaus et somptueus habits ».

Ainsi l'inspiration de son œuvre c'est une inspiration personnelle : disons plus, c'est une inspiration féminine. En vain Louise se serait déguisée sous un pseudonyme masculin : on aurait reconnu sans peine dans sa prose comme dans sa poésie la main d'une femme.

[1] Les expressions entre guillemets se trouvent dans son épitre dédicatoire.

APPENDICES

A. Le Privilège du Roy.

HENRI par la grace de Dieu Roy de France.

A notre prevot de Paris, et Seneschal de Lionnois, ou leurs Lieute-
nans, & à chacun d'eus si comme à lui apartiendra, Salut & dileccion.
Reçue avons l'humble suplicacion de notre chere & bien aymee
Louize Labé, Lionnoize, contenant qu'elle auroit des longtemps
composé quelque Dialogue de Folie et d'Amour : ensemble plusieurs
Sonnets, Odes & Epitres, qu'aucuns ses Amis auroient souztraits,
& iceus encores non parfaits publiez en divers endroits. Et doutant
qu'aucuns ne les vousissent faire imprimer en cette sorte, elle les
ayant revuz & corrigez à loisir les mettroit volontiers en lumiere, à fin
de suprimer les premiers exemplaires : mais elle doute que les Imprimeurs ne se vousissent charger de la despense sans estre asseurez
qu'autres puis apres n'entreprendront sur leur labeur. POURCE EST IL :
que nous inclinant liberalément à la requeste de ladite supliante, lui
avons de notre grace speciale donné Privilege, congé, licence & permission de pouvoir faire imprimer sesdites Euvres cy dessus mencion-
nees, par tel Imprimeur que bon lui semblera. Avec inibicions &
defenses à tous Libraires, Imprimeurs & tous autres qu'il apartiendra,
de non Imprimer ne faire Imprimer, vendre ne faire vendre & dis-
tribuer ledit Livre cy dessus declairé, sans le vouloir & consentement
de ladite supliante, & de celui à qui premierement elle en aura donné la
charge, dans le tems de cinq ans consecutifs, faits & acomplis : com-
mençans au jour & date que ledit livre sera achevé d'imprimer, sans
qu'il soit libre à autres Imprimeurs ou Libraires, & autres personnes
quels qu'ils soient, & pour quelque impression que ce soit : soit grande
ou petite forme, les pouvoir imprimer ou faire imprimer, & exposer
en vente, sinon de ceus que ladite supliante aura fait ou fera imprimer, que lesdis cinq ans ne soient expirez, finiz & accomplis. Et ce,
sur peine de confiscacion desdis Livres, & d'amende arbitraire. De ce
faire vous avons donné pouvoir & mandement special par ces presentes. Mandons & commandons à tous nos Justiciers, Officiers &
sujets, que à vous ce faisant soit obeï : car tel est notre plaisir. Donné
à Fonteinebleau le XIII jour de Mars, L'an de grace mil cinq cents
cinquante quatre. Et de notre regne le VIII.

Par le Roy en son conseil,
ROBILLART.

B. Le Testament de Louise Labé.

Au nom de Dieu, amen. A tous ceux qui ces presentes lettres verront, Nous garde du scel commun royal establi aux contracts du baillage de Mascon & senechaussee de Lyon, sçauoir faisons que par devant Pierre de la Forest, notaire & tabellion royal à Lyon dessoubs signé, & en presence des temoins apres nommez, a esté presente dame Loyse Charlin dite Labé, veuve de feu sire Ennemond Perrin, en son viuant bourgeois citoyen habitant à Lyon, laquelle faisant de son bon gré & ame pieuse & pure volonté, sans force ni contrainte, mais de sa liberale volonté, considerant qu'il n'est rien si certain que la mort ni moins incertain que l'heure d'icelle, ne voulant de ce monde deceder sans tester & ordonner des biens qu'il a plu à Dieu lui donner en ce mortel monde, afin que, aprez son decez & trespas, differend n'en aduienne entre ses successeurs : à ces causes & aultres considerations à ce la mouuant, ladite testatrice, après auoir reuoqué comme elle reuoque, casse & adnulle tous & chacuns ses aultres testamens qu'elle pourroit auoir fait de bouche ou par escript, & aprez auoir declaré comme elle declare que ce present son testament soit valable par forme de testament nuncupatif, testament solempnel, par forme de codicile, donation à cause de mort & aultrement comme mieulx il pourra & debura valoir selon les droits, loix canoniques & aultres us & coutumes introduictes en faueur des testateurs, a fait son testament & ordonnance de derniere volonté de tous & chacuns ses biens meubles & immeubles presents & aduenir quelconques, en la forme & maniere qui s'en suit : & premierement ladite testatrice, comme bonne & loyale chrestienne, a recommandé son ame à Dieu, le createur, le priant, par mort & passion de son seul fils Iesus Christ, recepuoir son ame, & la colloquer en son royaume de Paradis, par l'intercession de sa tressacree mere, saints & saintes, & pour à ce paruenir s'est munie de seing de la croix ☩, disant : au nom du Pere, du Fils & du Saint Esprit. *Item*, ladite testatrice, en cas qu'elle decede en cette ville de Lyon, eslit la sepulture de son corps en l'église de N.-D. de Confort, & ou decedera ailleurs, veult estre enterree en la paroisse du lieu ou elle decedera, & veult estre enterree sans pompe ni superstitions, à sçauoir de nuict, à la lanterne accoupagnee de quatre prestres, outre les porteurs de son corps, & ordonne estre dites en l'église du lieu ou elle decedera, une grande messe à diacre & soubdiacre & cent petites messes continuellement iusques à huit iours apres son decez, & veult que semblable seruice soit fait l'an reuolu de son decez & donne à l'église ou elle sera enterree la somme de 100 liures pour une fois, à sçauoir 25 liures pour faire lesdits seruices, & le reste pour employer en reparations. laquelle somme elle veult estre payee auxdits desseruiteurs, à sçauoir 12 liures 10 sols apres son decez, aultres 11 liures 10 sols pour ledit seruice, auec le surplus desdites 100 liures pour lesdites reparations, dans l'an aprez son decez que ledit seruice sera fait. *Item*, ladite testatrice, esmeue de deuotion, a doté, fondé & légné à ladite eglise de Parcieu en Dombes une pension annuelle & perpetuelle d'one asnee vin & une mesure bled froment bon, pur & marchand, mesure dudit lieu, laquelle pension elle impose sur sa grange & tenement qu'elle a audit lieu de Parcieu en Dombes, & veult estre payee aus Srs. desseruiteurs par chacun an, à chacune feste de S. Martin d'hiuer, à commencer à la prochaine feste de S. Martin aprez le decez de ladite testatrice, à la charge que lesdits desseruiteurs & leurs successeurs seront tenus dire & celebrer perpetuellement, ou par chacune semaine, une messe basse en ladite eglise, à son intention, & de ses parents & amys, à commencer dans la semaine aprez son decez. *Item*, ladite testatrice, pour charité, pitié, aumosne, a legué & donné aux pauures la somme de 1,000 liures de fonds, auec les dons au proufit de cinq pour cent ou autre proufit qu'il plaira au roy donner à cause de ladite somme, & icelle prendra sur le credit de plus grand somme qu'elle a au grand party du roy soubs le nom du Sr. Thomas Fortin (ou Fourti), & duquel elle a cedulle, lequel credit doibt estre assigné sur la ville de Rouan à raison de cinq pour cent, laquelle somme de fonds ou dons & reuenus ladite testatrice veult estre distribuee aux pauures par ledit Fortin, lequel elle prie d'en prendre la charge, & aprez le decez d'iceluy Fortin, & ou ladite somme par lui n'auroit pas esté distribuee, en laisse la charge aux recteurs de l'Ausmone generale de cette ville de Lyon, ainsy que lesdits Fortin & recteurs verront estre plus charitable. *Item*, ladite testatrice a donné & légué, pour aider à marier trois pauures filles, à chacune la somme de 50 liures tournois à prendre sur les premiers deniers de la rente du reste de sondit credit du roy, en laissant la nomination & election, distribution & deliurance desdits deniers, ladite testatrice en laisse la charge aux sieurs recteurs de l'Ausmosne generale de Lyon. *Item*, ladite testatrice a donné & prelegué en principal & aduantage à Pierre Charly dit Labé son nepueu & l'un de ses heritiers apres nommez, le reste des deniers, que icelle testatrice a audit grand party sous le nom dudit Sr. Thomas Fortin, qui est tout ce qui reste, desduit les 1,000 liures leguees ausdits pauures & les 150 liures tournois pour les dons leguez pour marier pauures filles, pour dudit reste d'iceluy credit, tant de principal que de dons, faire & disposer par ledit Pierre Charly comme de sa chose propre, & sans qu'il soit tenu le rapporter ou conferer à la masse d'hoyrie de ladite testatrice auec ses heritiers ou coheritiers, le faisant en ce son heritier particulier. *Item*, ladite testatrice donne & legue à quatre filles d'un nommé Villard de Parcieu son voisin, à chacune d'elles une robbe iusques à 5 liures tournois, lesquelles leur veult estre deliurees ou elles suruiuront à ladite testatrice, incontinent aprez son decez & trespas, pour une fois, & non autrement. *Item*, ladite testatrice donne & legue à Antoinette, femme de Pierre Valiant tissotier, iadis seruante de ladite testatrice, la somme de 100 liures tournois, laquelle luy veult estre payee pour une fois aprez le decez de ladite testatrice. *Item*, donne & legue icelle testatrice à une sienne chambriere qu'elle a dit estre nommée Pernette, ieune fille, la somme de 50 liures, laquelle luy veult estre payee pour une fois lorsqu'elle sera mariee, & cas demeurant que ladite Pernette decedast sans estre mariee, donne & legue ladite somme aux pauures à la nomination dudit Fortin, & aprez luy, desdits recteurs. *Item*, donne & legue icelle testatrice à aultre Pernette, sa vieille chambriere qu'elle tient à la grange de Parcieu, une pension viagere de 10 liures, d'un poinçon de trois asnees de vin & d'une asnee bled froment, le tout bon, pur net & marchand, mesure dudit lieu, laquelle veult estre payee à ladite Pernette, & tant qu'elle viura, par sesdits heritiers & substituez apres nommez, par chacun an, à commencer aprez le decez d'icelle testatrice ; declarant icelle testatrice auoir 18 liures tournois appartenant à ladite Pernette, tant pour reste de ses gages que deniers qu'elle lui a baillez en garde, laquelle somme lui veult estre restituee apres le decez de ladite testatrice. *Item*, ladite testatrice a donné & légué à Iacquesme Ballasson, iadis son iardinier, lequel demeure en la paroisse de Parcieu, une pension anuelle & viagere de deux asnees bled froment, bon, pur & marchand, mesure du lieu, laquelle elle veult estre payee audit Iacquesme & à ses enfants, tant qu'ils viurout, & non pas autrement, aprez le decez de ladite testatrice, & veult & entend icelle testatrice que ladite pension puisse estre rachetee par ses heritiers & substituez, en payant audit Ballasson ou à sesdits enfants, la somme de 100 liures tournois, quand bon semblera à ses heritiers. *Item*, ladite testatrice donne & legue à Claude Chomel son seruiteur, pour une fois, la somme de 10 liures tournois, laquelle veult lui estre payee aprez son decez ; declarant estre debitrice audit Chomel de 30 liures tournois, tant pour reste de ses gages que pour deniers qu'il luy a baillez en garde, lesquelles 30 liures tournois luy veult estre restituees apres son decez. *Item*, la mesme testatrice donne & legue à Benoist Frotté, son grangier dudit lieu de Parcieu, la somme de 10 livres, à la femme dudit grangier & à la niepce de la grangiere à chacune une cotte iusqués à 5 liures tournois, lesquelles leur veult estre payees respectiuement & aprez son decez. *Item*, ladite testatrice, pour bonnes considerations, à ce la mouuant, a donné & légué, donne & legue par ces presentes, audit Sr. Thomas Fortin, marchand florentin, demeurant audit Lyon, les usufruicts, proufits, reuenus & iouissance de la grange & tenement qu'elle a audit lieu de Parcieu, en quoy que ladite grange consiste, soit en moissonnaiges, bastiments, iardins, fonds, heritages & immeubles quelconques, & tant celle ou ladite testatrice a coustume habiter que

celle ou elle tient son grangier, auec toutes les pensions qui sont dues
à ladite testatrice tant audit lieu de Parcieu que lieux circonuoisins,
qui peuuent monter à la quantité de vingt asnees bled par chacun an,
ou enuiron, pour en iouïr & user par ledit Fortin & les siens, & autres
qu'il plaira audit Fortin legataire ordonner aprez son decez, pendant
& durant le temps de vingt ans continuels & consecutifs à compter
du iour du decez de ladite testatrice : tant seulement & outre ce,
donne & legue audit Fortin & aux siens susdits, pendant ledit temps
de vingt ans, l'usage & iouïssance des biens meubles d'icelle testatrice, de quelque qualité, nature & condition qu'ils soyent & qu'ils
seront, tant en sadite grange que celle ou habite son grangier audit
lieu de Parcieu, & veult & entend icelle testatrice que ledit Fortin
legataire & les siens susdits puissent incontinent aprez le decez de
ladite testatrice prendre & apprehender la possession & iouïssance
reelle & actuelle des choses ci-dessus leguees, sans recognoissance &
cause de benefice d'inuentaire, ne aultre requisition : mais prohibe &
deffend expressement à sesdits heritiers & successeurs aprez nommez
& à tous aultres n'empescher ledit Fortin & les siens susdits en ladite
possession & iouïssance reelle & actuelle desdites maison & grange, en
l'estat qu'elle sera hors dudit decez, & tout ainsy qu'elle se trouvera
meublee & garnie, & sans que iceluy Fortin, comme usufruictier ou
aultrement, soit tenu de prester aucune caution, ne prester & rendre
aucun compte & reliquat desdits biens meubles, & à ces fins venant le
decez de ladite testatrice, icelle testatrice, pour le faict dudit usu-
fruict a transferé & transporté en la personne dudit Fortin & des
siens susdits, tous droicts & propriété de possession pour le temps
susdit, & au cas ou lesdits heritiers soubnommez vinssent à troubler
ou à empescher ledit Fortin & les siens susdits, en la iouïssance
actuelle desdits biens leguez, ou qu'ils le voulsissent contraindre à
faire inuentaire, bailler caution, ou de les prendre par les mains
desdits heritiers ; en ce cas ladite testatrice a reuoqué & reuoque l'institution d'heritier faite au proufit de sesdits heritiers aprez nommez :
en ce cas a institué & institue & nomme de sa propre bouche ses heritiers uniuersels et tous ses biens, les pauures de l'Aumosne generale
de cette ville de Lyon : car telle est la volonté d'icelle testatrice.
Item, donne & legue à Germain Borgne de Cahors, cordonnier habitant
à Lyon, quatre asnees bled froment, bon, pur & marchand, lesquelles
luy veult estre deliurees aprez son decez. *Item*, ladite testatrice a
donné & legué & par droit d'institution à tous autres pretendans
auoir droit sur sesdits biens, la somme de 5 sols tournois, laquelle
leur veult estre payee, & à chacun d'eulx, pour une fois, aprez le decez,
d'icelle testatrice, & à ce les a faits & instituez par chacun d'eulx ses
heritiers particuliers, sans pouuoir autre chose quereller ne demander
sur sesdits biens. *Item*, ladite testatrice a declaré & declare estre debitrice des sommes suiuantes, à sçauoir, à M. Jacques... apothicaire à

la Grenette, de 8 liures ou enuiron, à Benoist Bertrand, en rue
Salnerie, d'autres 8 liures pour vente de carrons, & prest de..., de
60 liures 1 sol, pour reste d'une terre que modernement elle a
acquise de luy, & finalement ladite testatrice au residu de tous &
chacun sesdits biens meubles & immeubles, presents & aduenir quelconques, desquels elle n'a cy dessus disposé ni ordonné, a fait, consti-
tué, creé & nommé & par ces presentes fait, constitue, cree et nomme
de sa propre bouche ses heritiers uniuersels, à sçauoir ses bien-aimez
Iacques Charlin dit Labé & ledit Pierre Charlin son frere, nepueux
de ladite testatrice & enfants de feu François Charlin dit Labé, son frere,
demeurant à Lyon, & chacun d'eulx, par moitié & egale portion, & a
leurs enfants masles, naturels & légitimes & de chacun d'eulx, & cas
aduenant que sesdits nepueux heritiers susdits ou leurs enfants
masles vinssent à deceder sans enfants masles & legitimes, audit cas
& iceluy aduenant, ladite testatrice a substitué & substitue en tous
sesdits biens, les filles descendans du degré de sesdits heritiers,
pour iouir par elles des biens de ladite testatrice, leur vie & de
chacune d'elles durant, & apres le decez de sesdits nepueux & heritiers, ou de leurs enfants masles et de leurdites filles, au cas que
sesdits nepueux ou leurs enfants masles decedassent sans enfants
masles, audit cas & iceluy aduenant, ladite testatrice a substitué &
substitue en sesdits biens les paures de l'Aumosne generale de cette
ville de Lyon, à la charge de payer & acquitter ses dettes, legats &
frais funeraires, de les accomplir sans aucune exception ne figure de
procez, declarant par expres ladite testatrice qu'elle n'a voulu ne
entendu, mais a expressement prohibé & deffendu, & deffend par ces
presentes, tant à sesdits heritiers que substituez, l'alienation de ses
biens ou partie d'iceulx, & toute distraction de quarte trebellianique,
parce qu'elle veult sesdits biens estre conseruez en sa maison & famille,
pour en defaut d'icelle paruenir auxdits paures en faueur desquels
ladite prohibition a esté par elle faite. Ladite testatrice a fait par ces
presentes executeur de ce present son testament ledit Sr Thomas
Fortin, auquel elle donne pouuoir & puissance de prendre de sesdits
biens pour l'entier accomplissement de cedit present son testament:
priant & requerant ladite testatrice les temoins aprez nommez d'estre
records de cette presente ordonnance de derniere volonté, la tenir
secrette iusques à ce qu'il plaira à Dieu l'auoir appelee, & aprez en
porter bon tesmoignage en temps & lieu: priant aussy & requerant
ledit notaire & tabellion royal dessoubs signé de la rediger par escript,
la minuter & entendre au long la substance de fait nous mesme, &
aprez en faire expedition à qui appartiendra, moyennement salaire
competent. Fait & passé à Lyon en la maison d'habitation du Sr
Thomas Fortin, ladite testatrice estant au lit malade le samedi
28e iour d'apuril 1565: presents Bernardo Rappoty, Antoine Pansy,
florentin, Martin Preuost, apothicaire, Mr Claude Alamani, maistre ez

arts, Germain Vacque, cordonnier, Pierre Maliquet, cousturier, Claude Panissera, piedmontais, tous demeurans à Lyon, tesmoin s appelez & requis, laquelle testatrice, ensemble lesdits Rappoty, Pansy Alamani, Panissera & preuost ont signé, & non lesdits Maliquet & Vacque, ne sçachant signer, deuement requis, suiuant l'ordonnance.

D. Documents portant sur la vie privée de Louise Labé [1].

Témoignages tendant à montrer que Louise était courtisane.	Qu'elle ne l'était pas.
1547. « La Lais de Corinthe eut-elle bonne grace de demander tant d'escuz a Demosthene ? Elle le desgoutte si bien qu'il n'en voulut plus ouyr parler, et ne se donna point l'occasion de se repentir. *La Cordière de Lyon est trop plus honorable, qui quelque affection de guigner qu'elle ayt, ne semblé rien moins à ses serviteurs que avaricieuse.* » Philibert de Vienne : *Le Philosophe de Court*, Lyon, in-8°, p. 76 [2].	
1552. Les registres du Consistoire de l'église de Genève contiennent les notices de plusieurs dépositions faites contre la femme d'un certain Jean Yvart, Yvard ou Ivart, chirurgien. Cette femme aurait voulu empoisonner son mari « tant en un œuf que en la souppe. » Deux témoins déposent qu'elle « *frequente avec sa cuysine (cousine), la Belle Cordière* » qui, paraît-il, est cause qu'elle s'est « adonée à paillardise » [3].	

---

1. Les citations que nous donnons dans cette table datent toutes du XVIe siècle, car après cette date les témoignages perdent beaucoup de leur valeur, ayant été puisés pour la plupart chez des auteurs précédents et qui figurent dans notre liste.

2. On voit que Philibert de Vienne n'a aucun parti-pris contre Louise Labé. Il ne la cite que pour illustrer son argument au sujet de l'avarice, vice auquel le parfait courtisan tel qu'il le décrit doit rester étranger. Philibert fut lui-même à Lyon en 1547, donc la réputation qu'il donne à la Belle Cordière est celle qu'il lui connaissait lui-même. Voir à ce sujet : Alfred Cartier : « Le procès Yvard à Genève et le Philosophe de Court par Philibert de Vienne dans *Rev. des livres anciens*, 1917, t. II, pp. 321-332.

3. Le récit de ce procès, sous une forme abrégée, se trouve dans les *Notes extraites des registres du Consistoire de l'église de Genève*, copie manuscrite de F.-A. Cramer,

1555. « pour mieux amplifier l'histoire de laquelle Cleopatra ilz (les gens ignorants) s'efforcent souventefois de l'accoupler à une moderne, par l'exemple de quelque pauvre simplette, *ou plus tost de la belle Cordière de Lyon en ses satres deduyt* : sans qu'ilz ayent l'entendement de considérer, que s'il y a chose en sa vie qui puisse estre taxée, les Hommes premierement en sont causes... *Comme lubrique ou autrement vicieuse que puisse estre en ce moment le Sexe Masculin, icelle Cordière se pourra bien dire Homme :* mesmement qu'elle sçait dextrement faire tout honneste exercice... » François de Billon : *Le fort inexpugnable de l'honneur du sexe féminin*, Paris, in-4°, fo. 15 recto[1].

1555. *Les Escriz de divers poètes à la louenge de Louise Labé Lionnoize*, publiés à la suite des œuvres de celle-ci, contiennent des poèmes si vifs de ton, que, même à

Seul l'auteur du dernier des *Escriz* parle de la « chasteté fidelle » de Louise.

reliée Genève, 1853, in-4°. Un exemplaire de cette copie se trouve à la Bibliothèque des églises protestantes à Paris (54, rue des Saints-Pères).

La date du procès est du 11 Juillet 1557. Mais puisque l'écriture à cet endroit n'est pas lisible, plusieurs personnes ont lu 1542 au lieu de 1557. La seconde de ces deux dates est pourtant la vraie car les entrées de 1557 sont classées ensemble plusieurs pages plus tôt. Les auteurs qui se sont trompés au sujet de cette date sont : Albert Baur : *Maurice Scève et la Renaissance lyonnoise*, p. 85 et s. ; E. A. Gaullieur : *Études sur la typographie genevoise*, Genève 1855, in-8° p. 151. (Extr. du *Bulletin de l'Institut national genevois*) ; P. M. Gonon : *Documents historiques sur la vie et les mœurs de Louise Labé*, Lyon, 1844, in-8°.

L'étude la plus approfondie de ce procès est celle d'Alfred Cartier que nous avons citée dans la note précédente. Cet auteur a pu examiner les documents originaux. Il nous a paru inutile de reproduire ici toutes ses découvertes, car nous ne pouvons prendre très au sérieux l'allusion à la belle Cordière que nous citons en haut, la seule dans tout le procès. On n'a qu'à parcourir les rapports de crimes dénoncés par le Consulat à cette époque (et qui se trouvent dans les *Voies de Cranzeri*) pour se rendre compte de la volée de la plupart d'entre eux. Ainsi, bien qu'il soit évident que Louise avait à courir une réputation mauvaise, rien dans l'histoire de ce procès ne prouve qu'elle était vraiment une courtisane. Il eût suffi, par exemple, pour lui donner une réputation de légèreté, qu'on pût dire qu'elle avait en sa possession un *Décaméron* ou un *Amadis de Gaule*. (Le 9 mars 1569, trois exemplaires de l'*Amadis* furent brûlés en public parce que ce livre ne servait qu'à corrompre la jeunesse, n'étant que « mensonges et rêveries ».

1. La préface de ce livre est datée « De Rome au Camp antique, 1550. » Le passage que nous reproduisons ici nous paraît une des preuves les plus concluantes que nous possédions au sujet de la profession exercée par Louise Labé. Car Billon n'a aucun parti-pris contre la belle Cordière. Au contraire, il cherche à excuser sa manière de vie, qu'il juge être comme de tout le monde, en disant que les hommes en sont cause. Il est d'ailleurs inconcevable que dans une œuvre dont le seul objet est de défendre le sexe féminin contre ses détracteurs, Billon n'eût pas nié la « lubricité » de Louise s'il avait été possible de le faire. Or il ne cherche point à dissimuler cette lubricité, il n'essaie que de l'excuser.

cette époque de licence poétique, ils ne
sauraient être pris, nous paraît-il, autrement que littéralement. E. g. : les pièces
intitulées : *De Aloysae Labae osculis*, *A
D. Louize Labé, sur son portrait*[1].

1557. *La chanson nouvelle de la Belle Cordière
de Lyon* décrit dans les termes les plus
crus et les plus vulgaires six amours de
Louise Labé. Les vers suivants servi-
ront comme échantillon de ce chef-d'œuvre de grossièreté populaire :

> Il y vint un Advocat
> Las, qui venoit de Fourvière ;
> Luy montra tant de ducats :
> Mais ils ne luy coustoient guère.
>
> « Approchez-vous, Advocat,
> S'a dit la dame gorrière,
> Prenons nous deux nos esbats,
> Car l'on bassine nos draps[2]. »

1561. Le passage suivant se trouve dans un
pamphlet dirigé par Calvin contre Gabriel
de Saconay, prêtre lyonnais et auteur de
livres de propagande catholique : « Qua
etiam fiducia transubstantiationem se-
cure ac plenis buccis asserere audeas,
nescio, nisi forte qoia tibi peraeque faci-
lis videtur transmutatio panis in corpus,
ac metamorphosis mulieris in virum.
Hoc enim suavitatis genere convivas tuos
oblectas, dum mulieres in virili habitu
ad mensam inducis. *Hunc ludum quam
saepe tibi praebuit plebeia meretrix quam
partim a propria venustate, partim ab
opificio mariti, Bellam corderiam voca-
bant*[3]. »

1. Boy I, 110, 113.

2. Cette chanson se trouve dans le *Recueil de plusieurs chansons divisé en trois parties*, Lyon, (Benoist Rigaud et Jean Saugrain) 1557, in-16, p. 15 ; dans *Le second et
troisième livres du Recueil de toutes belles chansons nouvelles*, Paris, (veufve N. Buffet),
1559, in-16, 40 b ; et dans le *Recueil des plus belles chansons de ce temps* divisé en trois
parties avec la *Deploration de Venus*, Lyon (Jean d'Ogerolles), 1559, pet. in-8°.

3. Voir Ioannis Calvini : *Tractatus theologici omnes, in unum volumen certis classi-
bus congesti... In Bibliopolio Commeliano*, p. 413 ; et la traduction française de Théodore de Bèze : *Petits traictés de M. Jean Calvin*, Genève, (Baptiste Pinereul), 1566,
p. 1834.

Il n'y a pas de doute que ce passage témoigne de la réputation qu'avait à
Genève la Belle Cordière. D'ailleurs s'il est vrai que Calvin, en train d'in-

1573. « Entre lesquels martyrs (de Lyon) furent la vertueuse dame Blandine, que Paradin devoit proposer à nos dames de Lyon, pour miroer de chasteté, *et non ceste impudique Loyse l'Abbé, que chacun sait avoir fait profession de courtisane publicque jusques à sa mort.* » Claude Rubys: *Les Privilèges, Franchises et Immunitez octroyées par les Rois treschrestiens, aux Consuls, Eschevins, manans et habitans de la ville de Lyon et à leur posterité*, Lyon, in-fol., p. 26[1].

Loise l'abbé... avoit la face plus angelique qu'humaine : mais ce n'était rien à la comparaison de son esprit tant chaste, tant vertueux, tant poétique, tant rare en sçavoir, qu'il sembloit qu'il eust ete cree de Dieu pour estre admiré comme un grand prodige entre les humains... *Et ne s'est ceste Nymphe faite cognoistre seulement par ses escrits, ainçois par sa grande chasteté.* » Guillaume Paradin, de Cuyseaulx, Doyen de Beaujeu : *Mémoires de l'histoire de Lyon*, Lyon, 1573, in-fol., t. III, p. 355[2].

1584. « Et s'il (le lecteur) veut voir le discours de dame Loyse l'Abbé, dicte la Belle-Cordiere, (œuvre qui sent trop mieux l'erudit gaillardise de l'esprit de Maurice Scève, *que d'une simple courtisane*, encore que souvent doublée) il trouvera que les plus follastres sont les mieux venus avec les femmes. » Pierre de Saint-Julien : *Gemmelles ou Pareilles*,

vectiver les ennemis de la Réforme, ne se souciait pas toujours d'être exact dans ses références, il est vrai aussi que cette allusion à Louise Labé a pour nous d'autant plus de force qu'elle est introduite en passant, et que la rancune qui l'a inspirée n'est dirigée ni contre Louise en particulier ni contre l'immoralité en général, mais contre un défenseur de la doctrine de la transsubstantiation.

1. En 1604 Rubys écrira de Louise Labé qu'elle fut « renommée non seulement à Lyon mais par toute la France soubs le nom de la Belle-Cordière, pour l'une des plus insignes courtisanes de son temps », et il s'élèvera de nouveau contre Paradin pour l'avoir appelée «chaste». Il est possible que les deux allusions à la Belle-Cordière aient été inspirées par l'hostilité de Rubys contre Paradin, qu'il aimait à trouver dans l'erreur. Il nous semble impossible que Rubys pût avoir des sentiments de rancune personnelle contre la mémoire de Louise. Cf. p. 81.

2. Les louanges du bon doyen sont excessives. Sans croire avec Colletet (*Vies des poètes français*, Copie Aimé-Martin, à la Bibl. Nat.) qu'il était amoureux de Louise, nous ne pouvons prendre très au sérieux un panégyrique tel que celui-ci.

> *Recueillies de divers auteurs tant Grecs,
> Latins que Franseois.* Lyon in-8°, t. XI.
> p. 324, 53° pareille.
>
> 1585. « Loyse Labé courtisane... pour dire en
> un mot faisoit part de son corps à ceux
> qui fonçoyent ; non toutefois à tous, et
> nullement à gens mechaniques et de vile
> condition, quelque argent que ceux-la luy
> eussent voulu donner. Elle ayma les sça-
> vans hommes sur tous... et les eust pre-
> feré à quelconque grand Seigneur et fait
> courtoisie à l'un plutost gratis qu'à l'au-
> tre pour grand nombre d'escus : qui est
> contre la coustume de celles de son me-
> tier et qualité. » *La Bibliothèque d'An-
> toine du Verdier seigneur de Vauprivas.*
> Lyon, in-fol., p. 822.

D. Bibliographie des œuvres de Louise Labé.

1555. *Evvres de Louize Labé lionnoize, A Lion par Ian de Tournes,
MDLV*, pet. in-8° de 173 pp., en tout. Le *Débat* y est imprimé
en romains, les poésies en italiques.

1556. Les mêmes, Lyon, de Tournes, petit in-8° de 173 pp., y compris
le titre, et de plus le privilège. Mêmes caractères que dans l'édition précédente. Le tout « reeu et corrigé par la dite Dame. »

1556. Différente édition, in-16 de 87 ff. non chiffrés ou 174 pp. en
tout. Poésies et prose en lettres rondes. Selon Brunet (III, 709),
une contrefaçon de l'édition de 1555. Ne contient pas la marque
typographique de de Tournes. L'ode grecque y manque, comme
aussi le privilège.

1556. *Evvres de Loyse labé, lionnoize, du debat de folie et d'amour.
Rouen par Ian Garou 1556*, in-16 de 87 ff. chiffrés tout compris.
Le *Débat* en romains, les poésies en italiques. Contient l'ode grec-
que. Sans doute une copie de l'édition de 1555.

1762. *Œuvres de Louize Charly, Lyonnaise, dite Labé, surnommée la
Belle Cordière*, Lyon, Duplain, pet. in-8°. A propos de cette édition Boy (I 180) note : « Réédition d'un exemplaire de 1556 pos-
sédé par M. de Fleurieu que l'on croit avoir tenu la plume pour
la rédaction de la notice due à la collaboration de plusieurs
savants Lyonnais. On a ajouté aux *Escriz de divers poëtes* une
ode de Pelletier du Mans. »

1767. Réimpression in-12 de l'édition précédente.

1776. Réimpression in-12 de l'édition précédente.

1815. Réimpression pet. in-8° de l'édition précédente. Brest, Michel.
Les *Escriz* sont groupés suivant leur genre : Odes, Sonnets, etc.

1824. *Evvres de Lovize Labé Lionnoize, à Lion Par Durand et Perrin*
MDCCXXIV, in-8° de LXX et 328 pp. Notice non signée de Cochard, notes et glossaire de Bréghot du Lut. Cette édition contient d'excellentes notes sur le *Débat de Folie et d'Amour.*

1844. selon Brunet et Charléty (*Bibliographie critique de l'histoire de
Lyon depuis les origines jusqu'à 1789*, Lyon et Paris 1902, in-8°).

1845. selon Boy (I, 181) et Picot (fiches, Bibl. Nat. dépt. des Manus-
crits) : Des exemplaires portant cette dernière date se trouvent à
la Bibliothèque Nationale et au British Museum. *Œuvres de
Louise Labé Lyonnaise*, Lyon, (Boitel), Paris (Techener) in-16.
La première édition qui contienne le testament. Les œuvres de
Louise Labé y sont publiées dans un autre ordre que celui qu'avait
adopté de Tournes et avec une orthographe de fantaisie. Les
Escriz manquent.

1853.[1] *Evvres de Lovize Labé Lionnoize* MDCCCLIII, Paris. Simon
Raçon et C°, in-8° de 198 pp. Edition publiée par Cailhava et par
J. B. Monfalcon, auteur de la notice biographique.

1862. *Œuvres de Lovize Labé*, Lyon, Scheuring, in-8°, de XIV et
186 pp. Notice anonyme attribuée à Allut. Tirée à 209 exemplaires, dont un se trouve au British Museum et un à la Bibliothèque
Rondel à Paris.

1871. *Œuvres de Lovize Labé*, Paris, Tross, in-8°, imprimée en caractères dits de civilité, sans notice biographique ni notes. Un
exemplaire se trouve à la Bibliothèque Rondel.

1875. *Œuvres de Louise Labé*, publiées avec une étude et des notes
par Prosper Blanchemain, Paris, libraire des Bibliophiles, pet.
in-8° de XXXVI et 220 pp.

1887. *Œuvres de Louise Labé* publiées par Charles Boy, 2 vol. Paris,
pet. in-8°. Le premier volume contient les œuvres de Louise, le
privilège, le testament, une bibliographie et quelques notes, le
deuxième est composé de *Recherches sur la vie et les œuvres de*

---

[1]. Une édition des œuvres de Louise Labé publiées ensemble avec les poésies de
Pernette Du Guillet, Paris, 1847, 2 vol. in 12, est mentionnée par Charléty. Nous
n'avons pu ni la voir ni nous en renseigner davantage. Brunet, Picot, Boy, etc.,
n'en font pas mention.

Louise Labé, avec glossaire. Si le deuxième volume manque assez souvent de méthode, l'édition est néanmoins la mieux documentée et la plus complète que nous possédions des œuvres de notre poétesse.

Signalons en outre quelques éditions partielles des œuvres de Louise Labé :

1578. *Histoire et amours pastoralles de Daphnis et Chloé, escrite premièrement en grec par Longus et maintenant mise en françois : ensemble un débat judiciel de Folie et d'Amours, fait par Dame L. L. L. (Louise Labé Lyonnaise) : plus quelques vers françois, lesquels ne sont moins plaisans que recreatifs. P. M. D. R. poitevine* (par Mlle des Roches, poitevine), Paris, Parent, avec privilège, in-16 de IV et 132 ff. La traduction du Longus est celle d'Amyot, 1549. A la suite du *Débat de Folie et d'Amour* sont imprimées la *Louange des eaux* de Mlle des Roches et la pièce « Que faites-vous, mes compagnons ? » prise des *Escriz de divers poètes*. (Boy I, 182.)

1773. Sauvigny : *Le Parnasse des Dames*, t. 2, pp. 147 et s.

1786. Guinement de Keralio : *Collection des meilleurs ouvrages composés par des femmes françoises*, in-8°, t. IV, avec courte preface.

1824. *Les poètes français depuis le deuxième siècle jusqu'à Malherbe*, t. IV ; Louise Labé.

1910 *Les Elégies et les sonnets de Louise Labé Lyonnaise*, précédée d'une notice par Tancrède de Visan. Portrait d'après Woeriot. Paris, Sansot, in-12.

1920. *Les sonnets de Louise Labé*, édition Léon Pichon. Paris, in-8° sur papier teint.

Traductions en langues étrangères :

1584. *The Debate between Follie and Love, translated out of French by Robert Greene Master of Artes*, faisant suite à *Guydonius, the Carde of Fancie* du même auteur, London, (Ponsonby) in-4°. Réimprimé 1587, 1593, 1608 etc.

1835. L. S. Costello : *Specimens of the early poetry of France from the time of the troubadours and trouvères to the reign of Henri Quatre*, London, in-8°.

1882. *Sounet de Louviso Labé e rimo a sa lausour retira dou francès en prouvençau o de l'italian en francés*, per A. de Gagnaud, Montpellier (Hamelin). Voir Boy. I, 182.

1924. Sophie Jacot des Combes : *Neue Gedichte und Uebertragungen : Vierundzwanzig Sonette aus Louise Labé*, Zurich, in-8°.

1924. *De Sonnetten van Louize Labé, naast den oorspronkelijken tekst vertaald door P. C. Boutens*, Maastricht, in-8°.

1925. *The Debate between Folly and Cupid, written by Louise Labé of Lyons about 1550 and now first completely done into English by Edwin Marion Cox*, London (Williams and Norgate) pet. in-4°, tirée à 300 exemplaires.

BIBLIOGRAPHIE DES PRINCIPAUX OUVRAGES CONSULTÉS

* Signifie un ouvrage faisant mention spécialement de Louise Labé.

** Dénote un livre qui nous a fourni des renseignements sur Lyon au XVIe siècle.

ALARY, J. *L'imprimerie au XVIe siècle : Estienne Dolet et ses luttes avec la Sorbonne*. Paris, 1898, in-8°.

ALLUT, P. *Etude biographique et bibliographique sur Symphorien Champier*, Lyon, 1859, in-8°.

ANNE DE FRANCE : *Enseignements d'Anne de France à sa fille Suzanne de Bourbon*, publ. par Chazaud, Moulins, 1878, gr. in-8°

ANSELME, le Père : *Histoire générale et chronologique de la maison Royale*. Paris, 1730, in-fol.

Archiv für das Studium der neueren Sprachen und Literaturen (Archiv Herrig).

ARCHIVES : * *Inventaire sommaire des archives communales antérieures à 1790, ville de Lyon*, rédigé par MM. Steyert et Rolle, Lyon, 1865, etc. in-4°.

    * *Inventaire sommaire des archives hospitalières antérieures à 1790, ville de Lyon*, rédigé par les mêmes, Lyon, 1908, in-4°.

    * *Archives historiques et statistiques du Rhône*, éditées par Bréghot du Lut, Lyon 1825, etc. in-8°.

ATKINS, J. W. H. Edition du débat anglais *The Owl and the Nightingale* Cambridge University Press, 1922, in-8°.

AUGÉ-CHIQUET, M. : * *La vie, les idées et l'œuvre de J.-A. de Baïf*. Paris, 1909, in-8°.

BARRET, RADET ET DESFONTAINES. : * *Les trois Saphos lyonnaises ou une cour d'amour, comédie-vaudeville en deux actes*, Paris, 1815, in-8°.

BAUDRIER, H. ; *** *Bibliographie lyonnaise*, Lyon, 1895, etc. in-8°.

BAUDRIER : ** *De l'orthographe du nom de Guillaume Rouville, par un bibliophile lyonnais*, Lyon, 1883, in-8°.

BAUR, A. : *** *Maurice Scève et la Renaissance lyonnaise*, Paris, 1906, in-8°.

BAYLE P. : * *Dictionnaire historique et critique*, 3° éd. Rotterdam, 1720, in-fol. ; art. *Labé*.

BECQ DE FOUQUIÈRES : * *Poètes français du XVI° siècle*, Paris, 1879, in-12.

BERNARD A. : ** *De l'origine et des débuts de l'imprimerie en Europe*, Paris, 1853, in-8°, t. II.

Biographie ancienne et moderne, t. V, art. *Clémence de Bourges*.

BLANCHEMAIN, P. : * *Poètes et amoureuses du XVI° siècle*, Paris, 1877, in-12.

BLASON : * *Le plaisant blason de la teste de boy*, v. 305, dans Montaiglon et Rothschild : Recueil XIII, 16.

BOITEL, L. : ** *Lyon ancien et moderne*, Lyon, 1838-43, 2 vol. gr. in-8°.

BOREL : ** *Les foires de Genève au XVI siècle*, Genève, 1892, in-4°.

BOTTARI, F. : *Baldassare da Castiglione e il suo libro del cortegiano* (*Annali della reale scuola normale superiora di Pisa*, vol. III,) Pisa, 1877, in-8°.

BOUCHOT H. : *Les femmes de Brantôme*, Paris 1890, in-8°.

BOURCIEZ, E. : *** *Les mœurs polies et la littérature de cour sous Henri II*, Paris, 1886, in-8°.

BOY, C. : * « La Belle Cordière de Lyon » dans *Monde Lyonnais*, déc. 1880.

BRÉGHOT DU LUT : Voir *Archives*.

    ** *Biographie lyonnaise, catalogue des Lyonnais dignes de mémoire* par Bréghot du Lut et Péricaud aîné, Paris et Lyon, 1839, in-8°.

    * *Mélanges biographiques et littéraires*, Lyon, 1826, etc. in-8°. *Nouveaux Mélanges*, Lyon, 1829-31, in-8°.

    * *Notice sur la Belle Cordière de Lyon, contenant quelques renseignements sur Louise Labé et Charles Bordes*, Lyon, 1828, in-8°. Voir aussi *Éditions des œuvres de Louise Labé*.

BROUCHOUD, Cl. : ** *Les origines du théâtre à Lyon, mystères, farces et tragédies*, Lyon, 1865, in-8°.

BRUNET, J. C. : * *Manuel du libraire et de l'amateur de livres*, 5° éd. Paris, 1860-65 (avec suppt.) 6 vols in-8°.

BRUNETIÈRE, F. : * « La pléiade française et l'école lyonnaise » dans *Rev. des deux mondes*, 15 déc. 1900.

BRUNOT, F. : *Histoire de la langue française*, Paris, 1905 etc. in-8°.

BURCKHARDT, J. : *Di Cultur der Renaissance in Italien*, 10° éd. Leipsig, 1908, in-8°.

* *Cabinet de l'amateur*, 1862. (Portrait de Louise Labé).

CAILLET, L. : * « La Renaissance à Lyon et Louise Labé », dans *Limoges illustré*, 1911.

CAMPAUX, A.-F. : *La question des femmes au XV° siècle* (*Société littéraire de Strasbourg. Lectures publiques*) Paris et Strasbourg, 1864, in-8°.

CARTIER, A. : * « Les poètes de Louise Labé » dans *R. H. L. F.* 1894.
    * Le procès Yvard à Genève et le Philosophe de Court par Philibert de Vienne » dans *Rev. des livres anciens*, 1917, t. II.

CARTIER ET CHENEVIÈRE, : « Antoine du Moulin, valet de chambre de la reine de Navarre » dans *R. H. L. F.* 1895-6.

CASTIGLIONE, Baltasar : *Le parfait Courtisan du comte Baltassar Castillonois* (Italien et français), Lyon, 1580, in-12.

CHAMARD, H. : *Joachim du Bellay 1522-1560* Lille, 1900, in-8°.
    ** *Les origines de la poésie française de la Renaissance*, Paris, 1920, in-8°
    Voir aussi *Du Bellay*.

CHARLÉTY : *** *Bibliographie critique de l'histoire de Lyon depuis les origines jusqu'à 1789*. (*Annales de l'Université de Lyon*, nouvelle série II. *Droit, lettres*, fasc. 9.) Lyon et Paris 1902, in-8°.

CHASLES, H. : *La comédie en France au XVI° siècle*, Paris, 1862, in-8°.

CHENEVIÈRE, A. ** *Bonaventure des Périers, sa vie, ses poésies*, Paris, 1886, in-8°.

CLAUDIN, A. : *Origines de l'imprimerie à Albi en Languedoc*, Paris, 1880 in-8°.

COLLETET, G. * *Vies des poètes français*, t. IV de la *Collection méridionale*, Paris, 1873, in-8°.

COLLINS, CHURTON : « The literary indebtedness of England to France » dans *Fortnightly Review*, August, 1908.

COLONIA, le P. de : *** *Histoire littéraire de la ville de Lyon*, 2 vols Lyon, in-4°, 1728.

COMMINES, *Mémoires*, éd. Mandrot. Paris, 1901, etc. in-8°.

COMMIRE, le P. : *Carmina*, Paris, 1689, in-12.

COPLEY CHRISTIE, R. *** *Etienne Dolet, the Martyr of the Renaissance*, édition revue et corrigée, London and New York, 1899, in-8°.

COUTAUD, A. : *La pédagogie de Rabelais*, Paris, 1899, in-8°.

CRÉPET, E. : * *Les poètes français depuis les origines jusqu'à nos jours*, Paris, 1861-62, in-8°, t. II.

DE BAIF, Jean-Antoine : *Œuvres*, édition Blanchemain, Paris, 1880, 2 vols in-12.

De Béze. Théodore : * *Petits traictés de M. Jean Calvin.* Genève, 1566,
    in-fol.

De Billon, Fr. : * *Le fort inexpugnable de l'honneur du sexe femenin,*
    Paris, 1555, in-4°.

De Magny, Olivier : *Soupirs,* éd. Courbet. Paris, 1874, in-12.
        Odes, éd. Courbet, Paris, 1876, in-12.
        Amours, éd. Courbet, Paris, 1878, in-12.
        Dernières poésies. éd. Courbet, Paris 1881, in-12.

De Montmorand, Max. : *Anne de Graville,* Paris, 1917, in-8°.

De Ruolz, Ch.-Jos : * *Discours sur la personne et les ouvrages de
    Louise Labé lionnoise.* Lyon, 1750 in-12.

De Saint-Julien, Pierre : * *Gemelles et Pareilles,* Lyon, 1584, in-8°.

Des Essarts : * « Louise Labé, une femme poète au xvi° siècle » dans
    Lyon-Rev., 1883, t. V.

Desfontaines : * *L'amour et la folie, opéra-comique en 3 actes en Vau-
    deville et en prose* Paris, 1782, in-8°.
    Voir aussi *Barret.*

Des Périers, Bonaventure : *Œuvres,* éd. Lacour, Paris, 1856, in-8°.

De Taillemont, Claude : *Discours des champs faez à l'honneur et exal-
    tation de l'Amour et des Dames.* Lyon, 1553, in-8°.
        La Tricarite, Ombre de plus rare triple beauté. Lyon, 1556,
    in-8°.

Du Bellay, Joachim : *Deffence et illustration de la langue françoyse,*
    éd. critique par H. Chamard. Paris, 1904, in-8°.
        Œuvres poétiques, éd. Chamard. t. V. Paris, 1923, in-12.

Dufour E. * : *Etudes historiques sur le Quercy, hommes et choses,* Ca-
    hors, 1864, gr. in-8°.

Dugas Montbel : * « Louise Labé » dans *La Semaine, gazette littéraire,*
    sept. 1824.

Du Guillet, Pernette : *Rymes de gentille et vertueuse Dame Pernette
    du Guillet, lionnoize,* Lyon, 1545, pet. in-8°.

Du Moulin, Ant. : *La Déploration de Vénus,* Lyon, 1561.

Du Tyard, Pontus : *Œuvres poétiques,* Paris, 1875, in-8°.

Du Verdier, Ant. * *Bibliothèque,* Lyon, 1585, in-fol.

Dodsley, R. *Select Tales of Æsop and other fabulists in three books,*
    Birmingham, 1761, in-8°.

Egger, A. E. : *L'hellénisme en France,* 2 vols, Paris, 1869, in-8°.

Ehrenberg, R. : ** *Das Zeitalter der Fugger, Geldkapital und Crediber-
    kehr im sechzehnten Jahrhundhert,* Jéna, 1896, in-8°.

ENTRÉES. ** *Relation des entrées solennelles dans la ville de Lyon, de nos rois, reines et autres grands personnages depuis Charles VI jusques à présent*, Lyon 1752, in-4°.

ERASME : *Bibliotheca Erasmiana : répertoire des Œuvres d'Erasme*, Gand, 1893, in-8°.

> *De la déclamation des louenges de Follie*, Paris, 1520, in-8°.

> *Eloge de la Folie*, éd. de la Société des Amis des Livres, Paris, 1906, in-4°.

> *L'encomium Moriae di Erasmo di Rotterdam con l'iconografia dell'opere e dell'uomo, documenti, facsimili, illustrazioni*, Roma, 1918, in-4°.

ESMEIN. A. : *Histoire de la procédure criminelle depuis le XIII° siècle*, Paris, 1882, in-8°.

FABRI. P. : *Le grant et vrai art de rhétorique*, éd. A. Héron, Rouen, 1889, in-8°.

FARAL, E. : *Recherches sur les sources latines des contes et romans courtois du moyen-âge*, Paris, 1913, in-8°.

FARINELLI, A. : *Dante e Margharita di Navarra, estratto della Rivista d'Italia*, Roma, 1902, in-8°.

> *Dante e la Francia dell' età media al secolo di Voltaire*, 2 vol. Milano, 1908, in-8°.

FAVRE, Jules : * *Olivier de Magny*, Paris, 1885, in-8°

FEUGÈRE, L. : * *Les femmes poètes au XVI° siècle*, Paris, 1860, in-8°.

FEUILLERAT. A. : *John Lyly, contribution à l'histoire de la Renaissance en Angleterre*, Cambridge. 1910, in-8° (Bibliographie utile).

FLAMINI. F. : *Studi di storia letteraria italiana straniera*, Livorno, 1895 in-8°.

> *Il Cinquecento*, Milano, 1901, in-8°.

FOURNIER. E. : *Le théâtre français au XVI° et XVII° siècles, ou choix de comédies les plus célèbres avant Molière*, Paris, 1871, in-8°.

GALTIER. O. : ** *Etienne Dolet, sa vie, son œuvre, son caractère, ses croyances*, Paris, 1908, in-8°.

GAULLIEUR. E. H : * *Etudes sur la typographie genevoise*, Genève. 1855 in-8°.

GERINI. G. B. : *Gli scrittori pedagogici italiani del secolo decimoquinto*, Torino, 1896, in-8°.

> *Gli scrittori pedagogici italiani del secolo decimosesto*, Torino, 1897, in-8°.

GODART, J. : ** *L'ouvrier en soie*, Lyon et Paris, 1899, in-8°.
    ** *La juridiction consulaire à Lyon*, Lyon, 1905, in-4°.
GONON, P. M. : * *Documents historiques sur la vie et les mœurs de Louise Labé*, Lyon, 1844, in-8°.
GOFFLOT, L. V. : *Le théâtre au collège, du moyen-âge jusqu'à nos jours* (Cercle français de l'Université Harvard) 1907, in-8°.
GOUJET : * *Bibliothèque française, ou Histoire de la Littérature française*, Paris 1740-1756, in-12, t. XII.

HAUBOLD, R. H. *Les Nouvelles Recreations et Joyeux Devis de Bonaventure des Périers in litterarhistorischer und stilistischer Beziehung*, Leipzig, 1888, in-8°
HADFORD, J. Holly : « Classical eclogue and mediaeval debate » dans *Romanic Review*, 1911.
HAUVETTE. H. *Dante dans la poésie française de la Renaissance* (Annales de l'Université de Grenoble, t. XI, n° 1) 1890, in-8°.
    ** *Un exilé florentin à la cour de François 1er : Luigi Alamanni, sa vie et son œuvre*, Paris, 1903, in-8°.
    Les plus anciennes traductions françaises de Boccace, (Extr. du Bull. It. 1907, 1909.
HAWKINS, R. L. ** *Maistre Charles Fontaine Parisien*, (Harvard Studies in Romance Languages, vol. II) Cambridge, Mass. 1916, in-8°.
HAY, M. : *Madame Dame Dianne de Poitiers, duchesse de Valentinois*, London, 1900, in-4°.
HENTSCH, A. : *De la littérature didactique du moyen-âge s'adressant spécialement aux femmes*, Cahors, 1903, in-8°.
HÉROËT, Ant. *Œuvres*, éd. Gohin, (s. l. f. m.) Paris, 1909, in-8°.
HUVELIN, P. ** *Essai historique sur le droit des marchés et des foires*, Paris, 1897, in-8°.

INGRAHAM, E. S. : *Sources of Les Amours de Jean-Antoine de Baïf*, Columbus, Ohio, 1905, in-8°.
IRAILH, abbé : * *Querelles littéraires, ou mémoires pour servir à l'histoire de la république des lettres, depuis Homère jusqu'à nos jours*, Paris, 1761, in-12, t. I.

JASINSKI, M. : *Histoire du sonnet en France*, Donai, 1903, in-8°.
JEANROY, A. : *Les origines de la poésie lyrique en France au moyen-âge*, Paris, 1904, in-8°.
JOHNSON, A. F. : ** « Books printed at Lyon in the sixteenth century » dans *The Library*, déc. 1922.
JUGE, C. : ** *Jacques Peletier du Mans*, Paris et le Mans, 1907, in-8°.

Kastner, L. E. : *** « The sources of Olivier de Magny's sonnets » dans *Modern Philology*, July, 1909.

La Croix du Maine et Du Verdier * *Bibliothèques Françoises*, éd. Juvigny, Paris, 1772-3, 6 vol. in-4°.

Laur, E. : * *Louise Labé*, Stuttgart, 1873, in-8°.

La Fontaine, *Fables*, l. XI, f. xiv.

Langlais, J. : *L'éducation avant Montaigne et le Chapitre « De l'institution des enfants »*, Paris, 1907, in-8°.

Lanson, G. : * *Manuel bibliographique*, Paris, 1921, gr. in-8°.

Lee, Sir Sydney : * *The French Renaissance in England*, Oxford Clarendon Press, 1910, in 8°.

Lefranc, A. : « Le Platonisme et la littérature platonicienne en France à l'époque de la Renaissance (1500-1550) » dans *R. H. L. F.* 1896.

    « Marguerite de Navarre et le Platonisme de la Renaissance » *Bibl. de l'école des Chartes*, 1897 et 1898.

    « Le Tiers Livre de Pantagruel et la querelle des femmes » dans *Rev. des Etudes Rabelaisiennes*, 1904.

Les lois, ordonnances et privilèges des foires de Lyon, Brie et Champaigne, Rouen, 1563, in-8°.

Lucien : *Dialogues des Dieux.*

    Toxaris, sive de Amicitia.

Marot, Cl. : *Œuvres*, éd. Guiffrey, 5 vol. Paris, 1901, etc. in-8°.

Martin, J.-B. ** *Bibliographie lyonnaise*, Lyon 1922, in-8° (inachevé).

Maulde la Clavière · *Les Femmes de la Renaissance*, Paris, 1898, in-8°.

Menestrier, C. : ** *Eloge historique de la ville de Lyon*, Lyon, 1669, in-8°.

Molinier, abbé H. J. : *Mellin de Saint-Gelais*, Rodez, 1910, in-8°.

Monnier, Ph. : *Le Quattrocento*, 2 vol. Paris, 1901, in-8°.

Montaubi : * « Une païenne de la Renaissance : Louise Labé » dans *Rev. du siècle*, 1899, t. XIII.

Montexclos (Marie de) : *Plaintes amoureuses d'Orphélie, imitation de Louise L'Abbé de Lyon*, s. l. n. d. (probablement vers 1810).

Monfalcon, J. B. : ** *Histoire de la ville de Lyon*, revue par Bréghot du Lut et A. Péricaud, Lyon, 1847, 2 vol. in-8°.

Moréri, * *Dictionnaire*, art. Labé.

MORF H : *** *Geschichte der neueren franzoessichen Literatur. I : Das Zeitalter der Renaissance*, Strasbourg. 1898, in-8°.

MUNTZ E. *La Renaissance en Italie et en France à l'époque de Charles VIII*, Paris, 1885, in-4°.

NEFF, T. L. : *La satire des femmes dans la poésie lyrique française du moyen-âge*, Paris, 1900, in-8°.

NICÉRON : * *Mémoires pour servir à l'histoire des hommes illustres dans la République des lettres, avec un catalogue raisonné de leurs ouvrages*. 43 vol. Paris, 1729-45, in-12.

NOLHAC. P. de : *Erasme en Italie*, Paris, 1898, in-8°.

PARADIN, G. *** *Mémoires de l'histoire de Lyon*, Lyon, 1573. in-fol.

PARIS, G : *Essai sur Jeanroy : Les origines de la poésie lyrique en France au moyen-âge*, Paris, 1892, in-4°.

PASOLINI, P. D. *Une héroïne de la Renaissance italienne : Catherine Sforza*, Paris, 1912, in-16.

PELETIER. Jacques : *Art poétique*, Lyon, 1555, in-12.
Œuvres poétiques, éd. Séché et Laumonier, Paris, 1904, in-8°.

PÉRICAUD. M. A. ** *Notes et documents pour servir à l'histoire de Lyon* (1483-1589) Lyon, 1840-43. 4 pt. in-8°.
** *Bibliographie lyonnaise du quinzième siècle*, Lyon, 1851-1859 in-8°.

PERNETTI. J. : *** *Recherches pour servir à l'histoire de Lyon ou les Lyonnais dignes de mémoire*, Lyon, 1757, 2 vol. in-8°.

PICOT, E. : ** *Les Italiens en France au XVI° siècle*. (Extr. du *Bull. It.* 1901), Bordeaux, 1902, in-8°.
« Des Français qui ont écrit en italien au XVI° siècle. » dans la *Rev. des Bibliothèques*, 1902.
** *Les Français italianisants au XVI° siècle*. » 2 vol. Paris, 1906-7, in-8°.

PICOT, G. : *Rapport sur le cours pour le prix Saintour ; L'influence de l'Italie en France au XVI° et XVII° siècles*, dans *Comptes rendus de l'Académie des Sciences morales et politiques*, 1901, t. 153.

PIÉRI, M. : * *Le pétrarquisme au XVI° siècle*, Marseille, 1896, in-8°.

PIGEONNEAU, H. : ** *Histoire du commerce de la France*. 2 vol. Paris, 1885, in-8°.

PHILIBERT DE VIENNE : * *Le philosophe de Court*, Lyon, 1547, in-8°.

PHILIPOT, E. : *Essai sur le style et la langue de Noël du Fail*, Paris, 1914, in-8°.

QUICHERAT, J. E. J. : *Histoire du costume en France depuis les temps les plus reculés jusqu'à la fin du XVIII° siècle*, Paris, 1875, in-8°.

RABELAIS : *Tiers livre*, éd. Marty-Laveaux, Paris, 1868, in-8°.

BATHÉRY : *Influence de l'Italie sur les lettres françaises depuis le XIII° siècle jusqu'au règne de Louis XIV*, Paris, 1853, in-8°.

    « Relations intellectuelles entre la France et l'Angleterre » dans *Rev Contemp.* 1855.

RENOUARD, A. *Annales de l'imprimerie des Alde*, 2 vols. Paris, 1803-1812, in-8°.

RIGAUD, R. : *Les idées féministes de Christine de Pisan*, Neuchatel, 1911, in-8°.

RODOCANACHI, E : *Courtisanes et bouffons : études de mœurs romaines au XVI° siècle*, Paris, 1894, in-8°.

    La femme italienne de la Renaissance, Paris, 1907, in-4°.

    La première Renaissance : Rome au temps de Jules II et de Léon X, Paris, 1912, in-4°.

RONDOT, N : ** *Les artistes et les maîtres des métiers de Lyon au XIV° siècle*, Lyon, 1883, in-8°.

    Les artistes et les maîtres de métier étrangers à Lyon, Lyon, 1883, in-8°.

    La médaille d'Anne de Bretagne et ses auteurs, Paris, 1885, in-8°.

    ** *Les peintres de Lyon du XVI° au XVIII° siècle*, Paris, 1888, in-8°.

    ** *L'art du bois à Lyon au XV° et XVI° siècles*, 1889, in-8°.

    ** *La céramique lyonnaise du XIV° au XVIII siècle*, 1889, in-8°.

    ** *Les potiers de terre italiens à Lyon au XVI° siècle*, Lyon et Paris, 1892, in-8°.

    ** *Les graveurs sur bois et les imprimeurs à Lyon au XV° siècle*, Lyon, 1896, in-8°.

    ** *Les relieurs de livres à Lyon du XIV° au XVII° siècle*, (extr. *Bull. du Bibliophile*) Paris, 1896, in-4°.

    ** *Les graveurs sur bois à Lyon au XVI° siècle*, Lyon, 1897, in-8°.

ROUX : * « Louise Labé dite la Belle Cordière, ses écrits » dans *Rev. du Lyonnais*, 1844.

SAINTE-BEUVE : *Tableau historique et critique de la poésie française et du théâtre français au XVI° siècle*, 2° éd., Paris, 1835, in-8°.

    Essais sur Louise Labé dans :

    * *Revue des deux mondes*, mars, 1845.

* *Portraits contemporains*, nouvelle édition, Paris, 1876, in-12, t. V.

* *Nouveaux lundis*, 4ᵉ édition revue, Paris 1869-78, in-12, t. IV.

SANNAZAR : *Opere volgari*, 2 vol. Venezia, 1741, in-12.

SAUVIGNY : * *Parnasse des Dames*, t. 2. Paris, 1773, in-8°.

SCHOENFELD, H. : *Die Beziehung der Satire Rabelais zu Erasmus Encomium Moriae und Colloquia* (Modern Language Association of America, publications, vol. I, 8.) 1893, in-8°.

SCÈVE, M. : *Délie objet de plus haulte vertu*. Ed. Parturier, (S. t. f. m.) Paris, 1916, in-12.

SEEBOHM : *The Oxford Reformers*, London, 1887, in-8°.

SIBILET, T. : *Art poétique*, Lyon, 1556, in-16. (1ʳᵉ éd. 1548).

SOLVET : *Études sur La Fontaine*, Paris, 1812, in-8°, 2ᵉ partie.

THIÈME, H. P. : *Essai sur l'histoire du vers français*, Paris, 1916, in-8°.

TOLDO, P. : « Le courtisan dans la littérature française » *Arch. hist.* ts. CIV et CV.

TORRACA, F : *Gl' imitatori stranieri di Jacopo Sannazaro*, Milano, 1882, in-8°.

TRACCONAGLIA, G : Contributo allo studio dell Italianismo in Francia :

I. *Henri Estienne e gli Italianismi*, Lodi, 1907, in-8°.

*** II. *Une page de l'histoire de l'italianisme à Lyon à travers la Canzoniers de Louise Labé*, Lodi, 1917, in-8°.

III. *Quelques observations sur la contribution que l'Italie a apportée à la formation de l'idéal esthétique de la langue française*, Lodi, 1917, in-8°.

TURQUÉTY, E : * Essai sur Louise Labé dans *Bull. du Bibliophile*, 1860.

VACHET A. ; ** *A travers les rues de Lyon*, Lyon, 1902, in-8°.

VAESEN, J ; ** *La juridiction commerciale à Lyon sous l'ancien régime*, Lyon, 1879, in-8°.

VAGANAY, H : * *Le sonnet en Italie et en France au XVIᵉ siècle, essai de bibliographie comparée*, Lyon, 1903, in-8°.

VIANEY, J : « De l'influence italienne chez les précurseurs de la Pléiade » *Bull. It.* 1903.

« Les origines du sonnet régulier », dans *Rev. Ren.* 1903.

* *Le Pétrarquisme en France au XVIᵉ siècle*, Montpellier, 1909, in-8°.

VINGTRINIER, M. E. A. ** *Les incunables de la ville et les premiers débuts de l'imprimerie*, Lyon, 1890, in-8°.

** « Les origines de l'imprimerie à Lyon » *Rev. du siècle* 1893, t. VII.

** *Histoire de l'imprimerie à Lyon des origines jusqu'à nos jours* Lyon, 1895, in-8°.

VIVÈS, J. L. : *De l'institution de la femme chrétienne*, éd. Delboulle, Havre, 1891, in-8°.

WILLIAMS, H. N. : *The Pearl of Princesses, a life of Margaret d'Angoulême*, London, 1916, in-8°.

———

Vu,

Le 2 Février 1926.

*Le Doyen de la Faculté des Lettres
de l'Université de Paris,*

Ferdinand BRUNOT.

Vu et permis d'imprimer,

Le Recteur de l'Académie de Paris,

P. APPELL.

INDEX

ERRATA

Page 10 : au lieu de *prodminence*, lisez *prééminence*.

Page 52 : au lieu de *s'accrut à*, lisez *accrut à*.

Page 53, n. 2 : au lieu de *des symptômes*, lisez *de symptômes*.

Page 60 : au lieu de *si charmant, etc.*, lisez *aussi charmant, etc.*

Page 60, n. 3 : au lieu de *statrue*, lisez *stature*.

Page 65, n. 2 : au lieu de *mort en 1559 et...*, lisez *mort entre 1559 et...*

Page 68 : au lieu de *parce que une*, lisez *parce qu'une*.

Page 70 : au lieu de *lorsque une*, lisez *lorsqu'une*.

Page 98 : au lieu de *écloque*, lisez *églogue*.

Page 103 : au lieu de *les noms de quelques livres*, lisez *les noms de quelques auteurs*.

Page 103 : au lieu de *elle a sur le bout des doigts*, lisez *elle connaît sur le bout des doigts*.

Page 106 : au lieu de *des mots*, lisez *de mots*.

Page 135 : au lieu de *Ce serait*, lisez *Ce seraient*.

Page 137 : au lieu de *qui lui donne*, lisez *qui lui donnent*.

Page 159 : au lieu de *les vers de Louise Labé*, lisez *les poésies de Louise Labé*.

Page 176 : au lieu de *de physique*, lisez *du physique*.

DÉBACIDIFIÉ A SABLÉ EN : DEC. 1991

TABLE DES MATIERES

CHAPITRE PREMIER

Lyon sous Charles VII. — Établissement des foires. — L'industrie de la soie. — Vicissitudes des foires sous Louis XI et Charles VIII. — Les foires après 1515. — Les foires comme agents de rapprochement avec l'Italie. — Les Italiens à Lyon avant les guerres de 1494. — L'imprimerie, deuxième agent de rapprochement avec l'Italie. — Guillaume le Roy. — Imprimeurs lyonnais au xv° siècle. — Les contrefaçons aldines. — Livres italiens imprimés à Lyon avant 1550. — Luigi Alamanni à Lyon. — *Le Courtisan* de Castiglione. — Influence de François I° et de Marguerite d'Angoulême sur la vie de Lyon. — L'italianisme à Lyon prend un nouvel essor. — Peintres, sculpteurs, fabricants italiens. — Survivance de la tradition gauloise : Rabelais, Marot, Fontaine, Dolet, Bonaventure des Périers à Lyon.

DEUXIÈME CHAPITRE

Sa famille. — Sa naissance. — Son éducation. — Son père lui fait donner une éducation à l'italienne. — Sports virils, musique, langues. — Effets de cette éducation sur le caractère et les idées de Louise Labé. — Sa beauté. — Son portrait. — Mariage avec Ennemond Perrin, qui est beaucoup plus âgé que sa femme. — Son histoire. — Son caractère. — L'union fut-elle heureuse ? — Les amours de la Belle Cordière. — « L'homme de guerre » ne fut pas le Dauphin. — Louise n'a pas assisté au siège de Perpignan. — Explication de la prétendue affaire du Dauphin. — Olivier de Magny et Louise. — Date de leur première rencontre. — Les vers qu'ils se sont adressés. — L'Ode à Sire Aymon. — Louise fut-elle courtisane ? — Son prétendu salon. — Les « courtisanes honnêtes » d'Italie. — L'avocat Fortini. — Le testament de Louise Labé. — Sa mort et son enterrement.

TROISIÈME CHAPITRE

QUATRIÈME CHAPITRE

ABBEVILLE. — IMPRIMERIE F. PAILLART. — 18-10-26.

www.ingramcontent.com/pod-product-compliance
Ingram Content Group UK Ltd.
Pitfield, Milton Keynes, MK11 3LW, UK
UKHW022015170726
13837UKWH00001B/205